조선
지식인의
위선

조선 지식인의 위선

김연수 지음

앨피

머리말

역사의 기록은 너무나 간략해서 그 기록을 해석하는 사람에 따라 전혀 다른 결과가 나올 수도 있다. 그러므로 역사의 진실을 온전히 안다는 것은 어쩌면 불가능한 도전일지도 모른다.

선조의 시대는 조선 건국 후 200년간 수많은 핍박을 받아 온 사림 세력이, 왕조를 창업한 훈구 세력을 몰아내고 정치의 주도권을 차지하는 권력교체의 시대였다. 그러나 사림이 기존의 정치 질서를 뒤집고 역사의 주류로 우뚝 선 승리의 순간이 기록에는 생생하게 전하지 않는다. 선조 시대에 만들어진 조선의 사상 체계와 정치체제는 조선이 멸망하는 순간까지 이어졌고, 이는 오늘날 우리의 사고방식에까지 영향을 미치고 있다. 그러므로 이 시기 역사의 가장 중요한 부분이 아직까지 공백으로 남겨져 있는 것은 이해하기 어렵다. 이러한 의문이 선조의 시대를 집중적으로 들여다보게 된 이유다.

선조 시대에 세상은 어떻게 바뀌었으며, 누가 세상을 바꾸었는가. 그들이 만들고자 한 세상은 어떤 것이었는가. 또한 조선 최고의 사상가이자 스승으로 존경받고 있는 퇴계와 율곡은 그때 어떤 역할을 했을까. 이런 호기심을 따라 답을 찾아가기로 했다.

선조 시대를 들여다보는 데 가장 기본이 되는 역사 기록은 《조선왕조실록》이다. 그런데 선조 시대는 예외적으로 《선조실록》 외에 《선조수정실록》이 존재한다. 이는 사림 세력이 동인東人과 서인西人으로 갈라진 뒤, 인조반정으로 정권을 잡은 서인 세력이 왜곡된 사실을 바로잡겠다는 취지에서 집필한 것이다. 그들은 뒤늦게 《실록》의 기록에 손을 대면서까지 무엇을 숨기고 고치려 했던 것일까? 《실록》을 중심으로 뼈대를 세우고, 당시 역사서와 개인 문집을 찾아보며 행간에 감추어진 의미에 집중하다 보니 구체적인 모습이 어렴풋이 잡히는 것 같았다.

  이 책은 그런 노력의 결실이다. 그러나 잃어버린 역사의 한 부분을 복원하기보다는 더 많은 의문을 제기한 것 같다는 생각이 든다. 곳곳에 무속한 점이 보이지만 오랫동안 미뤄졌던 문제를 제기한다는 뜻에서 두려움을 누르고 책을 내게 되었다. 엄한 비판이 두려워 피하는 것은 옳지 않을 테니 말이다.

  이 책의 출판에 도움을 주신 도서출판 앨피에 감사를 표한다.

2011년 8월 김연수

목차

서사序詞 · 10

1장_건국 100년, 흔들리는 조선

공정하고 강력한 국가, 조선 · 19
공신들의 끝없는 탐욕 · 25
절의파가 지방에 뿌리내린 까닭 · 32

2장_훈구파와 사림의 목숨을 건 대결

"조광조는 죽어도 아까울 것이 없다" · 43
문정왕후의 허망한 20년 · 59
'숭유배불'로 윤원형을 몰아내다 · 63

3장_명종과 사림의 힘겨루기

인순왕후의 '을축년 하서下書' · 75
명종과 이준경의 갈등 · 87
이준경이라는 사람 · 99

4장_이준경과 이황, 두 거인의 만남

'신진 사림' 기대승의 부상 · 111
이황의 상경 · 121
명종의 죽음 · 130

5장_선조 초년의 숨은 권력자

후궁의 자손을 임금에 올리다 · 139
이황을 다시 불러올리다 · 146
'여女 중의 요순' 인순왕후 심씨 · 149

6장_비주류 사림이 주도한 역사 바로 세우기

50년 전에 죽은 조광조를 되살리다 · 159
정치는 조정을 벗어나 초야로 확산되고 · 164
군자와 소인의 이분법 · 167
이황, 투쟁의 중심에 서다 · 171
주자학의 나라 · 179
도통론과 문묘종사운동 · 192

7장_죽어나는 백성들

정치가 이황 · 203
쫓겨나는 원로대신들 · 208
이상과 현실, 그 머나먼 거리 · 217
비겁한 임금 · 223

8장_사림의 나라

조광조의 효용가치 · 231
《주례》의 세계관에서 《춘추》의 세계관으로 · 233
천하는 신진 사림의 손으로 · 242
이이의 불안감 · 246
을사위훈 삭제운동 · 249

9장_정치가 이이

성리학의 큰 별들이 지다 · 257
때 늦은 개혁론 · 264
동서분당의 시작 · 269
이이는 진정한 개혁가였나 · 275

10장_선조의 외교 전략

'목릉성세'의 실상 · 285
대륙에서 부는 바람 · 288
소란해지는 북방 · 290
비루한 안보 전략 · 295

11장_피할 수 없는 전쟁

의도를 알 수 없는 도발 · 301
히데요시의 전략 · 304
이해하기 어려운 일본 사신 · 306
조선통신사의 실착 · 309
무기력한 임진년 4월 13일 · 314

종장終場 · 320

- 참고문헌 · 329

서사 序詞

선비들의 습성이 투박해져서 말만 앞세우며, 의義를 뒤로 돌리고 이利만 앞세우며, 공公을 병들게 하고 사私를 살찌우며, 지저분한 사람은 날로 성하고 충직한 사람은 날로 고립되며, 기강이 문란하고 어긋나서 온갖 공이 모두 무너져 버리는 것을 전하께서 이미 직접 보신 일입니다.

선조 11년(1578) 5월 1일 이이가 대사간大司諫 직에서 물러날 것을 청하며 쓴 글이다. 이이는 선비들의 행태를 걱정하고 나아가 나라의 위태함을 이렇게 지적했다.

오늘날 나라의 형세와 백성들의 실정을 보면 평시 무사한 때에도 그 위태로운 것이 마치 병이 심한 자가 형체를 겨우 보존하나 숨이 다해 가고 있는 것과 같습니다. 만약에 불행한 일이 생겨 안에서 소인小人들이 사림의 화를 꾸미거나 밖에서 무력에 의한 반란이 일어난다면 그때는 바로 국가의 운명이 다하는 때가 될 것입니다.

－《선조실록》 11년 5월 1일

그랬다. 이이의 말처럼 당시 선비들은 탐욕스러웠고, 나라는 이미 무너지고 있었다. 그러나 국왕도, 관료도, 그리고 진정한 선비를 자처하던 사림도 나랏일은 아랑곳하지 않았다. 이이의 예측은 불행히도 적중했다.

임진년(1592) 4월 13일, 일본군이 부산에 상륙하여 서울을 향해 진군을 거듭할 때 조선 어디에도 일본군을 맞이하여 싸우는 군대가 없었다. 신립申砬(1546~1592)이 이끄는 초라한 군대가 충주에서 처참하게 무너졌다는 소식이 서울에 전해진 것은 4월 28일, 전쟁이 일어난 지 불과 15일 만이었다. 신립이 왜적을 막아 줄 것이라고 믿은 사람은 아무도 없었다. 신립이 거느린 군사는 오합지졸 8000명. 조총으로 무장한 일본군 16만을 당해 낼 수는 없었다. 조정 대신들은 태연한 낯빛을 가장하고 기적을 바라는 심정으로 좋은 소식이 오기를 애써 기다리고 있을 뿐이었다. 그러나 막상 신립의 처참한 패전 소식이 올라오자 서울은 극심한 공황 상태에 빠져들었다. 이제 충주와 서울 사이에 조선군은 하나도 없었다.

선택의 여지는 없었다. 항복이 아니면 일단 적군을 피한 뒤 다시 군사를 모아 반격할 기회를 기다릴 수밖에 없었다. 그러자면 우선 압도적인 적의 예봉을 피해야 했다. 충주에서 서울까지는 4, 5일 거리, 적이 기병으로 서울을 기습한다면 하루 이틀에도 당도할 수 있는 거리였다. 조선의 임금을 노린 별동대가 이미 서울 근처 어디쯤에 와 있는지도 알 수 없는 일이었다. 거침없이 밀고 올라오는 적 앞에 나라는 바람 앞의 등불이었다. 당시 조정에는 서울은 고사하고 임금의 몸 하나 지켜 줄 군사조차도 없었다. 다급해진 선조는 창덕궁으로 조정 대신들을 불러들였다. 어가파천御駕播遷 외에는 다른 대안이 없었다. 파천을 한다면 지금 당장 떠나야 했다. 또한 비록 지금은 후퇴하더라도 후일을 대비하여 남아 있는 병사와 군량을 보존하는 계책을 마련해야 했다. 국가가 패망의 위기에 놓인 상황에서 필요한 것은 냉철한 현실 인식과 치열한 반성을 바탕으로 대안을 모색하는 일이었다. 일각 일각이 국가와 백성의 생존에 결정적인 영향을 미치는 중요한 순간이었다. 신하들이 앞장서서 파천의 불가피함을 주장하고, 임금이 간곡한 청을 마지못해 받아들이는 모양새를 취한다면 효과적인 후퇴 방안을 논의할 수도 있었다. 그러나 어전회의에서 조정 대신들이 취한 행동은, 이이가 말한 선비들의 탐욕과 비열함이 결코 과장이 아니었음을 생생하게 보여 주었다.

　이날 어전회의의 장면을 《실록》은 자세하게 기록하고 있다. 국가의 흥망이 달린 절체절명의 귀중한 시간이 헛되게 흘러가는 가운데 불편한 침묵이 어전회의를 지배했다. 참된 선비를 자처하며 목소리를 높이던 대신들은 모두 굳게 입을 다물고 있을 뿐 어느 누구도 끝내 파천을 입에 올리지 않았다. 자신에게 돌아올지도 모르는 준엄한 역사의 책임을 침묵으로 회피한 것이다. 아침에 시작된 회의는 늦은 오후가 되도록 결론을 내지 못하고 이어졌다. 기다리다 지친 선조가 스스로 입을 열어 파천의 뜻을 밝히자 신하들이 벌떼처럼 다투어 일어났다.

"종묘와 원릉이 모두 이곳에 계시는데 어디로 가겠다는 것입니까. 서울을 고수하며 외부의 원군을 기다리는 것이 마땅합니다."

"전하께서 만일 신의 말을 따르지 않으시고 끝내 파천하신다면 신의 집엔 여든 노모가 계시니 신은 종묘의 대문 밖에서 스스로 자결할지언정 감히 전하의 뒤를 따르지 못하겠습니다."

모두 천하에 둘도 없는 충신열사였다. 대신들은 목 놓아 통곡하며 죽음으로써 도성을 사수하자는 결의를 다졌다. 그러나 그들이 목소리를 높이는 바로 그때, 그들의 가족은 이미 서울을 떠나 안전한 곳으로 피난하고 있었다. 대신들은 논의가 이미 파천으로 결말 날 것을 잘 알고 있었다. 다만 충의와 절의를 지키는 자신들의 높은 기개를 기록에 남기고자 했던 것이다. 이런 모습은 45년 후 병자호란에서도 반복됐다.

*

　선조가 임금이 되고 1년이 되었을 때였다. 새로운 시대를 맞이해서 위기에 처한 백성의 고통을 덜어 주기 위해 구폐책救弊策을 시행하고자 했다. 당시 주자성리학으로 이름을 얻어 큰 소리로 천하대의를 앞세워 정치를 주도하던 기대승이 말했다.

　들자니 경연에서 올린 구폐책을 상께서 쾌히 시행하시려고 결심하셨다고 합니다. 그러나 한 사람의 소견은 한계가 있게 마련이고 천하의 사변이란 무궁한 것인데 만약 한 사람의 오견誤見으로 이미 왕명을 내린 뒤에는 나중에 개정한다 하더라고 미안한 것입니다. …… 요즘 누적된 폐단이 매우 많으니 변혁하는 것 역시 아름다운 일이나, 신의 생각으로는 우선 매우 심한 폐단만 들어 없애고 상의 학문이 차츰 높아지고 경력이 오래 쌓여 아래 신하들도 착수할 때 신중을 기하도록 경계한 연후에야 하는 일들이 견고하게 될 것이라 여깁니다.

　이러한 말이 매우 퇴폐적이고 무력한 것 같지만 조종조祖宗朝 때부터 누적된 폐단이 너무나 많아 지금 인심을 복종시킬 수 없는데 갑자기 법령으로 그 폐단을 구제하려고 한다면 혹시 다른 병통이 발생하여 뒤 폐단이 없지 않을 것입니다. …… 요즘 인정을 살펴보건대 그 근본을 다스리려는 자는 적고 우선 목전에 당한 일만을 힘쓰는 자가 많습니다. …… 인심이 함닉된 지 이미 오래서 형륙도 두려워하지 않는데 어떻게 호령만으로 다스릴 수 있겠습니까. 저마다 그런 마음을 갖지 못하게 해야 합니다. 공자는 말씀하시기를 '빨리 하고자 하지 말며 소리小利를 구하지 말라. 빨리 하고자 하면 달성하지 못하고 소리를 구하면 대사大事를 이루지 못한다' 하였으니 이 말씀은 나라를 다스리는 데 지당한 논설입니다. …… 심사숙고하여 처리하셔야 합니다.

—《선조실록》 2년 1월 16일

기대승은 평소 백성이 나라의 근본이라고 말했다. 그러나 백성을 구하기 위해 한시가 급한 구폐책의 시행을 교묘한 논리를 앞세워 반대하고 나섰다. 그가 말하는 대사大事는 무엇이고, 소리小利는 무엇인가? 그들에게 나라는 무엇이고 백성은 과연 무엇이었을까?

조선의 건국을 주도했던 세력은 강력한 국가, 모든 사람이 더불어 사는 대동사회大同社會를 꿈꾸었다. 부국강병富國强兵과 국리민복國利民福이 그들의 목표였다. 그들의 꿈은 구체적이었고 국가가 지향하는 목표도 명쾌했다. 이런 목표는 어느 정도 결실을 맺었다. 세종의 빛나는 치세가 바로 그런 시대의 성과였다. 그러나 시간이 흐르면서 개국 당시의 이상은 점차 희미해지고 소수 지배층의 탐욕이 주자학적 가치관과 뒤섞여 세상을 지배하게 된다. 조선 초의 강력하던 국가는 외세의 침략을 당할 때마다 국토와 백성이 참담하게 유린당하는 무능한 국가로, 더불어 사는 대동사회는 소수의 양반이 백성을 억압하고 수탈하는 차별적 신분사회로 변했다. 무엇이 조선을 그렇게 바꾸었으며, 누가 그런 세상을 열었는가? 그것이 선비들이 바라던 조선의 모습이었을까? 주자학의 이상사회는 도대체 어떤 모습이었을까?

1장

건국 100년,
흔들리는 조선

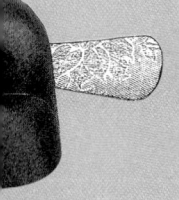

대저 군주는 국가에 의존하고 국가는 민에 의존하므로 민은 국가의 근본으로 동시에 국가의 하늘이다.
― 《서경書經》

공정하고 강력한 국가, 조선

조선 건국 세력은 개국 초에 토지공개념적 사상에 입각하여 자영농을 육성하고, 이를 기반으로 국가를 튼튼하게 하고자 했다. 양인이 많고 노비가 적으면 나라가 부강해지고, 노비가 많고 양인이 줄어들면 나라가 망한다는 생각이었다. 또한 사농공상士農工商을 비교적 평등하게 바라보고 양반 자제들도 군역을 지게 하여 강력한 국방을 이루고자 했다. 이처럼 조선 건국을 기획한 주체들은 국가의 역할을 적극적으로 설정했다. 국가가 나서서 백성의 삶을 보살펴야 하며, 백성이 강해야 강력한 국가를 만들 수 있다는 것이었다. 이를 위해 소수의 권력자나 특정 집단이 직접 백성을 지배하는 것을 허용하지 않았다. 조선의 모든 백성이 개별적으로 각자의 능력과 충성을 국가와 임금에게 바치게 한 것이다.

> 옛날에 토지는 관에서 소유하고 이를 백성에게 주었으니 하늘 아래 백성으로서 토지를 받지 않은 자가 없었고, 경작하지 않은 자가 없었습니다. 그러므로 가난하고 부유함, 강하고 약함의 차이가 서로 심하지 않았으며 그 토지에서 나오는 생산물은 모두 국가에 들어갔으므로 국가 또한 부유하였습니다.
> － 《조선경국전朝鮮經國典》

이러한 생각은 이들이 추진했던 토지정책과 조세정책에서도 잘 드러난다. 전국의 토지를 국가의 관리 아래 두고 자영농을 육성함으로써 국가 재정을 튼튼하게 했다. 더 많은 공전公田, 즉 세금을 거둘 수 있는 '수세전收稅田'을 확보하고자 20년마다 양전量田사업을 실시했다. 또한 직접 국가의 통치를 받는 공민公民을 효율적으로 관리할 목적으로 호구조사를 실시하고 호패법을 시행했다. 이렇게 공전과 공민을 확보함으로써 국가가 전체 인민과 토지를 소유하고 지배하는 왕민王民사상과 왕토王土사상을 기반으로 중앙집권적 정치체제를 강화시켰다.

조선을 창업한 이들이 꿈꾸었던 부국강병과 대동사회는 상당한 성과를 거두었다. 실제로 조선 초에는 토지를 소유한 농민이 7할 가량이나 되었고, 이 중에는 1결 미만의 토지를 소유한 농민도 있었지만, 2~3결 정도의 토지를 가진 농민이 상당히 많았다. 나아가 한 사람이 소유할 수 있는 노비와 토지 면적을 제한하는 정책도 구상했으며, 이와 더불어 양반 자제들도 군역을 지게 하여 강력한 국방을 이루고자 했다.

14세기 고려는 거듭되는 외침과 한계 상황에 내몰린 백성들의 이반으로 붕괴 직전에 있었다. 그러나 왕조를 지배하고 있던 소수 귀족들은 국가적 위기에 맞서 뚜렷한 대책을 내놓지 못하고 여러 파벌로 나뉘어 권력투쟁에 몰두했다. 지식인들은 오랜 세월 고려를 움직여 오던 낡은 생각과 사회구조를 뒤집을 새로운 패러다임을 모색했다. 그런 분위기에서 중국 송宋나라에서 발전한 신유학新儒學이 대안으로 떠올랐다. 신유학은 고대의 원시유학原始儒學으로 돌아가 공자와 맹자 등 성현의 정신을 계승하려는 사상부흥운동의 결과로, 그 중심에 성리학이 자리 잡고 있었다.

일찍이 공자는 왕과 소수의 귀족층이 아니라 '군자君子'가 나라를 이끌어야 하며, 소수 지배층의 자의적이고 즉흥적인 결정이 아니라 '인仁과 예禮'와 같은 보편적이고 일관성을 가진 원리와 원칙에 따라 국가가 운영되어야 한다고 주장했다. 공자의 사상은 군주나 소수 귀족이 모든 권력을 소유하고, 그들 마음대로 나라를 움직이던 정치구조를 근본적으로 바꾸자는 것이었다.

무엇보다 정치에 참여하는 자는 스스로 마음을 닦아 세상을 경영할 수 있는 바른 심성과 지식으로 무장된 '군자'여야 한다는 것, 군자는 출생에 따라 정해지는 것이 아니라 누구나 스스로 노력하면 될 수 있다는 주장은, 오랜 세월 귀족사회의 벽에 막혀 뜻을 펴지 못하고 좌절하던 수많은 지식인들의 가슴을 흔들어 놓았다. 공자의 혁명적 정치사상은 신유학의 바람을 타고 신라 이래 1천 년 동안 불교의 나라였던 이 땅에 들어와 재조명되었고, 새로운 시대를 꿈꾸던 고려의 젊은 지식인들 사이에서 폭발적인 반향을 불러일으켰다. 그러나 어떻게 유학의 나라를 세울 것인지에 대한 구체적 전략을 놓고는 의견이 갈라졌다.

왕조를 그대로 유지한 채 고려를 유학의 나라로 바꾸는 점진적 개혁을 추진하자는 정몽주鄭夢周(1337~1392)·이색李穡(1328~1396)·길재吉再(1353~1419) 등의 무리와, 고려 왕조를 허물어뜨리고 유교적 이상을 실현할 새로운 나라를 건설해야 한다는 정도전鄭道傳(1337~1398)·권근權近(1352~1409)·변계량卞季良(1369~1430) 등의 무리가 그들이었다. 고려왕조를 유지하자는 쪽은 고려 명문가의 적자들로서 기득권층 출신이었고, 새 왕조의 개국을 주장하는 쪽은 대체로 명문가의 서자이거나 비교적 한미한 집안 출신이었다. 싸움은 새 왕조를 창업하자는 쪽의 승리로 돌아갔다. 조선은 이들이 세운 나라였다.

조선 창업을 주도한 세력은 주周나라의 이상적인 정치제도를 서술한《주례周禮》에 주목했다. 성리학을 정학正學으로 일단 긍정하면서도, 현실정치에서는 《주례》의 세계관을 국가의 통치 모델로 채택했다. 《주례》는 덕치주의의 기초 위에서 왕도王道와 패도霸道의 조화를 치국의 지침으로 삼았으며, 유교의 집권주의적·국가사회주의적 정치이념을 상당히 포함하고 있었다. 육전체제六典體制의 구조를 민본民本을 위한 공익기구로 만드는 모델을 《주례》에서 빌려 왔으며, 《주례》의 만민평등 사상을 곳곳에 적용하여 사회계층 간의 차별을 줄이고 공공의 의무에 대한 대등한 분담을 강조했다. 국가사회주의적 정치 이상은 정치·사회 분야뿐 아니라 경제·산업 부문에서도 국가의 적극적인 주도권 행사를 강조했다.

한편 지배 신분으로서 양반은 조선 전기에는 아직 형성되어 있지 않았다. 양인 농민도 과거에 응시할 수 있어서, 조선 개국 후 200년 동안 양인이나 천인으로서 과거에 급제한 사례가 10여 건이나 있었다. 이처럼 조선 왕조 건국 후 100년 동안은 중앙집권의 강화와 더불어 국가 주도의 경제정책, 양인에 대한 국가의 지배를 강력히 추진했다. 그러나 정치체제의 중심이 군주가 되어야 하느냐, 신하가 중심이 되어야 하느냐에 따라 생각은 다시 갈라지게 된다.

정도전은 국왕은 세습으로 결정되므로 능력과 인품이 검증된 재상을 중심으로 정치가 운영되어야 하고, 국왕은 재상을 선택하는 것으로 정치적 책무를 다한다는 재상 중심 정치를 주장했다. 반면에 하륜河崙(1347~1416)과 변계량은 국왕 중심의 정치론을 전개했다. 변계량은 《어군신론御君臣論》에서 '권세란 천하가 두려워하는 것이며, 이권이란 천하가 구하는 것이다. 모든 권세와 이권의 여탈권을 군주가 장악함으로써 신료 집단을 제어하고 그들의 충성과 복종을 이끌어 낼 수 있다'고 하였다. 국왕을 정점으로 정치적 위계질서를 엄정하게 세워야 정치가 안정된다는 생각이었다. 국왕 중심 정치론을 앞세운 태종 이방원이, 재상 중심 정치를 꿈꾼 정도전 세력을 제거함으로써 조선은 국왕을 중심으로 강력한 중앙집권적 체제를 갖춘 국가로 자리 잡게 된다.

《주례》의 세계가 빛을 발한 것은 세종대왕 치세였다. 세종 치세에는 부국강병과 국리민복이라는 목표의식이 뚜렷했고 군주와 신하 사이에 맺어진 깊은 신뢰와 자신감이 정치에 여유와 관용을 가져다주었다. 관료들은 사소한 규정이나 관례에 얽매이지 않았으며, 자기 생각을 대책 없이 고집하지 않았다. 다양한 배경, 다양한 신분의 사람들이 능력에 따라 선발되어 각자의 소질을 계발하며 찬란한 시대를 꽃피웠다. 유가적 인물인 황희黃喜(1363~1452), 법가적 인물인 허조許稠(1369~1439), 도가 사상을 이해하는 맹사성孟思誠(1360~1438), 불가를 배경으로 유학을 깊이 공부한 변계량, 뿐만 아니라 높은 과학적 성취를 이룬 이천李蕆(1376~1451)·장영실蔣英實·이순지李純之(1406~1465), 언어학에 일가를 이룬 신숙주申叔舟(1417~1475)·성삼문成三問(1418~1456), 국경을 개척한 장군 김종서金宗瑞(1383~1453)·최윤덕崔潤德(1376~1445) 등 수많은 인물들이 한 임금 아래에서 다양한 시각으로 세상을 바라보고 현실에 바탕을 둔 합리적 시책들을 펼쳤다. 나라는 튼튼했고 백성들의 삶은 희망에 차 있었다.

> 세종조의 집현전 학사 박팽년朴彭年이 대여섯 마지기의 밭을 광주에 가지고 있었는데 그의 벗이 책망하기를 "옛사람들은 녹祿이 그 밭의 소출을 대신한다고 하였는데, 밭을 가지고 있을 필요가 무엇인가?" 하니, 팽년은 즉시 그 밭을 팔았습니다. 이는 그 당시 사습士習이 지극히 발랐기 때문에 그와 같았던 것입니다.
> —《중종실록》 13년 3월 25일

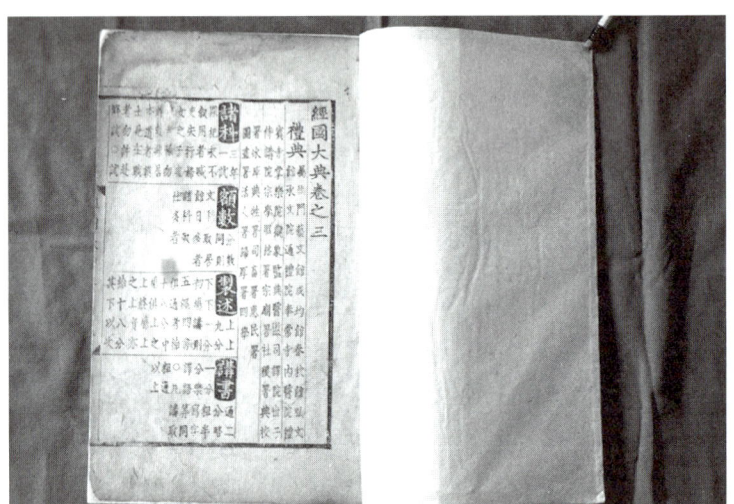

《경국대전經國大典》은 최항崔恒·노사신盧思愼·서거정徐居正 등이 왕명을 받들어 세조 때 편찬에 착수하여 성종 16년(1485) 반포한 조선의 기본 법전이다. 《경국대전》의 반포는 국왕을 정점으로 하는 중앙집권적 관료제를 밑받침하는 통치 규범의 확립을 의미했다. 사진은 《경국대전》 권3의 '예전禮典'에 해당하는 부분으로 현존하는 《경국대전》 중 가장 오래된 것이다. 국립고궁박물관 소장.

국가의 기강은 엄정했고, 세상을 이끄는 지도자들의 정신은 자유로웠으며, 좋은 세상을 만들려는 순수한 열정이 펄펄 살아 있었다. 조선의 황금시대였다.

공신들의 끝없는 탐욕

세종조에는 재상이 장리長利하여 부자로써 칭호가 있는 자가 대개 적더니, 지금은 관직이 높고 녹봉이 후한 자가 모두 장리하여 그 부를 더욱 늘려서 전원田園이 산야에 두루하였고 축적한 것이 주현과 균등하며 부귀의 힘을 타고 호강한 노예를 보내어 서민을 침각侵剋하니, 백성이 어찌 가난한 z데 이르지 않을 수가 있겠습니까?
   –《성종실록》 5년 윤6월 21일

지금 백성 가운데 사천私賤이 십중팔구이고 양민은 겨우 한 둘뿐인데, 편하고 부유한 자는 모두 사천이고 빈곤한 자는 모두 공천公賤과 양민입니다.
   –《성종실록》 9년 4월 8일

성종조 대사헌 이서장李恕長은 권세가들이 끝없는 탐욕으로 서민을 침범하여 괴롭히니 백성이 어찌 가난해지지 않을 수 있겠느냐고 탄식하였고, 주계부정朱溪副正(종친부의 종3품 벼슬) 이심원李深源(1454~1504)은 백성의 처지가 곤궁해져 8~9할이 노비로 전락했다며 노비로 사는 것이 양민의 처지

25

보다 차라리 편할 지경이라고 했다. 이심원의 주장이 다소 과장되었다고 하더라도 조선 중기에 많은 수의 양민이 노비로 전락한 것은 사실이다. 건국 후 100여 년 만에 나라의 기틀이 흔들리기 시작한 것이다. 그 사이 도대체 무슨 일이 있었던 것인가?

조선 왕조 초기의 정치·경제체제는 세조의 쿠데타를 계기로 큰 변화를 겪는다. 위축된 왕권을 구한다는 명분으로 조카인 단종의 왕위를 빼앗은 세조는, 자신을 옹립한 공신 집단을 보호하면서 그들에게 노비와 땅을 하사하는 등 특혜를 베풀고 그들이 저지르는 부정부패와 갖가지 비리를 묵인해 주었다. 공신 집단과 세조는 공동운명체로서 굳게 야합했다. 한 달에도 몇 번씩 공신회맹功臣會盟 자리를 만들어 결속을 다지고 무소불위의 권력을 휘둘렀다.

세조의 공신들은 조선 왕조를 창업한 공신들과 달랐다. 그들은 나라와 백성을 이끌어 갈 큰 꿈이나 새로운 통치 패러다임을 제시할 학문적 기반이 없었다. 이들이 권력을 장악하면서 개국 초기의 건전하고 진취적이던 조정의 분위기는 찾아보기 어려워졌다. 수양대군을 옹위하여 공을 세우고 예종 때 좌의정을 거쳐 영의정의 자리에 오른 홍윤성洪允成(1425~1475)은 성격이 매우 사나워 백성들의 원성이 자자했다. 일찍이 남의 논을 빼앗아 미나리를 심었다가 논 주인인 늙은 할미가 와서 하소연하자 한 마디 묻지도 않고 거꾸로 매달아 돌 모서리에 찧어 죽인 일도 있었다. 한명회韓明澮(1415~1487), 봉석주奉石柱(?~1465) 등 공신들의 비리와 횡포는 이루 말할 수 없을 정도였다. 그래도 세조는 특유의 강한 카리스마로 공신들을 압도할 수 있었다. 세조 시대 공신들은 세조의 개인적인 신임에 크게 의존하는 불안한 위치였다.

그러나 세조의 뒤를 이어 예종이 왕위에 오른 지 14개월 만에 승하하고, 어린 성종이 왕위에 오르는 과정에서 관료층은 점차 국왕의 통제력에서 벗어나 스스로 권력을 만들어 나가기 시작했다. 이때부터 신하들은 저들끼리 힘을 모아 국왕의 권력을 견제하고 힘을 겨루면서 경제적 이익을 다투기도 했다. 신하들의 힘이 강해지면 임금의 힘은 자연히 약해질 수밖에 없다. 성종 시대에 그러한 경향은 더욱 강해진다. 관료의 승진이나 이동 등의 인사권까지 공론公論이라는 이름으로 대신들이 행사하게 된다. 성종이 충주의 교수教授(지방 유생의 교육을 맡아보던 종6품 벼슬)로 있던 선비를 발탁하여 홍문관 관원으로 삼으려고 할 때의 일이다. 사헌부에서 여러 날 동안 논란이 계속되자, 성종이 사헌부 장령掌令을 불러 물었다.

"어찌 이리 반대가 심한가?"
"전부터 홍문관 관원은 공론을 모아서 임명했고, 왕명으로 직접 임명한 적이 없었습니다."
"권세가와 요로要路(중요한 자리에 있는 사람)에 달려가서 얻은 것이 공公인가? 이름이 임금에게 알려져 등용되는 것이 공인가?" —《대동야승大東野乘》

척신戚臣을 중심으로 한 권문세가의 힘은 크고 끈질겼고, 향촌에서도 중소 지주층이 급속하게 성장하면서 지배권을 넓혀 나갔다. 나라의 큰 이권은 중앙의 권문세가가 챙기고 작은 이권은 지방의 중소 지주층이 챙겼다. 위와 아래에서 욕심대로 이권을 챙기니 백성의 손에 남는 재물이 없었다. 세력가들이 차지한 농장은 세금을 제대로 내지 않았으며, 이들의 노비는 군역軍役 의무도 성실히 이행하지 않았다. 중앙 권세가와 향촌 지배층의 이

중적 수탈에 시달린 백성들은 뿌리를 내리지 못하고 떠돌았고, 공전과 공민의 감소로 국가의 창고는 비고 재정은 여유가 없었다. 임금은 궁궐에 갇혀서 국가와 백성을 돌보기는커녕 자신의 권위를 지키는 것도 힘든 상황이었다. 성종의 뒤를 이어 왕위에 오른 연산군이 공신과 권문세가의 위세를 꺾기는 했으나 그 자신의 폭정이 더 큰 문제였고, 중종은 신하들이 주도한 반정反正으로 왕위에 올랐기 때문에 즉위 초에 공신들의 위세를 제어하지 못했다.

성종, 연산군 대를 거치면서 국가의 역할과 임금의 권위가 약화되고 백성의 처지는 위태로워졌다. 개국 초의 국가 운영 체제가 서서히 무너지면서 많은 문제점이 나타났지만, 임금과 조정은 무력하기만 했다. 그 빈자리는 권세가들의 탐욕으로 채워졌다. 근본적인 혁신 없이 지엽적인 개선만으로 문제를 해결할 수 있는 상황이 아니었다. 특히 나라에서 백성에게 지우는 국역國役 체제가 본격적으로 해체되는 중종 연간부터 공적·사적 영역을 조절하고 통제하는 국가 고유의 기능이 거의 상실되기에 이르렀다. 견디다 못한 백성 중 힘 있는 자는 도적이 되고 힘없는 자는 권세가의 노비로 전락했다.

양민들이 땅을 버리고 떠돌거나 노비가 된 가장 큰 원인은 사채와 부역이었다. 앞서 이서장의 탄식처럼 고관으로서 후한 녹을 받는 자들이 고리사채를 놓아 부를 축적한 결과, 그들의 농장이 산야에 두루 널리고 쌓아 둔 곡식이 주현州縣의 창고에 버금갈 지경이었다. 장리는 이율이 1년에 5할이었고 심한 경우 두 배를 넘기도 했다. 지방 수령은 이 같은 사채놀이의 후원자 역할을 수행하였다. 가진 것 없는 양민들을 상대로 사채를 놓고 원리금을 회수하려면 공권력의 도움이 필요했다. 결국 높은 이자를 견디지 못한 양민들은 제 발로 권세가를 찾아가 노비가 되겠다고 자청했다. 이렇게 양민이 권세가의 노비가 되는 것을 '투탁投託'이라고 한다. 권세가의 노비가 되면 나라에서 부과하는 여러 가지 부역, 특히 과중한 공납貢納이나 병역을 면제받을 수 있었다.

양민들이 투탁하여 노비가 되면, 수령은 관할 지역에 부과된 공물이나 부역을 부득이 남아 있는 양민에게 부과시켰다. 양민 열 사람 중 다섯 명이 도망하거나 투탁하면, 이전에 열 사람이 부담하던 것을 남아 있던 양민 다섯 명이 떠안게 된다. 부담은 두 배로 가중되고, 이를 견디지 못하여 나머지 다섯 명도 뒤따라 도망하거나 권세가에 투탁하게 되는 것이다. 권세가는 투탁해 오는 자의 재물은 물론이고 도망간 자의 재물까지 차지하면서 부를 축적했다. 이러한 폐습은 연산군 대부터 중종 대까지 특히 심해졌다.

> 백성들이 가난한데, 경기 지방이 더욱 심하여 열에 여덟, 아홉은 자기 논밭, 자기 집을 지닌 사람이 아니오. —《연산군일기》 8년 3월 20일

> 각 고을의 양민들은 모두 5~6리 밖 사족士族의 집에 의탁하고 아이를 낳아 겨우 대여섯 살만 되면 곧 호족의 집에 의탁시킵니다. 때문에 수령은 역사役事를 시킬 백성이 없습니다. —《중종실록》 28년 7월 14일

양민들만 권세가에 투탁한 것이 아니다. 힘이 약한 양반가 소유의 노비는 힘이 강한 권세가의 노비로 투탁해 갔다. 이것은 지배층끼리의 재산 쟁탈전이었다. 광평대군廣平大君(세종대왕과 소헌왕후 심씨의 다섯째 아들)의 손자 남천군 정은 조모 신씨에게 노비 1만여 구를 상속받았으며, 한명회

는 경기도 여주의 천령현을 폐지하고 폐지된 관청의 청사는 물론 관청 소유 토지까지 제 것으로 만들었다. 한 개인이 소유한 노비가 1만 명이 넘었다니 놀라운 일이 아닐 수 없다. 중종반정의 공신 유순정柳順汀(1459~1512)은 그의 농장이 없는 고을이 없다는 소리를 들었고, 공신 박원종朴元宗(1467~1510)도 삶이 호화롭기가 이루 말할 수 없을 정도였다. 불법적인 방법으로 토지와 노비를 늘리는 일에는 왕자와 공주도 예외가 아니었다.

> 백성으로서 전지田地를 가진 자가 없고, 그것을 소유한 자는 오직 부상대고富商大賈(큰 상인)와 사족가士族家뿐이었다. 세력 없는 자는 비록 토지와 노비를 가지고 있더라도 세력가에 빼앗기지 않으면 반드시 내수사에 빼앗기고 말았다.
> - 《중종실록》 28년 7월 14일

내수사內需司는 왕실의 사유재산을 관리하는 기관으로, 내수사 소유의 전답은 세금을 내지 않는 면세지였으며 이를 경작하는 농민에게는 국역을 면제하는 특권을 주었다. 이렇게 되자 백성들은 자기 토지를 가지고 내수사에 투탁하였고, 힘이 약한 향촌 사림의 사노비들도 자신이 관리하던 주인의 토지를 내수사에 들고 가서 투탁해 버렸다. 이미 성종 대에 내수사 농장이 325개 소에 달하였는데, 중종 대에 백성들이 내수사에 투탁하는 길이 열리면서 국가가 확보해야 할 공전과 공민이 왕실의 사적 재산으로 귀속되기 시작했다. 큰 권세가가 길을 열자 지방의 유력한 세력가들도 노비와 토지를 늘려 나갔다. 지방 곳곳에도 넓은 토지를 소유한 사람들이 속속 등장했다.

순천 같은 곳은 세력 있는 큰 부자는 한 집에 쌓인 곡식이 1만 석도 되고 5~6천 석도 되었으며 파종하는 씨앗만도 200여 석이나 되었습니다. 한 읍 안에서 2~3인이 갈아먹고 나면 나머지는 경작할 땅이 없습니다.

- 《중종실록》 13년 5월 27일

수령으로 나가는 자들은 대부분 권문세가의 자제이거나 이런저런 줄이 닿는 인물들이었다. 이들은 현지에 부임하면 그 고을의 산물과 약재 등을 조정의 권력자에게 대 주었다. 해산물이 풍부한 지역의 수령은 온갖 반찬거리를 올려 보냈고, 주인 없는 땅을 바쳐 다음 보직과 승진을 보장받았다. 혈연과 학연으로 연결된 이들이 한 덩어리가 되어 서로 도움을 주고받으니 인정이 넘치는 세상이었다. 국왕의 비호가 두텁고, 공신들의 후손은 죄를 지어도 처벌을 받지 않으니 무엇을 걱정하고 두려워하겠는가. 나라의 기강이 무너지고 있었지만 그것을 걱정하는 자는 찾아보기 어려웠다.

노비들의 삶은 더욱 비참했다. 성종 15년 한명회는 "지금 공사公私 노비들이 도망한 것이 무려 100만 명이나 됩니다."라고 하였다. 도망간 노비를 추적하여 주인에게 되돌려 주는 일, 즉 추쇄推刷가 지방 수령의 주요한 업무 중 하나였다. 곳곳에서 노비 추쇄꾼이 눈을 번뜩이며 도망 노비를 쫓았고, 이렇게 잡혀 온 노비들이 한 번에 20만 명, 30만 명이 되었다. 도망쳤다가 잡혀 온 노비는 다른 노비들이 보는 앞에서 죽음보다 가혹한 처벌을 받았다.

양민과 노비들은 한계 상황으로 몰리고 있었다. 백성이 나라의 근본이라 한다면 나라의 근본이 뿌리째 흔들리고 있었던 것이다. 국가재정도 바닥나 흉년을 만나도 백성들에게 해 줄 수 있는 것이 없었다. 위기에 내몰린 백성들은 떼 지어 몰려다니며 기운 있는 자들은 도적이 되기도 하고 기운 없는 자들은 나라를 원망했다. 황해도 구월산의 큰 도적 임꺽정이 이 시대에 나타난 것은 우연이 아니었다.

세상은 변화를 열망하고 있었다. 하지만 그 열망을 하나로 모아 변화를 이끌어 낼 세력이 없으면 현실의 변화는 끝내 오지 않는다. 성종 시대에 이러한 변화의 꿈을 키우고 있던 한 무리의 세력이 등장하니, 훗날 '사림'이라고 불리는 이들이었다. 사림은 중소 지주 출신 지식인으로 세력가 출신의 훈구 공신이나 척신 세력과는 그 뿌리부터 달랐다. 기존 집권 세력에 비판적이었던 이들은 신유학 중에서도 특히 성리학의 이념을 현실 정치에 구현하려 했다.

절의파가 지방에 뿌리내린 까닭

조선이 개국하고 새 왕조의 수도가 한양으로 정해진 후에도 왕조 창업에 반대했던 세력은 충과 의를 끝까지 지킨 '절의파絶義派'를 자처하며 조선 개국공신들과의 타협을 거부하고 각을 세웠다. 그들은 비록 정치적으로는 패배한 싸움이었으나 자신들이야말로 천하대의를 따르는 옳은 길을 가고 있다고 믿었다. 그러나 고려 말에 단행되어 조선 왕조에서 정착된 전제田制 개혁으로 이들의 경제적 기반까지 무너져 버렸다. 정치적·사회적 지위는 물론이고 경제적으로도 추락한 것이다. 조선의 개국은 그들의 모든 것을 앗아간 커다란 재앙이었다. 그럼에도 이색李穡(1328~1396), 길재吉再(1353~1419) 등 절의파는 패배를 마음속으로 인정하지 않았다. 조선을 개국한 후 이성계는 절의파의 영수인 이색을 불러들여 '한산백韓山伯'이라는 명예직 벼슬에 봉하는 등 회유책을 폈다. 이성계를 만난 이색이 물었다.

개국하던 날 어찌 저에게 알리지 않았습니까? 저에게 만일 알렸다면 읍양揖讓하는 예를 베풀어서 더욱 빛났을 것인데, 어찌 마고馬賈로 하여금 (추대하는) 수석이 되게 하셨습니까?

마고는 '말장수'를 뜻하는 말로 배극렴裵克廉(1325~1392)을 가리킨 것이다. 이때 옆에 있던 남은南誾(1354~1398)이 차갑게 응수했다.

어찌 그대 같은 썩은 선비에게 알리겠는가.　　　－《태조실록》5년 5월 7일

서로 상대를 인정하지 않는 가시 돋친 설진이었다. 절의파는 500년 고려 왕조의 뿌리가 조선의 개국으로 하루아침에 뽑히지 않으리라고 예상했다. 국가를 운영하고 통치하려면 머지않아 자기들에게 손을 내밀 수밖에 없을 거라는 계산이었다. 그러나 새로 세워진 조선은 빨리 자리를 잡아 갔다. 그들은 현실을 인정하지 않을 수 없었다. 거기다가 개국 초기 절의파는 엄격하게 감시당하는 처지였다.

절의파는 모든 것을 포기하고 각자 가문의 연고를 따라서 지방으로 흩어졌다. 그들은 지방에서 작은 농장을 경영하며 경제적 안정을 꾀하고, 한편으로는 힘써 자제를 교육하며 중앙 정치로 복귀할 희망을 버리지 않았다.

그러나 복귀는 쉽지 않았다. 절의를 내세우며 잠시 낙향한 사이에 세상은 엄청나게 빨리 변했다. 일단 권력의 틀이 자리 잡히자 관직은 새 왕조 창업에 공을 세운 자들로 채워졌다. 반대자들에게 나누어 줄 자리는 없었다. 그것이 권력의 속성이었다. 지방으로 낙향한 이들은 날이 갈수록 중앙 정계에서 멀어져 갔고, 그들의 집안은 잠깐 사이에 변방의 보잘것없는 가문으로 몰락했다. 자신들이 더 이상 나라의 주역도 세상을 이끄는 지도자도 아니라는 사실을 깨닫는 데에는 많은 시간이 필요하지 않았다.

왕조 창업에 협력한 자들은 조선의 문물과 제도, 새로운 정치·사회체제를 만드는 데 혼신의 힘을 기울였다. 나라 안의 모든 역량이 새로운 국가 건설에 집중되었다. 이 과정에서 창업 공신들은 조선의 정치와 사회를 주도하면서 서울의 명문가로 자리 잡았다. 태종, 세종 시대에는 군왕의 뛰어난 리더십 덕분에 이 창업 공신들의 권력이 국정에 크게 부담이 되지 않았다. 군왕의 적절한 조율, 왕과 대신 사이의 두터운 신뢰, 공신으로서의 자부심과 사명감 …… 목표는 뚜렷하고 분명했으며, 조정은 밝은 기운이 넘쳐흐르고 신하들은 자신감에 차 있었다.

세종은 국정 운영의 자신감과 여유를 바탕으로 왕조 창업에 반대하여 지방으로 숨어들어 갔던 절의파 가문의 젊은 인재들을 발탁하기 시작했다. 이를 '연소한원年少寒遠'의 인사 정책이라 한다. 이러한 노력으로 세종 대에 이르러 공훈파와 절의파의 간극은 조금씩 좁혀졌다. 절의파로서는 창업의 시대를 지나 안정기로 들어선 왕조를 현실적인 통치 세력으로 받아들이지 않을 수 없었다. 두 세력은 이러한 현실 인식을 바탕으로 화해와 통합이라는 관점에서 점차 공통점을 찾아 갔다. 그리고 성종 연간에 이르러 절의파의 정치 참여를 독려하는 논리가 등장한다.

왕조 창업의 시대에 군주는 성공에 뜻을 두고 비록 일재일예一才一藝가 있는 자도 모두 수용하나, 수성守成의 시대의 군주는 이와 달리 재덕을 겸비한 자를 사용해야 합니다.
—《성종실록》9년 4월 9일

이심원李深源(1454~1504)은 왕조 창업기와 수성기의 국정 운영과 인사 운영 방식은 달라야 한다며, 당시 재상을 비롯한 공신들의 비리는 능력보다는 덕德이 부족한 까닭이므로 덕을 두루 갖춘 이들을 등용해야 한다고 주장했다. 왕조가 창업의 시대를 지나 수성의 시대로 접어든 이상 창업의 시대에 필요했던 자질보다는 충성과 의리가 중요하다는 뜻이다. 고려를 끝까지 지키려고 목숨을 버린 정몽주 같은 이들은 왕조를 창업하는 단계에서는 걸림돌이 되지만, 일단 나라가 세워져 안정을 이룬 뒤에는 그 절의가 나라와 임금을 지키는 힘이 된다.

성종은 이 주장에 귀를 기울였다. 수성의 단계에서 충성과 의리가 필요한 가치임을 모를 리 없었다. 왕조를 창업할 때에는 품성이나 충성심이 다소 부족하더라도 군사·행정 등 각 분야에서 경쟁자를 압도하는 능력과 공훈이 중요하지만, 왕조가 안정을 찾고 나면 품성이나 충성심이 중요한 자질이 된다. 공훈은 있으나 품성이 세련되지 못하여 끊임없이 말썽을 일으키거나, 충성심이 약해서 군주의 마음을 불안하게 만드는 자는 도태되기 마련이다. 이런 때에 수신修身을 강조하면서 충의로 심성을 닦고, 절도 있는 생활이 몸에 밴 세련된 인재들이 등장했다. 그들은 서서히 군주의 마음을 사로잡아 신뢰를 얻어 갔다. 그들은 역사적 승패를 떠나 나라를 지키려는 정신의 소중함을 강조하고 절의가 곧 나라를 지키는 진정한 힘이라고 역설했다. 승패와 공훈만으로 역사와 인물을 평가해서는 안 된다는 주장이었다.

공적보다는 진실, 공리功利보다는 의리義理가 소중하다.

– 《자치통감강목資治通鑑綱目》

　이들이 바로 절의파 지식인들의 후손이었다. 절의파는 조선 개국과 함께 조상 전래의 토지를 대부분 잃고 농촌에서 작은 농토를 기반으로 삶의 터전을 마련했다. 노동도, 경제적 궁핍도, 세련되지 못한 거친 시골 문화도 처음에는 견디기 어려웠다. 그러나 시간이 흐르면서 차츰 거주 지역의 토착 세력에 동화되어 갔다. 고려 최고 수준의 지식인들이 낙향하여 지역에서 자리를 잡고 토착 세력들과 교류를 넓히면서 지역사회의 학문과 문화 수준은 차츰 높아졌고, 혼인을 통해 관계를 맺으면서 토착 세력의 사회적 신분 또한 상향되었다. 이렇게 해서 새로운 사회계층이 생겨났으니, 바로 '사림士林'이었다.

　이들은 지식인이 나라를 다스리는 주체가 되어야 한다는 공자의 가르침을 따랐다. 스스로 몸과 마음을 닦아 세상을 경영할 수 있는 바른 심성과 참된 지식으로 무장한 '군자君子'가 정치를 해야 한다는 믿음을 가지고 있었다. 이들 눈에 조정을 지배하고 있는 무식하고 세련되지 못한 공신들이나 그 자제들은 군자가 아니었다. 이들은 낮에는 호미를 들고 밭에 나가 일을 하고, 밤에는 책을 읽으며 군자가 되기 위한 공부를 게을리 하지 않았다. 꿈이 있었기에 공부에 대한 열정은 식을 줄 몰랐다. 그들은 지방에서 서당을 세우고 학문이 높은 스승을 모셨다. 지역에서 이들이 세운 서당, 서원을 구심점으로 지식인 사회가 차츰 형성되었다.

　사림 세력이 지방에 자리를 잡을 수 있었던 데에는 중국에서 도입된 선진 농업기술의 힘이 컸다. '강남농법江南農法'이라고 불리는 일종의 농업혁

명이었다. 그때까지는 지력 회복을 위해 경작지를 한두 해 묵혔다가 늦가을이나 이른 봄에 마른풀을 태워 경작에 사용하는 휴한농법休閑農法이 일반적이었다. 이러한 휴한농법이 거름 주기와 제초 기술의 발달로 이즈음 완전히 극복되면서 단위면적당 수확량도 2~3배 이상 획기적으로 늘어났다. 이와 함께 볍씨를 논에 직접 파종해서 벼를 기르는 직파법直播法에서, 못자리에서 기른 볏묘를 논에다 옮겨 심는 이앙법移秧法으로 또 한 번의 기술혁신이 이루어졌다. 1년에 한 번밖에 농사를 지을 수 없는 '1년 1모작'에서 봄부터 가을까지는 벼농사, 가을부터 이듬해 봄까지는 보리농사를 짓는 '1년 2모작'이 가능해진 것이다. 밭농사도 밭을 고랑과 이랑으로 나누어 종자를 밭고랑에다 파종하는 견종법畎種法이 도입되면서 같은 면적의 토지를 경작하는 데 드는 노동력이 크게 절감되어 농민 한 사람이 경작할 수 있는 면적이 크게 확대되었다.

지방에 자리를 잡은 사림들은 새로운 농업기술을 앞장서서 받아들였고, 이 기술 덕분에 생산성이 비약적으로 늘어나면서 제법 튼실한 경제적 부를 축적하게 된다. 이들은 여기에서 만족하지 않고 축적된 투자 여력을 기반으로 해안 지방에서는 소규모 진펄의 개간 사업에, 내륙 지역에서는 하천부지나 산지의 황무지 개간 사업에 뛰어들었다.

경제적으로 부를 축적한 사림 세력은 과거 시험을 통해 중앙 정계로 진출하기 시작했다. 조선 관료 체제의 등용문인 과거 시험은 유학, 그중에서도 성리학 중심이었다. 성리학이 과거 시험 과목으로 자리 잡은 것은 원나라 때의 일이다. 황제에게 충성하고 지배 세력에게 복종하는 것이 곧 하늘이 내려준 분수를 지키는 일이자 천하의 이치라고 설명하는 주자성리학의 가르침이 국가 안정과 황실의 뜻에 부합했기 때문이다.

성리학은 절의파의 전문 분야였다. 그들의 조상이 고려 말 최고의 성리학자들이었고, 지방으로 낙향한 후에는 바로 그 성리학으로 지방 사회에 뿌리를 내렸다. 그렇게 향촌에 서당을 열고 성리학을 가르쳐 왔던 절의파 선비들이 과거를 통해 중앙 정계로 진출하기 시작한 것이다. 그들이 믿을 것은 오직 학문뿐이었다. 공신과 훈구 세력의 자손들이 유리한 지위에 안주하여 학문과 인격 수양에 소홀했던 것과 대조적으로, 절의파의 자제들은 공부에 모든 것을 걸었다. 이러한 노력이 헛되지 않아서 성종 시대에 오면 적지 않은 지방 출신 절의파 선비들이 과거를 거쳐 중앙 정계에 얼굴을 내밀었다.

그 선두에 길재吉再(1353~1419)의 학통을 이은 김종직金宗直(1431~1492)과 김종직에게 사사한 김굉필金宏弼(1454~1504)·정여창鄭汝昌(1450~1504)·김일손金馹孫(1464~1498)으로 이어지는 영남 사림이 있었다. 영남 사림은 성종 시대 이후 꾸준히 문과에 급제하여 연산군 초까지 50여 명이 중앙 정계에 진출했고, 이 시기 기호지방(경기도, 황해도 남부, 충남 북부) 사림도 48명이나 진출했다. 지방의 수많은 지식인들은 그들을 통해 희망의 불빛을 보고 고무되었다.

절의파의 중앙 정계 진출이 성종 시대에 활기를 띤 것은 당시 정치 상황에 답답함을 느낀 성종의 역할이 컸다. 훈구 공신들의 힘이 지나치게 비대해져 성종은 큰 부담을 느끼고 있었다. 그런데 지방 출신의 젊은 선비들은 열정과 기백이 흘러넘쳤다. 그들은 타성과 안일에 젖은 훈구 공신 세력과는 눈빛부터 달랐다. 성종의 마음은 차츰 젊은 선비들에게 기울었다.

그들은 훈구 공신들에게 쉽게 동화되거나 화합하지 않았다. 역사와 정치를 보는 시각이 근본적으로 달랐고, 학문과 세상을 보는 가치관도 달랐다. 절의파 선비들이 믿고 의지할 사람은 왕밖에 없었다. 이러한 독자적 정치노선과 가치관은 훈구 공신의 권력 독점에 부담을 갖고 있던 성종에게 더없이 좋아 보였다. 절의파의 등장은 당연히 기득권 세력인 훈구 공신과 척신들에게 큰 위협이 되었다.

　왕권 강화 측면에서 보면 신하들이 단합하여 한 덩어리가 되는 것은 그리 바람직한 현상이 아니다. 신하 한 사람, 한 사람이 개별적으로 충성을 바칠 때 왕은 강력한 힘을 발휘할 수 있다. 그런 의미에서 절의파와 훈구 공신이 적절한 긴장 관계를 유지하는 것은 왕에게 유리한 정치 구도였다. 성종의 지지 아래 절의파가 차츰 세력을 넓혀 가자, 훈척勳戚 세력은 경계심을 키우며 차츰 적대적 태도를 드러냈다. 절의파 선비들은 시골에서 태어나 자랐기 때문에 중앙에 이렇다 할 연줄이 없었다. 믿을 데는 오직 스승과 동문, 그리고 자신들을 후원하는 지역사회뿐이었다. 그러다 보니 자연스럽게 학연과 지연을 중심으로 단단히 뭉치게 됐고, 세월이 지나면서 학연과 지연은 이들의 단단한 배경이 되었다.

　지방 선비들이 하나의 정치 세력으로 성장한 데에는 사마소司馬所와 서원書院의 역할이 컸다. 사마소는 연산군 시대를 전후하여 사마시司馬試(생원과 진사를 뽑는 소과小科)에 합격한 사람들이 출신 지역에 세운 비공식적 집합소였다. 이곳에 정치에 관심이 많은 지방 지식인들이 하나둘 모여들다 보니 자연스럽게 국가정책을 논평하고 지방 관리들의 행정을 시비하게 되었다. 그것만으로도 지방 수령에게는 적지 않은 부담이 되었다. 원래 지방에는 지방 원로들의 협의기관인 유향소留鄕所가 있었다. 조선 전기에는 유향소가 지방 수령을 견제하는 역할을 하였으나, 세조 이후에는 오히려 수령 편에 서서 백성을 침학하는 기관으로 변질되었다. 사마소가 이러한 유향소를 견제하고 지방 여론을 주도하자 지방 수령들 중에 사마소의 뒤를 봐주는 이들도 생겨났다. 사마소는 점차 관아 근처에서 하나의 독립된 행정 관서 행세를 하게 되었다. 지방 선비들은 사마소를 중심으로 정치적·사회적 견해를 주도하고, 때로는 자신들의 이해관계를 관철시키며 유력한 정치 세력으로 성장했다.

사마소와 함께 지방 선비들의 정치의식 형성에 기여한 것이 서원이다. 원래는 관립학교인 향교鄕校가 지방의 유교 교육을 담당했지만, 유력한 가문의 선비들은 개별적으로 스승을 모시고 공부하는 경우가 많았다. 향교에서 배우는 것보다 이름 있는 학자에게 배우는 것이 학문적 성과가 더 좋았기 때문이다. 명종 시대에 개성의 서경덕徐敬德(1489~1546), 안동의 이황, 산청의 조식, 전주의 이항李恒(1502~1571)이 전국적 명성을 얻었다. 큰 스승 밑에 유력한 가문의 뛰어난 인재들이 모여들었고, 이들은 긴밀한 인적 네트워크를 형성했다. 좋은 스승 밑에서 배우고 토론하면서 학문의 수준이 높아지고, 중앙 조정과의 연계가 강화되면서 자연히 과거 시험에 합격하는 사람도 많아졌다. 서원이 오늘날의 명문 사립학교와 같은 위상을 갖게 된 것이다.

과거에 합격한 지방 선비들은 한 스승 밑에서 공부한 동문으로서 중앙 정계에서 어깨를 나란히 하고, 지방 사회에서 영향력을 행사하며 지역의 주도권을 장악해 나갔다. 유명한 스승의 동문이라는 것만으로도 지역의 주류 세력으로 행세하는 데 모자람이 없었다. 이렇게 하여 조선 개국 이후 참으로 오랜 세월의 잠행 끝에 절의파의 후손들이 조선 정치사의 전면에 등장하게 되었다. 사림정치의 시작이었다.

2장

훈구파와 사림의
목숨을 건 대결

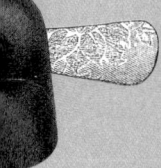

궁벽한 시골 햇빛조차 들지 않는 집에 사는 백성들이 부렴賦斂의 가혹 속에 곤란을 받고 이웃 친족들이 잡혀 가는 압박을 당합니다. 호족들에게 능멸을 당하고 교활한 아전들에게 주구誅求를 당해 원한이 맺히고 분을 머금은 채 호소할 곳 없어 깊은 산 외진 들에서 울부짖는 자 얼마인지 알 수 없습니다.

— 《명종실록》 20년 10월 10일

"조광조는 죽어도 아까울 것이 없다"

성종과 연산군 시대를 거치면서 중앙 정계로 대거 진출한 개혁적 선비들은 세상을 변화시켜야 한다는 사명감으로 충만했다. 그들은 만만치 않은 학문으로 무장했고, 꿈과 열정으로 뭉쳐 있었다. 그들 뒤에는 조선 개국 이후 오랜 세월 중앙 정계에서 밀려난 채 권토중래를 다짐하며 힘을 축적한 수많은 향촌 사림의 염원이 있었다. 조선에는 변화의 기운이 조심스럽게 번져 나갔다. 그 중심에 조광조趙光祖(1482~1519)가 있었다. 조광조는 두려움 없이 기존 정치를 치열하게 비판하면서 조선의 사회 변화를 주도했다.

조광조는 14세 때 평안도 영변에 있는 어천 찰방魚川察訪으로 부임해 가는 아버지를 따라갔다가 3년 후 그곳에서 무오사화戊午士禍(연산군 4년(1498)에 유자광의 훈구파가 김종직의 사림파를 상대로 일으킨 사화. 《성종실록》에 실린 사초 〈조의제문弔義帝文〉을 트집 잡아 이미 죽은 김종직의 관을 파헤쳐 그 목을 베고 김일손을 비롯한 많은 선비들을 죽이고 귀양 보냈다.)로 유배 와 있던 김굉필金宏弼(1454~1504)을 만났다. 조광조는 김굉필을 스승으로 모시고 성리학, 특히 《소학小學》을 통해 참된 선비의 삶을 배웠다. 《소학》은 주자가 제자 유자징劉子澄에게 소년들을 교화시킬 수 있는 책을 편집하게 하고, 자신이 직접 교열하고 가필加筆한 도덕수양서다. 성리학적 가치를 실천하는 참된 선비들이 나라를 이끌어야 한다는 김굉필의 가르침은 조광조의 삶을 바꾸어 놓았다. 조광조는 《소학》의 가르침을 철저히 따랐다. 말을 삼가고 더우나 추우나 의관을 정제하였으며 혼자 있을 때에도 함부로 눕거나 기대지 않았다.

2년에 걸친 스승과의 만남 이후, 조광조는 서울 인근으로 옮겨 온 후에도 10년 넘게 성리학 공부에 무섭게 집중했다. 마침내 사마시에 장원으로 급제하여 성균관에 들어가서도 그는 《소학》에서 배운 선비의 생활을 실천했다. 그는 항상 마음이 성성惺惺하게 깨어 있는 '군자'이고자 했다. 성균관 유생들은 이런 조광조를 비웃었다.

> 신이 경오년에 생원이 되어 성균관에 들어가니 그 당시 성균관에 있던 유생들이 모두 의관을 벗고 누워 있었습니다. 혼자 의관을 갖추고 앉아 있으니 사람들이 모두 웃었으며,《소학》을 읽고 싶어도 그곳을 벗어나 읽을 수도 없고 해서 남몰래 보곤 하였습니다. 그러면서 항상 마음속으로 성인이 행하던 일상생활의 도리가 이 지경에까지 이르렀는가라고 생각했습니다.
>
> – 《중종실록》 13년 3월 25일

조광조는 조선 개국공신인 온溫의 5대손으로, 그의 아버지 원강元綱이 연산군 때 정6품 관직인 감찰을 지내는 등 크게 내세울 것 없는 집안이었다. 권문세가 자제들의 눈에 그런 조광조의 행동은 우스꽝스럽고 튀는 행동으로 보였을 것이다. 하지만 조광조는 조금도 주눅 들지 않고 꿋꿋했다. 스스로 학문에 대한 자부심이 크고 확고했으므로 세상 사람들의 평판에 초연할 수 있었다. 선비 조광조의 독특한 이야기는 차츰 주변으로 퍼져 나갔고, 그는 유명 인사가 되었다. 조광조 주위에 생각을 같이하는 사람들이 모여들면서, 그는 어느새 세상을 바꾸고 싶은 꿈을 가진 사람들의 지도자가 되었다. 성현의 말씀을 배웠으면 그대로 실천해야 한다는 조광조의 주장은, 입으로는 성현의 말씀을 떠들면서 실제 행동은 탐욕과 부정에 찌들어 있던 권신들에게 비판을 넘어 도전으로 비쳐졌다. 어느덧 《소학》이 지배층의 탐욕과 부도덕을 재단하는 준엄한 기준이 되었다. 《대학大學》에 따르면 '수신修身 후에 제가齊家할 수 있고, 제가한 후에야 치국治國할 수 있으며, 비로소 평천하平天下할 수 있다'고 했다. '당신들은 정치를 하기 이전에 먼저 사람이 되었는가?'

훈구파 관료들을 견제하고자 했던 중종은 이 독특한 선비에게서 가능성을 보고, 드디어 중종 10년 조광조를 기용하여 과감한 개혁정치를 시도했다. 중종의 지원으로 언론기관과 감찰기관을 장악한 조광조의 무리는 부패하고 안일한 관료들을 '소인小人'으로 규정하여 강력하게 탄핵하고 엄하게 사정했다. 중종은 조광조에게 파격적으로 힘을 실어 주었다. 조정에는 일시에 맑은 바람이 부는 듯했다. 조광조와 뜻을 같이하며 개혁을 지지하는 젊은 선비들이 국왕의 지지를 등에 업고 속속 조정으로 들어왔다. 권력의 중심이 급속하게 훈구 세력에서 사림 세력에게로 옮겨 갔다. '배운 대로 실천하라'는 조광조의 강력하고 독특한 메시지는 소외되고 핍박받는 사람들 사이에서 열렬한 반응을 일으켰다. 그의 순수한 열정에 감명 받은 젊은 지식인들이 유행처럼 《소학》을 옆구리에 끼고 다녔다. 오랜 탐욕과 안일에 젖어 있던 집권 세력으로서는 참으로 곤혹스러운 상황이 아닐 수 없었다. 사람들은 조광조와 뜻을 같이하는 이들을 '소학의 무리'라고 불렀다. 조광조는 짧은 시간에 생각이 다양하고 그 지향하는 바도 다른 향촌의 사림을 하나로 묶어서 현실의 정치 세력으로 만들어 내는 데 성공했다.

이때 조광조의 명망이 가장 중하여 사모하고 본받는 이가 더욱 많았다. 연소한 무리들이 《소학》의 도리를 말하며 행동거지도 법도에 맞게 하려고 힘쓰고

농지거리도 하지 않았다. ─《중종실록》 13년 8월 21일

'소학의 무리'들은 조정의 주요 자리에 포진했다. 조광조를 지지하던 안당安瑭(1461~1521)이 서열을 뛰어넘어 우의정에, 이자李耔(1480~1533)가 우참찬에 기용되었고, 조광조의 동료인 김정金淨(1486~1520)이 형조판서, 김식金湜(1482~1520)이 성균관 대사성, 이성동李成童이 대사간, 김구金絿(1488~1534)가 홍문관 부제학, 기준奇遵(1492~1521)이 응교가 되었다. 조광조는 대사헌을 맡았다. 국왕의 비서실인 승정원에도 유인숙柳仁淑이 도승지, 홍언필洪彦弼·박세희朴世熹·윤자임尹自任·박훈朴薰이 승지로 들어왔다. 조광조는 6품직으로 조정에 들어온 지 불과 3년 만에 2품직인 대사헌에 올랐다. 그야말로 초고속 승진이었다.

조광조는 경학에 밝고 덕행이 높은 사람을 천거하여 등용하는 현량과賢良科라는 새로운 인재 등용 제도를 제안하여 사림들이 대거 조정에 진입할 수 있는 길을 열었다. 현량과에 급제하여 새로 조정에 들어온 28명 중 반 이상이 홍문관·사헌부·사간원에 자리를 잡았다. 자신감을 얻은 조광조는 과감하게 조선의 근본적인 문제점을 건드리고 나섰다.

조광조는 요순堯舜시대의 대동사회를 구현하고자 했다. 유학의 원리로 나라를 다스리는 도학정치道學政治를 이상으로 삼아 '백성을 위한 정치'를 표방하고, 이런 정치를 '지치주의至治主義'라고 이름 붙였다. 지치란《서경書經》의 '지치형향至治馨香 감우신명感于神明'에서 나온 말로, '잘 다스려진 인간 세계의 향기가 신명을 감동시킨다'는 뜻이다.

깊이 수신修身한 진정한 군자가 성현이 말씀하신 바 천하대의天下大義를 그대로 실천하면, 정치는 밝아지고 나라와 백성은 저절로 요순시대의 태

평성대를 누리게 될 것이며, 변방을 어지럽히는 오랑캐도 대의에 감화되어 스스로 물러날 것이라는 생각이었다. 이런 세상을 만들려면 왕을 비롯한 모든 사회 구성원의 내적 수양이 무엇보다 중요하다. 사림들은 왕에게 수양을 요구하고, '소인'들을 몰아내 조정을 맑게 하고자 했다. 도학정치를 펼치는 데 장애가 되는 소인들을 제거하는 것이 무엇보다 중요한 과제였기 때문이다. 그렇다면 군자와 소인은 어떻게 구분할 것인가? 사림들은 자신들의 정치에 동조하지 않거나 생각이 다른 사람을 모두 소인으로 몰았다. 이러한 정치 행태는 격렬한 권력투쟁을 야기할 수밖에 없다. 싸움이 치열해질수록 같은 생각을 하는 사람들끼리 강하게 결속하여 점차 파당적 색채를 띠게 된다.

자기와 뜻을 같이하는 사람은 선인善人이라 하고 뜻을 같이하지 않는 사람은 악인惡人이라 하며, 일을 의논할 때에 말에 혹 서로 거스르는 것이 있거나, 혹 서로 다른 것이 있으면 공론을 막는다고 하거나 심술이 바르지 않다고 하며, 문득 반내를 일으키고 비웃는 말이 들끓어서 드디어 그것이 조정의 의논이 되어 그 과실을 가지고 죄를 만들 뿐 아니라, 문득 모호하여 밝힐 수 없는 악을 거론하여 머리를 들지 못하고 시의時議에 용납되지 못하고 사류士類에 끼지 못하게 합니다. 그러므로 사람마다 두려워서 위축되어 제 뜻을 펴지 못하고 일거일동에 시의를 거스를까 염려하여 허명만 숭상하고 성실을 힘쓰지 않으며, 심지어 벗을 만나도 말을 서로 꺼리고 굳이 뜻에 맞지 않는 것을 꾸며서 시론時論을 같이합니다. 정부는 정부의 일을 자유롭게 하지 못하고, 육부는 육부의 일을 자유롭게 하지 못하고, 대간은 대간의 일을 자유롭게 하지 못하여, 일을 의논하는 것은 반드시 외의外議에 따라 의논하고, 일을 행하는 것은 반드시 외의에 따라 행하니, 그 자리만 지키고 있을 뿐이고 정사는 밖의 논의에 따라 결정됩니다. 인심이 혼탁하여 사습士習이 경망하기가 이와 같은 때가 없으니, 직정直情의 언론을 전하께서 어디로부터 들으실 수 있겠으며 정중正中의 의논을 전하께서 어디로부터 들으실 수 있겠습니까! 지금 세상에 어찌 가부可否를 논할 일이 없겠습니까?

사람이 낸 의논을 천만 인이 동의하니, 이는 다름 아니라 남들이 자기 의논하는 것을 두려워하여 사사로이 제 한 몸을 아끼기 때문입니다. 만약에 나라를 위하여 집을 잊고, 공을 위하여 사를 잊는다면 어찌 이러하겠습니까? 아, 정사가 대각臺閣에 돌아가기만 해도 오히려 넉넉히 정치를 문란하게 만들 수 있는데, 지금은 정사가 조정에 있지 않고 재상에게도 있지 않고 대각에도 있지 않고 바깥 논의에 돌아가니, 신은 마음 아파 못 견디어 눈물이 납니다.

-《중종실록》 12년 10월 10일

오랜 세월 조선을 좌지우지해 온 훈구 세력은 불과 2~3년 사이에 젊은 관료들에게 정치적 주도권을 빼앗기고 소인으로 몰려 인격적 모욕까지 받게 되었다. 대사헌에 올랐을 때 조광조의 나이는 37세, 문과에 급제해서 출사한 지 40개월밖에 되지 않았을 때였다. 형조판서에 오른 김정은 기묘사화己卯士禍 당시 34세, 대사성 김식은 39세, 부제학 김구는 32세, 기준은 28세, 박세희는 29세, 박훈은 36세였다. 나이와 경력이 사회적 존귀尊貴의 중요한 기준이 되던 시대였다. 훈구 대신들로서는 새파랗게 젊은 선비들이 멋대로 군자와 소인을 가르고 재단하는 것이 참기 어려웠다. 정치 논의가 흑백논리로 흐르고 편 가르기가 횡행하면서 팽팽한 갈등이 조정을 뒤덮었다.

이러한 급격한 정국 변화와 긴장은 조광조를 이용하여 훈구 세력의 힘을 견제하고 왕권을 강화하려던 중종의 의구심을 샀다. 무엇보다 중종을 불안하게 만든 것은 조광조의 문제 제기 방식이었다. 사림들은 기득권 세력을 공격하면서 삼사三司(조선 시대 언론을 담당한 사헌부·사간원·홍문관)의 언관은 물론이고, 중외中外 유생층의 초야草野언론까지 동원했다. 공론이 조정을 벗어나면 국왕의 정치 주도력은 약해질 수밖에 없다. 이러한 문제 제기 방식은 기존의 정치 지형을 근본적으로 뒤집을 위험이 있었다. 실제로 사림들은 이미 중종 12년 향약鄕約을 시행하여 지방의 향촌 단위를 사림의 독점적 정치 기반으로 편입시키는 길을 터놓았다. 향약은 향촌의 자치규약이다. 북송 말기에 향촌에 살던 여呂씨 일문이 향리를 교화하고 선도할 목적으로 '여씨향약'을 만들었는데, 그 뒤에 주자가 이를 수정한 것을 《주자대전朱子大全》에 실었다. 향촌 사람들을 규율할 수 있는 향약을 만들고 운영하는 것을 사림이 주도함으로써, 사림 세력의 향촌 지배력은 더욱 강화되었다. 조선 건국 이래 유지되어 온 중앙 중심의 정치 지형을 뒤흔드는 이러한 일련의 행태는 왕실과 훈구 세력에게 엄청난 도전으로 다가왔다.

조광조의 강력한 메시지가 소외되고 핍박받는 사람들 사이에서 열렬한 반응을 일으킨 것도 문제였다. 개혁정치를 펼칠 환경이 정비되자 조광조는 기득권층의 탐욕으로 초래된 부의 불평등, 고리채와 과도한 세금 부과로 생긴 양소천다良少賤多(양민이 줄어들고 천민이 증가하는 현상) 문제를 제기하고 나섰다. 양민이 줄어들면 세금 내는 사람도 줄고, 국방을 담당할 병역 자원도 줄어들게 된다. 이는 국가의 존립과 관련된 중요한 문제였다. 조광조는 이 문제를 해결하고자 조선 개국 초에 제기되었던 여러 가지 정책을 검토하였는데, 이는 기득권 세력의 이해와 상반될 수밖에 없었다. 기득권 세력과 맞서는 것은 위험한 정치적 모험이었다. 중종은 사림의 문제 제기에 짜증스러운 반응을 보였다.

> 근래에는 매양 양민이 쇠락한다는 말을 들었다. 그리고 말하는 것 모두가 전지와 노비에 대한 것들뿐이다. 그러나 한전법限田法은 전에 의논이 있었으나 시행하지를 못했고, 노비종모법과 종부법 또한 의논만 있었지 시행하지는 못했다.
> —《중종실록》 13년 2월 21일

'한전법'은 한 가구가 소유할 수 있는 토지 면적을 50결로 제한하자는 것이며, '노비종모법'은 노비의 신분과 그 주인을 결정할 때 모계母系를 따르자는 것이고, '노비종부법'은 양인 남자와 천인 처첩 사이에서 낳은 자녀를 부계父系를 따르게 하자는 것이다. 당시 노비는 가축이나 토지와 마찬가지로 중요한 재산 목록 중 하나였다. 그런데 양친 중 한쪽만 노비여도 그 자손은 모두 노비가 되었으므로, 힘 있는 자들이 궁지에 몰린 양민을 핍박하여 농지를 빼앗고 자신의 노비와 혼인시켜 노비의 수를 늘리는 일이 많았다. '노비종모법'이나 '노비종부법'을 시행하면 양친 중 한 명이 노비가 아닌 경우에는 양인의 지위를 유지하도록 함으로써 노비의 수를 줄이고 양민을 늘리는 효과를 얻을 수 있었다. 곧 기묘사림은 소수 지배층의 농지 독점과 노비 소유를 제한하여 국가에 귀속되는 공전과 공민의 수를 늘리고자 한 것이다. 사유재산을 제한하려는 사림의 주장은 기득권층을 적으로 돌리는 위험한 시도였다. 정치권력에서 밀리는 것은 어느 정도 감수할 수 있어도 경제적 기반까지 흔들린다면 물러설 수 없는 일이었다.

이런 위태로운 정치 상황에서 사림은 또다시 모험을 걸었다. 중종반정

당시 아무 공도 없이 정국공신靖國功臣으로 책봉된 자의 가짜 공훈을 삭제하자는 '위훈 삭제'를 들고 나온 것이다. 그들은 이를 통해 정치적 반대파를 몰아내고 정국을 장악할 계기를 마련하고자 했다. 사림 세력은 정국공신 117명의 재평가 작업을 벌였다. 중종 14년(1519, 기묘년) 10월 25일, 대사헌 조광조가 아뢰었다.

> 정국공신은 세월이 오래 지나기는 하였으나, 이 공신에 참여한 자에는 폐주廢主(연산군)의 총신이 많은데 그 죄를 논하자면 워낙 용서되지 않는 것입니다. 폐주의 총신이라도 반정 때에 공이 있었다면 기록되어야 하겠으나, 이들은 또 그다지 공도 없음에리까! …… 유자광柳子光이 제 자제 등을 귀하게 하려고 그렇게 하였으니, 대저 이것은 전혀 소인小人이 모의에 참여하여 만든 일입니다. …… 강혼姜渾은 지극히 간사한 사람인데 문장으로 세상에 빌붙었습니다. 유순柳洵은 반정 때에 어쩔 줄 몰라 했던 꼴 때문에 이제껏 사람들이 다 웃습니다. 구수영具壽永은 죽어도 남는 죄가 있는데도 오히려 공을 누릴 수 있었으니 무슨 까닭입니까? 권균權鈞 등은 다 도성 문밖에 있으면서 공을 얻었습니다. 이제 쾌히 결단을 내리지 못하시면 어떻게 중지할 수 있겠습니까?
>
> -《중종실록》14년 10월 25일

중종은 이미 공을 정하고서 뒤에 개정하는 것은 매우 옳지 않다며 거부했다. 그러나 삼사는 계속 위훈 삭제를 요구했고 중종이 거부하자 집단적으로 사표를 내며 중종을 압박했다. 국왕의 비서실인 승정원도 위훈 삭제 요구에 합세했다. 달이 바뀌어 11월이 되자 위훈 삭제 요구로 조정이 온통 소란스러웠다. 사태를 관망하고 있던 영의정 정광필, 우의정 안당을 포함하여 판서와 참판들까지 위훈 삭제를 주장하고 나섰고, 여기에 육조의 하급 관리인 낭관까지 합세했다. 온 조정이 임금을 압박하고 나선 것이다. 이것이 기묘사화의 결정적인 계기가 되었다. 견제와 균형 위에 왕권을 강화하고자 했던 중종의 구상은 뿌리째 흔들렸다. 위훈 삭제로 훈구 세력이 몰락하고 나면 조정의 모든 힘이 조광조에게 쏠릴 것이 불을 보듯 뻔했다. 이런 상황에서 조광조와 관련하여 참람한 소문까지 떠돌았다. 조광조가 대사헌이 되어 저자를 지날 때 사람들이 모두 땅에 엎드려 경의를 표한다는 소문이었다. 중종은 훈구 세력의 전횡을 받아들일 수 없었던 것과 마찬가지로 사림 세력의 전횡도 받아들일 수 없었다. 중종으로서는 절대로 피하고 싶은 정치 구도였다. 중종의 이러한 속내를 읽지 못한 것이 조광조의 가장 큰 실수였다.

 삼사를 본거지로 삼은 조광조 일파는 성인의 말씀을 인용하며 대신들의 정책을 맹렬하게 논박하고 자신들의 주장을 밀어붙여 '대신은 허수아비일 뿐이고 조정의 정책이 오로지 대간에서 나오는 상황'을 만들었다. 그들은 이런 사태를 '정책 수립은 대신이 맡고, 대간은 비판과 감찰기능에 국한하는 것이 옳지만, 지금의 재상들은 소인들이므로 그들에게 국정을 맡겨둘 수 없다'고 변명했다.

 권력이 지나치게 조광조에게 집중되었다. 조광조는 위험인물이 되어 갔고, 기묘사화는 이러한 상황에서 일어난 정치적 사변이었다. 《실록》은 그 날의 상황을 자세히 전하고 있다.

밤 2고^鼓 금중^{禁中}이 소요하므로, 승지 윤자임^{尹自任}·공서린^{孔瑞麟}, 주서 안정^{安珽}, 검열 이구^{李構}(모두 승정원에 직숙^{直宿}했었다.) 등이 허둥지둥 나가 보니, 연추

문이 이미 활짝 열리고 문졸들이 정돈해 서 있었고, 근정전으로 향해 들어가며 바라보니 청의의 군졸들이 전폐 아래에 좌우로 옹립하여 있었다. 윤자임 등이 밀어제치고 들어가 곧바로 경연청으로 가니 합문의 안팎에 다 등불을 벌여 밝혔고 합문 밖에는 병조판서 이장곤李長坤, 판중추부사 김전金詮, 호조판서 고형산高荊山, 화천군 심정沈貞, 병조참지 성운成雲이 앉아 있었다.

－《중종실록》 14년 11월 15일

뜻밖의 상황에 놀란 윤자임이 어찌 된 일인지 묻자, 이장곤 등은 "대내大內에서 표신標信으로 부르셨기 때문"이라고 답하였다. 왕의 부름을 받고 왔다는 뜻이었다. 승정원에서 숙직하고 있던 윤자임도 모르게 왕의 표신이 내려졌다는 것은 이해할 수 없는 일이었다. 윤자임은 승정원을 거치지 않고서 어떻게 표신을 낼 수 있느냐며 당장 입계入啓(임금에게 글을 올림)하려 하였다. 그러자 승전색承傳色 신순강이 나와서 성운에게 말하기를 "당신이 승지가 되었으니 곧 들어가 전교를 들으라"고 하였다. 놀란 윤자임이 성운을 제지하며 날뛰었지만 성운은 뿌리치고 안으로 들어갔고, 곧 다시 나오더니 종이쪽지를 내보이며 "이 사람들을 다 의금부에 내리라"고 하였다. 종이에 적힌 인물은 승정원에 직숙하던 승지 윤자임·공서린, 주서 안정, 한림 이구 및 홍문관에 직숙하던 응교 기준, 부수찬 심달원이었다. 윤자임 등이 옥에 갇힌 후에 우참찬 이자, 형조판서 김정, 대사헌 조광조, 부제학 김구, 대사성 김식, 도승지 유인숙, 좌부승지 박세희, 우부승지 홍언필, 동부승지 박훈이 의금부로 잡혀 갔다. 이렇게 해서 조광조를 비롯한 사림들이 하룻밤 사이에 죄인으로 몰려 옥에 갇혔다.

이 사건은 많은 의혹을 불러일으켰다. 중종은 "조정이 조광조 등을 죄 주기를 청한다"고 하면서 자신이 이 일을 주도한 것이 아니라고 밝혔지만, 영의정 정광필은 중종의 주장을 정면으로 반박했다.

> 임금께서 분부하시기를 '조정이 청하였다' 하셨으나, 이는 매우 온편치 못합니다. 신 등이 왔을 때에 먼저 와 있던 사람(홍경주, 남곤, 심정, 김전, 고형산 등을 말한다.)이 말하기를, "임금께서 죄를 청하라고 시키셨으니 이것은 다 임금의 뜻이다." 하였는데, 임금께서는 이렇게 분부하시니 참으로 신은 알 수 없습니다. 신이 대내에 들어와서도 이렇게 아뢰었거니와, 만약에 굳이 조정의 일을 그르쳤다고 한다면 임금께서 호오好惡를 명시하셔야 합니다. 신 등은 저 사람들에게 죄가 없다는 것이 아니라, 조정이 죄 주기를 청했다고 한다면 옳지 않다는 것입니다. 신이 부름을 받고 달려오니 이미 청죄단자請罪單子가 만들어져 있었습니다. 이번 추고전지推考傳旨는 인심에 합당하게 여겨지지 않을 것이므로 반복하여 아룁니다.
> — 《중종실록》 14년 11월 16일

중종이 이 옥사를 계획했다는 얘기다. 중종은 조광조를 구금하여 조사하기도 전에 이미 조광조의 죄를 정해 놓았으며, 11월 15일에는 이미 의금부義禁府에 전지를 내려 그 죄를 밝혔다. 중종이 밝힌 조광조 무리의 죄는 이러했다.

> 조광조·김정·김식·김구 등은 서로 붕당朋黨을 맺고서 저희에게 붙는 자는 천거하고 저희와 뜻이 다른 자는 배척하여, 성세聲勢로 서로 의지하여 중요한 자리를 차지하고 후진을 유인하여 궤격詭激이 버릇이 되게 하여 국론과 조정을 날로 글러가게 하였으나, 조정에 있는 신하들이 그 세력이 치열한 것을 두

려워하여 아무도 입을 열지 못하게 된 일과, 윤자임·박세희·박훈·기준 등이 궤격한 논의에 화부한 일들을 추고하라.   -《중종실록》14년 11월 15일

중종은 조광조를 신속하게 죽이기를 원했다. 영의정 정광필 등이 조광조의 사형을 반대하고 나서자 "삼공(3정승)은 국가의 치란治亂에 관계되는 일이 있는데도 시비를 결정하지 않으니 삼공이라 할 수 있겠는가?"라며 정광필을 해직하고 남곤을 정승으로 임명했다. 그러나 새로 정승이 된 남곤도 조광조의 사사를 반대했다.

중종이 조옥詔獄(의금부)의 당상 심정과 손주孫澍를 명소하여 이르기를,
"조광조 등 4인(김구·김정·김식)은 사사하고, 윤자임 등 4인(박훈·박세희·기준)은 절도에 안치하되 오늘 안으로 낭관을 보내라."
하매, 남곤이 아뢰기를
"그 율문대로 결단해서는 안 됩니다. 조광조 등 4인은 절도에 안치하고, 그 아래 4인은 먼 곳에 유배하는 것이 옳겠습니다."
하니, 임금이 이르기를
"형벌을 사의私意로 행할 수 없으니, 왕법을 밝혀서 인심을 안정시켜야 한다."
하매, 남곤이 아뢰기를
"미물일지라도 죽음을 두려워하지 않는 것이 없으며, 사람의 생사는 중대하니 살펴서 해야 합니다." ……
임금이 이르기를
"조광조는 죽어도 아까울 것이 없으며, 국문 받을 때에 한 짓도 죽을 만하다. 또 조광조가 시종 직에 오래 있었으므로 나도 그 사람을 조금은 아는데 그 마

음이 곧지 않으며, 김정은 우혹憂惑하다."
하매, 남곤이 아뢰기를
"나라의 일이 글러진 것은 다 조광조가 유도한 것이니 절도에 안치하는 것이 옳겠습니다. 옛말에 사이四夷(사방의 미개한 땅)로 내쳐서 이매魑魅(도깨비. 사람을 잘 홀리는 자)를 막는다.' 하였습니다. 왕자의 도리는 이런 것입니다."
— 《중종실록》 14년 12월 16일

중종은 조광조를 일컬어 '마음이 곧지 않다'고 분명히 밝히면서 끝내 이날 조광조를 사사하도록 명했다. 조광조가 살아 있는 한 자신의 정계 구상을 위협할 것이라 염려한 것이다. 중종은 죽기 몇 달 전인 중종 39년 4월, 기묘사화 처리를 둘러싸고 꺼지지 않는 의문에 대하여 자신의 생각을 이렇게 밝혔다.

조광조의 일은 내가 시말始末을 모두 알고 있다. 당초에는 (조광조의 처사가) 과연 취할 만한 일이 있기도 했지만 마침내는 기구신耆舊臣들을 배척하고 옛 법을 변란시켰으며, 심지어 과거는 지극히 공정한 것인데 스스로들 사람을 추천하여 이름을 천과薦科라 하였고, 과거를 보인 다음에 조정의 공론이 그르게 여겨 혁파하기 청하면, 자기 뜻대로 안 된다는 것 때문에 반란을 꾀하는 자가 있기까지 했었다. 이는 비록 그 사람들이 범한 일은 아니지만 당초에 발단을 열어 놓은 사람들에게 어찌 그 잘못이 없겠는가. — 《중종실록》 39년 4월 7일

중종은 조광조의 죄를 다스린 것은 '사람들의 뜻에 따라 부득이 그렇게 한 것'이라며 끝내 자신의 책임을 감추었다. 그러나 누가, 무엇 때문에, 어

조광조의 묘(위, 경기 용인)와 적려유허비謫廬遺墟碑(아래, 전남 화순). 적려란 귀양 또는 유배되어 갔던 곳을 이르며, 유허비는 한 인물의 옛 자취를 밝혀 후세에 알리고자 세워 두는 비를 말한다. 기묘사화로 귀양 왔던 조광조를 추모하고자 세운 비로서 뒷면에 유배 내력을 적었다. 현종 8년 건립하였으며 비문은 송시열이 짓고 글씨는 송준길이 썼다.

떤 절차를 밟아 조광조 등의 체포를 명했는지, 조광조의 죄는 무엇이고 재판과 처벌은 합법적이었는지, 기묘사화에 책임이 있는 자들이 각자 맡은 구체적인 역할이 무엇인지, 이러한 의문은 여전히 해결되지 않은 채 남아 있다. 기묘사화에 깊게 개입한 것으로 알려진 홍경주도 자신의 억울함을 주장했다.

> 사림을 해치려고 신이 앞장섰다고 한다면 옳지 않습니다. 오늘 김전金詮을 만났는데, 김전이 신에게 말하기를 '사람들이 다 우리들을 참인讒人으로 지목한다.' 하였습니다. 김전·남곤 등이 신 때문에 악명을 얻게 된다면 어찌 이런 일이 있겠습니까!…… 임금께서 저들이 지나치다 하여 바로잡으려고 생각하시는 것을 신이 알았으므로, 신이 남곤·김전 등에게 말하여 그 죄를 분명히 바루기를 청하였습니다. …… 신의 일신一身은 돌볼 것도 없던 일이었으나, 김전과 남곤이 신 때문에 군자를 모해하였다는 이름을 얻게 된다면, 어찌 이런 일이 있겠습니까? 환히 알게 하셔야 합니다. -《중종실록》14년 11월 18일

홍경주는 중종이 총애하던 희빈 홍씨의 아비이다. 정국공신 1등으로 중종의 각별한 신임을 받았던 홍경주가 남곤의 억울함을 변명한 것을 보면, 기묘사화에서 남곤의 역할은 논란의 소지가 있다. 그럼에도 남곤은 기묘사화의 주범으로 몰렸다. 설사 모든 일이 중종의 뜻이었다고 해도 남곤으로서는 그 사실을 밝히기 어려웠다. 남곤은 세상의 비난을 혼자 떠안을 수밖에 없다고 체념했을 것이다. 당대 제일의 문장가였던 남곤은 죽기 전에 자신의 글을 모두 불태웠다. 나중에 선비를 죽인 자의 글이라는 조소를 받을까 염려했기 때문이다. 그러나 후세의 사림파는 남곤을 만고의 간신으

로 몰았다. 김종직의 직계 제자로서 사림의 유력한 영수 중 한 명이었던 남곤을 인정한다면, 사림들의 정치적·학문적 정통성과 권위를 확보하기 어려웠던 것이다. 이것이 남곤을 끝까지 비난한 이유였다.

많은 논란이 따랐지만 중종은 조광조를 제거함으로써 왕권 강화라는 정치적 목적을 달성했다. 하지만 조광조에 대한 정치적 평가와 기묘사화 당시 남곤의 역할과 책임은 선조 시대에 다시 치열한 정치 쟁점으로 떠오른다.

문정왕후의 허망한 20년

주상은 왕자를 생산할 수 없으니 동생(경원대군)을 세제로 책봉하라.

중종의 뒤를 이어 장남 인종이 보위에 오른 지 며칠 지나지 않아 대비 문정왕후文定王后가 내린 전교이다. 당시 인종의 나이 서른이었다. 혈육을 생산하지는 못했지만 그래도 한창 나이였다. 문정왕후의 전교는 이해하기 어려운 처사였다. 이 일로 왕실은 물론 온 조정이 발칵 뒤집혔다. 정국이 혼란에 빠진 가운데 인종이 재위 8개월 만에 갑자기 숨을 거두고, 결국 문정왕후의 뜻대로 경원대군慶源大君이 보위를 이었다. 바로 조선의 제13대 왕 명종이다.

인종의 친어머니 장경왕후章敬王后는 인종을 낳고 바로 숨을 거두었다. 당시 중종의 나이 28세, 2년 후 중종은 문정왕후를 세 번째 부인으로 맞이했다. 어려서부터 총명했던 인종은 여섯 살 때 세자로 책봉되었지만, 어머니도 없이 궁중에서 오랜 세월 세자의 자리를 지킨다는 것은 쉽지 않은 일이었다. 궁중에는 젊은 중전 문정왕후가 있었고, 후궁 소생의 왕자도 여럿이었다. 게다가 인종이 20세가 되었을 때 문정왕후가 아들 경원대군을 낳았다.

정국은 불안할 수밖에 없었다. 세자는 부인에 후궁까지 두었지만 자식이 없는 데다 몸까지 약했다. 아버지 중종은 어떤 이유에서인지 세자에게 확고한 정치적 힘을 실어 주지 않았다. 이런 상황에서 신하들은 정치적 이해관계에 따라 세자 편과 문정왕후 편으로 나뉘었다. 세자 시절 인종이 의지한 유일한 세력은 외삼촌 윤임尹任(1487~1545)이었다. 무과 출신인 윤임은 일부 사림 세력과 연계하여 세자의 힘이 되어 주었다. 그런데 중종이 말년에 윤임을 한직으로 보내고 문정왕후의 인척들을 기용하면서 세자의 처지는 더욱 외로워졌다. 더구나 중종은 마지막 2년 동안 건강이 극히 좋지 않은 상황에서도 서른이 다 된 세자에게 국정에 참여할 기회를 주지 않았다. 인종은 이렇듯 위태로운 상황에서 어렵게 왕위에 올랐으나 채 1년을 채우지 못하고 숨을 거두고 말았다.

문정왕후는 바라던 대로 아들 경원대군이 보위에 오르자 수렴청정으로 권력을 장악하고 정계 구도를 신속하게 개편했다. 그 과정에서 선왕 인종 편에 있었던 사림 세력이 희생된 사건이 바로 을사사화乙巳士禍이다. 을사사화는 명종의 외숙인 윤원형尹元衡(?~1565) 일파(소윤小尹)가 인종의 외숙인 윤임 일파(대윤大尹)를 몰아낸 사건이다. 중종 당시 사림은 대윤과 소윤으로 분열되어 있었다. 인종의 즉위로 잠시 대윤 일파가 중용되면서 기묘사화 이후 은퇴했던 사림들이 다시 정권에 참여했고, 윤원형 등 소윤은 정치에서 밀려났다. 그러나 명종이 즉위한 후 윤임은 중종의 8남인 봉성군鳳城君을 왕위에 올리려고 역모를 획책했다는 죄를 뒤집어쓰고 죽임을 당한다. 이때 화를 입은 사람이 100여 명에 달했다.

윤원형 등 척신 세력의 도움을 받아 반대파를 숙청하고 강력한 독재 체제를 구축한 문정왕후는, 이후 왕실의 권위에 도전하거나 걸림돌이 될 가능성이 있는 세력은 주저 없이 제거해 버렸다. 명종 시대 20여 년 동안 모든 권력이 그녀의 손에서 나왔다.

주상에게 '너는 내가 아니면 어떻게 이 자리를 소유할 수 있었으랴.' 하고 조금만 여의치 않으면 곧 꾸짖고 호통을 쳐서 마치 민가의 어머니가 어린 아들을 대하듯 함이 있었다. 상의 천성이 지극히 효성스러워서 어김없이 받들었으나 때로 후원後苑의 외진 곳에서 눈물을 흘리었고 더욱 목놓아 울기까지 하였으니, 상이 심열증心熱症을 얻은 것이 또한 이 때문이다.

－《명종실록》 20년 4월 6일

조정의 명이 모두 대비에게서 나오니 신하들은 임금보다도 대비의 의중을 살폈다. 명종 시대 척신들은 이전의 훈구 세력보다 더 심한 가렴주구苛斂誅求로 백성들을 도탄에 빠뜨렸다.

윤원형은 세력을 얻은 뒤에 너덧 악한 무리를 심복을 삼아 평생 원한 있는 이를 다 죽을 땅에 몰아넣고, 위력과 권세가 높아지자 뇌물이 폭주하여 성내에 집이 열여섯이요, 남의 노예와 전장을 빼앗은 것은 이루 헤아릴 수 없으며 살리고 죽이고 주고 빼앗는 것이 다 그의 손에서 나왔다. －《연려실기술練藜室記述》

조선 초에 엄정하게 확립되었던 국가와 왕실의 확고한 정치적 리더십은 권위를 잃어 갔다. 조광조의 개혁 실패의 후유증으로 기개가 꺾인 지식인들은 현실의 권력에 맞서지 못하고 눈치를 보기 시작했다. 그 틈새를 비집고 나온 얼치기 지식인들이 고담준론高談峻論으로 자신들의 탐욕과 비겁함을 숨기고 허황된 말로 명예를 도둑질하는 기회로 삼았다. 조식曺植(1501~1571)은 '선비들이 도학을 내걸고 사리私利를 취하고 있다'면서 '심신의 수련이 없는 지적 훈련은 혹세무민의 가식이 아니면 기만일 뿐'이라고 한탄했다.

실로 명종 시대의 정치적 상황은 암담했다. 국가권력을 사유화한 소수의 척신들이 20여 년간 나라와 백성의 것을 '주고, 뺏고, 살리고, 죽이기'를 마음대로 하였지만 세상이 변할 조짐은 보이지 않았다. 조정 대신들도 20년 동안 권력에 길들여져 안주하였다. 그들에게는 태평성대의 시대였다. 소수의 척신과 권신들의 뜻만 거스르지 않는다면 편안한 삶을 누릴 수 있었다. 때맞춰 곳곳에서 재물이 들어와 곳간에 쌓이고, 자식 손자들에게 벼슬자리를 만들어 주는 것도 그리 어려운 일이 아니었다. 무엇을 더 바라겠는가. 이렇게 한 세대가 가고 있었다.

그러나 그렇게 단단하고 빈틈없어 보이던 세상에 균열이 일어났다. 순회세자順懷世子의 갑작스런 죽음이 그 발단이었다. 명종 18년, 명종과 중전 심씨의 유일한 혈육으로 무럭무럭 자라 혼인까지 한 총명한 세자가 13세의 어린 나이에 세상을 뜬 것이다. 순회세자의 돌연한 죽음으로 후사가 불안정해지면서 명종 치세는 안정감을 잃어 갔다. 당시 명종은 31세의 한창 나이였고 많은 후궁을 거느리고 있었으나, 몸이 약해 죽은 순회세자 외에는 단 한 점의 혈육도 생산하지 못했다. 새 왕자의 탄생을 기대하기 어려운 상황이었다. 하지만 어느 누구도 감히 후사 문제를 거론하지 못했다.

엎친 데 덮친 격으로 명종 20년 4월, 문정왕후마저 65세를 일기로 세상을 떠났다. 대비의 죽음은 단순히 왕실 큰 어른의 죽음이 아니었다. 순회세자의 죽음으로 흔들리고 있던 명종의 치세를 그나마 간신히 붙잡아 주고 있던 권력의 중심이 갑자기 사라진 것이다. 유일한 혈손 순회세자의 죽음은, 예순을 넘긴 나이에도 태산 같은 위엄으로 심약한 아들 명종을 보필하고 있던 문정왕후를 무너뜨렸다. 권력에 대한 집착이 남달랐던 문정왕후에게 순회세자는 무엇과도 바꿀 수 없는 등불이었다. 자신의 혈손이 세세손손 대를 이어 임금의 자리를 계승할 것이라는 믿음이 한순간에 물거품이 되었으니 얼마나 큰 충격을 받았겠는가.

허무하고 어리석은 일이었다. 순회세자의 죽음 이후 문정왕후는 병석에 눕는 일이 잦아지더니 2년을 넘기지 못했다. 정국은 순식간에 변화의 소용돌이 속으로 빠져들었다. 순회세자의 죽음이 미래 정치 구도의 불확실성을 증대시켰다면, 문정왕후의 죽음은 20년간 지속된 권력의 중심이 무너진 것과 같았다. 영의정 윤원형을 중심으로 한 척신 세력이 정국을 주도하고 있었지만, 폭압으로 통제된 평화가 오래갈 수는 없었다.

'숭유배불'로 윤원형을 몰아내다

사림 세력은 조광조의 죽음으로 커다란 타격을 받았지만 그들의 꿈마저 사라진 것은 아니었다. 사림은 명종 시대의 가혹한 정치 환경 아래에서도 끈질기게 살아남아 기회를 엿보았다. 이들의 존재는 윤원형, 심통원沈通源(1499~1572) 등의 척신 세력에게는 커다란 위협이었다. 명종 즉위 초 정권의 기반을 닦는 과정에서 을사사화를 일으켜 무리하게 사림 세력을 축출한 과거가 있기 때문이다. 그렇다고 해서 사림 세력을 모조리 제거할 수는 없는 일이었다. 사림은 지식인 집단과 지방 정치 세력의 지지를 받고 있었다. 특히 향촌에 근거를 둔 지방 사림 세력은 자신들의 경제적·사회적 성장에 걸맞는 정치적 지위 향상을 열망하고 있었다.

사림 세력은 학문적 실력도 만만치 않았지만 정치의식 또한 중앙 조정에 뒤지지 않았다. 무엇보다 그들은 수적으로 조선 지식인의 압도적 다수를 차지하였다. 그들이 하나의 정치 세력으로 뭉친다면 왕실에게도 척신 세력에게도 두려운 일이었다. 권력의 핵심이던 문정왕후가 세상을 뜬 마당에 정치적으로 부쩍 성장한 사림이 중앙 정계에서 부활한다면 척신 세력과 생사를 건 싸움을 벌일 수밖에 없었다.

정국은 겉으로는 평화로웠다. 대비 문정왕후가 죽었지만 아직은 윤원형과 심통원이 영의정·좌의정으로 조정을 이끌고 있었다. 대간臺諫(관리 감찰과 간언을 하는 벼슬)들은 척신의 눈치를 보았고, 조정 관료들은 현실에 안주하고 있었다. 20년을 다져 온 막강한 정권이었다. 조선의 구석구석에 윤원형의 인맥이 깊이 뿌리내리고 있었고, 수많은 사람들이 윤씨 일가와 인연을 맺어 부와 권력을 일구었다. 아직은 모든 정보가 윤원형에게 모아졌고, 권력도 돈도 윤원형을 통해 배분되었다. 조정 신하들도 변화를 반기지 않았다.

명종 또한 같은 생각이었다. 명종은 소극적이고 심약한 군주였다. 자칫 힘의 균형이 깨져서 정국이 소용돌이치는 것을 지극히 경계했다. 명종이 가장 믿을 만한 사람은 그래도 외삼촌 윤원형과 장인 심강, 처종조부 심통원 등 척신들이었다. 그들이 부정한 방법으로 재산을 모으고 사회의 기강을 무너뜨린다는 것을 잘 알고 있었으나, 위기의 순간에 목숨을 걸고 자신을 지켜 줄 사람은 결국 이들이라는 것 또한 잘 알았다.

당시 척신에 맞서 사림 세력을 이끈 인물은 이준경李浚慶(1499~1572)이다. 이준경은 지방 출신 사림이 아니라 중앙의 명문가 출신으로 젊은 시절 조광조의 개혁정치에 감동하여 조광조를 찾아보고 도학정치의 꿈을 지켜 온 인물이다. 마찬가지로 명문가 출신인 홍섬洪暹(1504~1585)과 홍담洪曇(1509~1576)이 이준경과 함께 사림 세력의 중심에서 힘을 보탰다. 홍섬의 아버지 홍언필은 조광조와 함께 개혁정치를 주도했고, 기묘사화에서 간신히 살아남아 나중에 영의정의 자리에 올랐으며, 사화로 뿔뿔이 흩어진 사림 세력을 보호하고 이끌어 준 인물이다. 이들과 함께 향촌의 한미한 집안에서 몸을 일으켜 신념과 열정, 엄격한 절제로 척신 시대에 모범적 관료로 살아남은 심개金鎧(1504~1569), 송순宋純(1493~1583) 등의 선비들도 이준경과 뜻을 함께했다.

이들은 탐욕스러운 척신들의 폭압적인 권력 아래에서도 새로운 시대를 꿈꾸며 스스로 준비하고 때를 기다렸다. 척신 권력이 선비의 기개를 무참하게 꺾을 때에도 끝내 지조를 팔지 않았고, 청렴과 근실로써 자신을 지켜냈다. 조광조의 후계자로서 도학을 실천하는 진정한 군자임을 자부하는 이들이 이준경을 중심으로 조정에서 한 무리의 개혁적 사림 세력을 형성하고 있었다.

이들은 조광조의 좌절을 아쉬워하며 그가 실패한 원인을 반성했다. 국가와 사회를 이끌어 가는 정치는 개인의 수양만으로는 부족하다. 이들은 조광조가 개인의 수신과 의식 개혁에 치중한 나머지 법과 제도 등 제도 개혁을 상대적으로 가볍게 생각한 것을 아쉬워했다. 세상을 정正과 사邪, 흑과 백으로 갈라 놓고 모든 사람을 군자와 소인으로 구분하여 세상을 무리하게 두 쪽으로 나누다 보니 그로부터 파당이 생겨나 끊임없는 시비와 갈등으로 정치가 앞으로 나아가지 못했다고 진단했다. 또한 조광조의 정치가 현실과 실용보다는 명분과 관념에 치우쳤고, 지나치게 급진적인 개혁을 선택한 것이 실패의 원인이라고 보았다.

사림 세력은 문정왕후가 세상을 뜬 후 조심스럽게 싸움을 시작했다. 문정왕후가 죽기 직전 조정에 내린 언서유교諺書遺敎(한글 교서)가 발단이 되었다.

이 일은 조정에 말하기가 마음에 매우 미안하나 평일에 품고 있던 바이므로 아울러 말하는 것이오. 석도釋道(불교)는 이단이기는 하지만 조종조 이래로부터 다 있어 왔고, 양종兩宗은 역시 국가가 승도僧徒들을 통령統領하기 위하여 설립한 것이오. 승도들이 비록 쓸데없는 것이라고는 하나 조정에서는 모름지기 내 뜻을 체득하여 끝까지 옛날 그대로 보존하도록 하는 것이 좋겠소. 옛사람 말에 '평상시에는 불도佛道를 섬길 수 없지만 부모에게 간하여도 만일 고치지 않으면 그대로 따랐다.' 하였으니, 주상이 이단을 금지 억제하더라도 조정에서는 모름지기 내 뜻을 따르오. 윤백원尹百源은 비록 죄가 중하다 하더라도 효혜공주孝惠公主의 제사를 받드는 사람이오. 내가 이러한 때를 당했으니 그를 근도近道에 이배移配하도록 하오. — 《명종실록》 20년 4월 6일

불교의 양종(교종과 선종)을 유지하라는 것과 인순왕후의 외숙인 이량李

櫟(1519~?)에 붙어 권세를 부렸다는 죄로 귀양 간 윤백원의 죄를 감해 주라는 내용이다. 그러나 문정왕후가 죽은 지 8일 만인 명종 20년 4월 14일, 사헌부와 사간원을 시작으로 연이어 홍문관이 윤백원의 귀양지를 서울 가까운 장소로 옮기는 데 반대하는 상소를 올렸다. 문정왕후의 명에 정면으로 반발하는 이 상소로 그때까지 감히 범접하기 어려웠던 문정왕후라는 성역이 단번에 무너져 내렸다. 뒤이어 4월 25일, 조정과 사림은 문정왕후가 신임하던 승려 보우普雨(1509~1565)를 죽이라고 주장하고 나섰다. 보우는 문정왕후의 힘을 빌려 무너져 가던 전국의 사찰 300여 개를 국가 공인 청정 사찰로 지정하고 승려 4000명을 선발하여 승려 자격을 인정하는 한편, 승과僧科를 설치하는 등 불교를 부흥시킨 인물이다. 사림 세력은 그런 보우를 죽임으로써 불교를 용납하지 않겠다는 굳은 의지를 세상에 보여 주고자 했다. 보우를 죽이라는 주장은 점점 힘을 얻어 갔다.

  사림 세력의 진짜 표적은 보우가 아니라 문정왕후 시대의 전면적 부정과 윤원형 등 척신 세력의 청산이었다. 명종 또한 이를 모르지 않았을 것이나. 문세는 불교를 반내한다는 그들의 주정을 배칙힐 명분이 없다는 것이었다. 같은 날 성균관 진사의 상소가 올라왔고, 5월 11일에는 부제학 김귀영金貴榮(1520~1593)이 임금을 직접적으로 비난하는 상차上箚(격식을 갖추지 않고 올리는 상소)를 올렸다.

신들이 외람되이 근밀한 자리에 모시고 있은 지 이미 하루 이틀이 아니니, 진실로 전하의 덕이 이미 청명하고 누가 없는 지경에 이르셨음을 알고 있사오나, 그 일처리의 자취를 고찰해 보면 여러 사람의 마음에 흡족하지 못한 것이 많습니다. 공론은 눌러서는 안 되는데 도리어 거절할 때도 있으며 뭇사람의 분을 막아서는 안 되는데 도리어 저지할 때도 있으십니다. 윤백원이 나라를 그르친 죄는 중형에 처해야 합당한데 다만 고식적인 유교遺教로 인하여 갑자기 이배移配하라는 명이 계셨으며, 역적 보우의 하늘에 통하는 죄는 죽어도 남는 죄가 있는데, 중외中外(조정과 민간)의 공언을 믿지 아니하고 매양 곡진하게 비호하는 뜻을 보이십니다. 언관의 간쟁은 공론을 가지고 아뢰는 것인데 천청天聽은 아득하시며 유생의 상소는 국적國賊의 토죄討罪를 위한 것인데 엄한 말씀을 여러 차례 내리셨습니다. 예부터 어찌 공론을 어기고 군정群情을 거스르고서 그 나라를 보전한 이가 있었습니까.

유사有司가 곡식과 포백布帛을 저축하는 것은 국용에 대비하기 위한 것인데, 사사로이 내수사에 납입하여 부처 공양하는 데에 소비하여 버리시니, 나라의 임금이 내탕고內帑庫를 사사로이 써도 오히려 정치의 누가 되는데 하물며 부처 공양하는 용도로 쓰는 데 이겠습니까.

— 《명종실록》 20년 5월 11일

5월 13일에는 영의정 윤원형도 들끓는 여론을 거부하지 못하고 대신들을 이끌고 조정의 맨 앞자리에 서서 보우의 처벌을 주장했다. 명종은 "양사兩司와 유생이 그대로 논하여 마지않고 경들이 지금 또 와서 아뢴다. 내가 망극한 중에 있으니 결코 중죄로 다스릴 수 없다. 보우는 승직을 삭탈하여 서울 근처의 사찰에 발을 붙이지 못하도록 함으로써 책벌의 뜻을 보이라." 고 하였다. 그러나 유생들은 보우를 중형에 처하라는 주장을 꺾지 않았다. 5월 26일부터는 지방 유생들이, 5월 28일에는 충의위忠義衛(3공신 자손들을 위해 설치한 군대)의 무관 322명이 보우를 죽이라고 상소하고, 5월 29일에는 성균관 유생 1000여 명이 동맹휴학을 결의하고 학관을 뛰쳐나가 7월 초까지 학교로 돌아오지 않았다. 모든 사림 세력이 단합하여 보우를 죽이라고 목소리를 높였다.

  사림 세력은 일찍이 문정왕후의 불교부흥운동을 불안한 눈으로 바라보았다. 불교는 삼국시대 이후 1천 년을 번성해 온 뿌리 깊은 종교였다. 조선 개국과 더불어 힘을 잃었던 불교가 문정왕후의 힘으로 부활의 조짐을 보였으니, 이는 곧 성리학의 위기이자 국가 정체성과 체제의 위기이기도 했다. 핍박받는 백성들의 불교 쏠림 현상도 걱정스러웠다. 사림들은 온몸을 던져 불교 부흥을 막고 성리학의 위상을 방어했다. 그들에게 성리학은 밥이요, 옷이었으며, 정치적 권력이자 사회적 신분이고 철학과 교양이자 생존과 출세의 바탕이었다. 불교를 배척하는 숭유배불崇儒排佛은 조선 창업 때부터 확립된 국시國是였다. 그러나 문정왕후가 건재하던 시절에는 누구도 불교부흥운동을 드러내 놓고 비판하지 못했다. 이준경은 바로 이 문제를 제기하면서 투쟁을 시작했다. 그는 숭유배불을 들고 나옴으로써 사림들의 정치적 지지를 얻어 내고자 했다. 이해관계가 다양한 사림을 하나로 묶는 데 숭유배불만큼 좋은 명분은 없었다. 물론 이들의 최종 목표는 보우가 아니라 윤원형이었다. 윤원형을 깨뜨리려면 20년 동안 조정과 백성 위에 군림하고 있던 문정왕후의 권위를 무너뜨려야 했다. 대비의 시신이 채 식기도 전에 터져 나온 보우 탄핵 상소는 이러한 목적을 달성하고자 치밀하게 계획된 정치 투쟁이었다. 일단 물꼬가 터지자 동조하는 사림들의 목소리가 들불처럼 번져 나갔다. 서울에서 지방으로, 성균관 유생부터 향촌의 선비에 이르기까지 쉬지 않고 이어졌다. 대세가 기울면 커다란 흐름에 뒤처질까 초조해진 사람들이 더욱 과격하게 앞장서며 동참하는 법이다. 결국 명종도 보우 처벌을 받아들이지 않을 수 없었다.

  보우 탄핵에 성공한 사림 세력은 이내 공격의 화살을 윤원형에게로 돌렸다. 사림 세력은 점점 더 대담해졌다. 처음에는 이준경의 도전을 무모하다고 여기던 조정 신료들도 결국 보우가 거꾸러지는 것을 보면서 하나둘 이준경의 개혁에 동참했다. 백성들의 여론도 들끓기 시작했다. 문정왕후라는 성역이 무너지자 문정왕후 시절의 폭정에 비난의 불길이 옮겨 붙었다.

윤원형은 당황스러웠다. 승하한 대비를 능멸하는 이들을 단호하게 처벌하지 않으면 대세에 떠밀려 때를 놓친다는 초조감에 휩싸였다. 그러나 문정왕후의 빈자리가 너무 컸다. 지방의 선비들에게도 반윤원형 분위기가 순식간에 번져 갔다. 어느 누구도 이러한 분위기에 감히 저항할 수 없었다. 두려움을 느낀 조정과 왕실은 서서히 분열되었다.

윤원형은 20년 동안 때로는 경쟁하고 때로는 협력하며 권력을 분점해 온 청송 심씨 가문에게 도움을 요청했다. 그러나 심강과 그의 아들 심의겸沈義謙(1535~1587)은 윤원형을 도울 형편이 아니었다. 척신 권력의 축인 윤원형이 몰락하면 자신들의 권력도 보장받기 어려웠지만, 자신들 또한 언제 사림 세력의 표적이 될지 알 수 없었다. 윤원형을 돕다가 정치 투쟁의 소용돌이에 휘말리면 윤원형과 함께 몰락의 길을 걸을 수도 있었다. 사태는 점점 더 명종의 결단을 강요하고 있었다. 하지만 명종은 윤원형의 처벌을 거부했다.

요즈음 내가 상중에 있으면서 잔병을 자주 앓아 조용히 조리하고자 하는데 뜻밖에 삼사가 전 영상을 거듭 공박하기에 내가 몹시 괴이하게 여기고 있었다. 그런데 경들이 또 거들어 아뢰니 나의 마음이 더욱 편치 않다. 경들은 전 영상과 함께 같은 조정에서 오래 있었으니 위복威福을 마음대로 휘두른 일에 대하여 자세히 알고 있는가? 나는 불민하여 위복을 멋대로 휘두르기까지

했는지는 모르겠다. 그러나 예로부터 큰 공이 있는 사람은 처음부터 끝까지 후대하였는데 지금 만약 원훈 대신에게 갑자기 걸맞지 않는 죄명을 씌워 귀양까지 보낸다면 이 또한 국사가 날로 잘못되어 가는 것이므로 결코 따를 수 없다. 그러기에 윤허하지 않는다. ─《명종실록》 20년 8월 9일

명종은 우물쭈물하다가 대세가 기울어 버린 것을 한스러워했다. 처음부터 강경하게 사태를 장악하고 본때를 보였다면 승하한 대비를 욕보이고 임금을 압박하는 일이 없었을 텐데, 순식간에 대세가 넘어가 버리고 만 것이다. 처음에는 윤원형의 편에 서 있던 자들도 모두 돌아섰다. 문정왕후가 죽고 불과 서너 달도 지나지 않아서 정국의 주도권이 이준경을 중심으로 한 사림 세력에게 넘어간 것이다. 명종이 윤원형의 처벌을 거부하자 좌의정 심통원, 우의정 이명이 의정부 대신과 육조판서를 모두 거느리고 윤원형의 처벌을 요구하였으며, 의정부 사인舍人과 육조의 낭관들은 물론 승정원까지 한목소리를 냈다. 윤원형을 처벌하라는 이준경의 상소에 명종은 이렇게 답했다.

대신은 중론에 끌리지 말고 항상 임금에게 어진 정치를 권해야 한다. 지금 조정이 맑지 못하여 대신이 먼저 도리를 잃어서 마침내 공론이 일어났으니 내 몹시 한스럽게 여긴다. 전 영상을 귀양 보내는 것은 지나친 듯하므로 윤허하지 않는다. ─《명종실록》 20년 8월 20일

그러나 들끓는 여론 속에서 결국 윤원형은 파직되었고, 이준경이 영의정에 임명되었다. 이것은 명종에게 커다란 정치적 상처를 안겨 주었다.

사림 세력의 단합으로 권력자 윤원형을 축출한 것은, 조선의 정치와 사회·사상계에 새로운 지평을 여는 대단한 사건이었다. 단순한 정권 교체가 아니라 새로운 시대의 시작이었다. 소수 특권 가문이 아니라 다수 지식인의 힘에 의한 혁명적 정권 교체였다. 국왕의 힘으로도 제어하기 어려운 새로운 정치 세력이 출현한 것이다. 이로써 그때까지 소수 세력이었던 사림이 중앙 정계에서 독자적인 힘을 가진 커다란 정치 세력으로 등장하였다. 오랜 세월 핍박을 받으며, 네 번의 사화로 엄청난 희생을 치른 이들이 조선 정치의 주류 세력이 되었다.

이는 진정한 의미의 권력 교체였다. 그것도 군사 쿠데타적 수단에 의해서가 아니라 지식인이 주도한 평화적 정권 교체였다. 지난날 조광조가 중종이 구상한 정국 구도 속에서 용의주도한 연출에 의해 권력의 핵심으로 등장했다면, 이때 사림 세력의 등장은 정치적 위기 상황에서 사림 스스로 정치의 중심이 되어 때로는 임금의 뜻에 반하여 정국을 이끌면서 이루어 낸 결과였다. 이들은 국왕과 조정의 뜻을 살피고 이에 영합하지 않았다. 오히려 국왕의 뜻과는 다른 사림 주도의 정치 구도를 만들어 냈다.

한편 도성에서 쫓겨난 윤원형은 지방을 떠돌았다. 그 많던 친구도 친척도 모두 떠나고 노비들마저 흩어졌다. 늙은 종 두세 명만이 뒤를 따랐다. 신료들은 한 걸음 나아가 윤원형이 그동안 저지른 죄의 증거를 수집하라는 영을 내리라고 명종에게 요청했다. 장차 윤원형을 죽이기 위한 포석이었다.

3장

명종과 사림의 힘겨루기

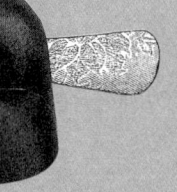

근년에 오면서 세도는 낮아지고 풍습은 경박해져, 인심은 까다롭고 고집이 세며 풍속은 후하지 않은데 인군人君의 분명하지 못함이 있고 대신은 순수하고 온화함이 부족하여 군신 사이의 정의가 두텁지 못하다   -《명종실록》21년 4월 13일

인순왕후의 '을축년 하서下書'

윤원형의 몰락은 명종에게 엄청난 충격이었다. 어머니의 죽음으로 인한 슬픔과 정국의 변화로 초래된 극심한 스트레스는 그렇지 않아도 허약하던 명종의 몸과 마음을 한꺼번에 무너뜨렸다. 윤원형이 쫓겨난 명종 20년 9월 초, 명종은 자주 병석에 눕더니 9월 12일부터는 그 병세가 심상치 않았다. 명종은 정신을 잃고 혼수상태에 빠지기도 했다. 순회세자가 죽어 국본國本의 자리가 비어 있는 상황에서 명종마저 승하하면 자칫 나라가 대혼란에 휩싸일 수도 있는 급박한 상황이었다. 이대로 명종이 세상을 뜨면 다시 두 임금을 거슬러 올라가 중종의 자손 중에서 후사를 찾아야 했다. 중종은 정비正妃의 몸에서 아들 둘, 후궁의 몸에서 아들 일곱을 두었다. 정비 소생이 인종과 명종이니, 결국 후궁 소생에서 보위를 이을 사람을 찾을 수밖에 없었다.

당시 생존해 있던 중종의 왕자는 해안군海安君(1511~1577)과 덕양군德陽君(1524~1581) 둘이었는데, 해안군은 55세의 고령에 중풍을 앓아 몸과 마음이 정상이 아니었고, 덕양군은 42세였다. 두 사람은 모두 명종의 형이므로 명종의 양자가 될 수 없었다. 이들이 왕위에 오른다면 명종의 후사가 아니라 중종의 후사로서 새로운 왕통을 세우는 것이 되고, 이는 곧 명종의 대가 끊어지는 것을 의미했다. 명종이나 명종 비 인순왕후仁順王后로서는 받아들일 수 없는 일이었다. 중종의 손자 중에서 명종의 양자를 택하여 대통을 잇는 것이 자연스러웠다.

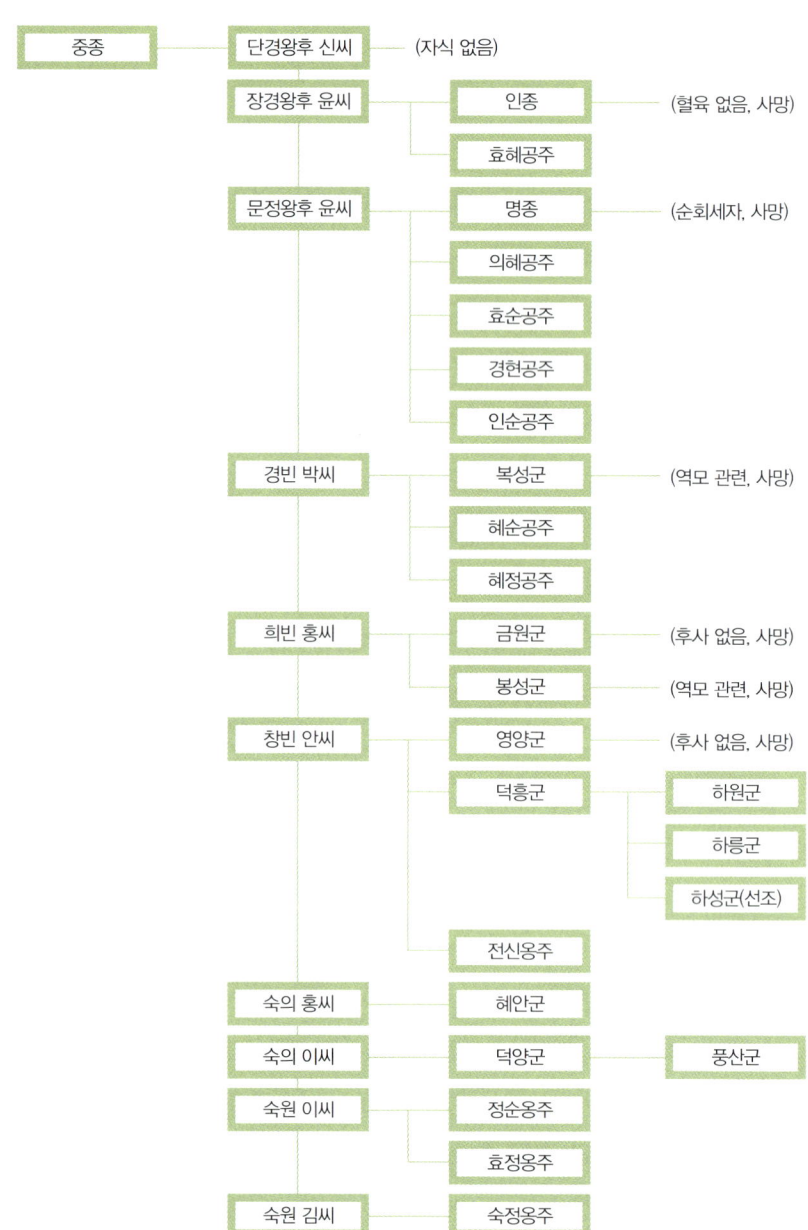

중종의 손자는 창빈 안씨 소생인 덕흥군의 세 아들 하원군河原君(1545~1597)·하릉군河陵君(1546~1592)·하성군河城君(1552~1608)과, 숙의 이씨 소생인 덕양군의 아들 풍산군豊山君(1538~1611) 이렇게 네 명이 있었다. 하원군은 19세, 하릉군은 18세, 하성군은 12세였고, 풍산군은 26세였다. 이 중 풍산군은 아버지 덕양군이 살아 있어 왕위 계승자로는 적합하지 않았다. 풍산군의 아버지 덕양군은 영리하고 수완이 좋아 종친부 종부시宗簿寺 사옹원司饔院(궁중의 음식을 맡아본 관청)의 책임자로 일하면서 일찍이 그 능력을 인정받은 사람이었다. 능력 있는 아버지가 생존해 있다는 것은 풍산군에게 강점이기보다는 약점이었다. 반면 덕흥군은 아비가 이미 죽고 없고 처가도 세력이 있는 집안이 아니었다. 세력이 없었기 때문에 사헌부가 여러 종실 중에서도 유독 덕흥군과 그의 장인 정세호鄭世虎(1486~1563)의 노비 투탁을 문제 삼아 탄핵한 일도 있었다. 덕흥군의 어머니인 창빈 안씨는 한미하다 못해 천한 집안 출신이었다. 한 마디로, 덕흥군의 집안은 종실 중에서도 외로운 집안이었다. 이 점은 덕흥군의 아들들에게 유리하게 작용했다.

영의정 이준경은 덕흥군의 아들 중에서 하성군을 주목했다. 물망에 오른 왕손들은 모두 사가에서 나고 자라 변변한 교육을 받지 못한 터였다. 그렇다면 되도록 때 묻지 않은 나이 어린 왕손을 택하여 처음부터 차근차근 임금의 자질을 갖추도록 훈육하는 편이 낫다고 본 것이다. 새로운 시대를 꿈꾸고 있던 이준경에게는 더할 수 없이 좋은 기회였다. 왕조 국가에서 정치의 중심은 결국 임금이다. 연산군의 난정亂政은 임금이 바로서지 않고는 바른 정치를 펼 수 없다는 뼈아픈 교훈을 안겨 주었다. 어진 임금을 만나지 못한다면 새 시대를 여는 것은 불가능했다. 조광조의 정치가 실패로 끝난 것도 중종이 변심했기 때문이었다. 그런데 이제 뜻밖에도 신하가 임금을 선택할 수 있는 꿈같은 기회가 찾아온 것이다. 하지만 훌륭한 군주는 저절로 만들어지는 것이 아니다. 스승의 가르침과 부왕의 지도 아래 오랜 세월 단련해도 어렵고 또 어려운 것이 군주의 자리였다. 그런 이유에서 나이 어린 하성군이 자연스레 주목을 받았다.

국본의 자리를 오래 비워 둘 수는 없었다. 힘 있는 세력이 각기 다른 왕손을 밀면 조선 천지가 정치 세력의 각축장이 될 것이었다. 그렇다고 신하가 국본을 세울 수도 없었다. 이는 왕의 전권에 속하는 일이었다. 자칫 잘못했다가 멸문지화를 당할 수도 있었다. 국본을 서둘러 정했다가 명종이 의식을 회복하고 난 후 다시 뒤집는다면……, 그건 생각만 해도 두려운 일이었다.

이준경은 중전 인순왕후의 의중을 타진했다. 당시 왕실의 실세는 인순왕후와 청송 심씨 가문이었다. 인순왕후로서도 정신을 잃고 사경을 헤매는 남편의 후사 문제를 더 이상 늦출 수가 없었다. 엉뚱한 사람이 보위에 오른다면 청송 심문의 장래가 위태로웠다. 무엇보다 당시에는 왕실의 최고 어른인 인종의 부인 인성왕후仁聖王后 박씨가 살아 있었다. 문정왕후의 시대인 명종 치세 20년 동안 궁궐의 뒷방에서 말할 수 없는 수모를 견디며 살아온 사람이었다. 인성왕후를 등에 업은 세력이 왕손을 추대해 명종의 대통을 잇게 한다면 참으로 큰일이었다.

인순왕후는 서둘러 계사繼嗣를 정하는 일에 동의하고 이준경과 이 일을 협의했다. 인순왕후의 아버지 심강, 작은할아버지 좌의정 심통원은 모두 명종 시대 정치를 주도해 온 노련한 정치가였다. 그들 역시 서둘러 계사를 정해야 한다는 것에 동의하고 하성군을 지목했다. 이들은 왜 하성군을 선택했을까? 14세의 어린 왕손이 대통을 이으면 인순왕후가 수렴청정을 할 수 있고, 청송 심문이 새 임금의 초년 정치를 확실하게 주도할 수 있을 것이었다. 인순왕후가 잘 보살펴 준다면 아직 나이 어린 하성군의 마음을 청송 심문에게 의지하게 만들 수도 있었다.

각자 의중은 달랐지만 이준경과 청송 심문의 의견은 하성군으로 합치되었다. 하성군은 후궁의 손자였다. 태조가 조선을 창업한 이래 12명의 자손이 때로는 치열하게 다투고 때로는 선의의 경쟁을 벌였지만 어쨌든 왕위를 이은 왕자는 모두 정비 소생이었다. 그때까지 후궁 소생 중 왕위에 오른 왕자는 한 사람도 없었다. 더구나 하성군은 후궁의 아들도 아닌 후궁의 손자였고, 대궐이 아닌 사가에서 태어나 여염閭閻에서 자랐다. 그가 임금의 후사로 지목되리라고 생각한 사람은 아무도 없었다. 이렇게 선택된 하성군이 훗날 왕위에 오르니, 그가 바로 선조 임금이다.

명종의 병세가 심상치 않던 9월 15일, 이준경이 명종에게 국본의 문제를 조심스럽게 꺼냈다.

요즈음 신하들을 접견하지 않으신 지 오래되었으므로 신들이 한번 천안天顔을 뵙고자 하는 마음 간절하여 날마다 밖에서 기다리고 있었는데, 오늘 특별히 인견引見하여 주시니 신들은 고맙고 기쁠 뿐만 아니라, 천안도 매우 화평하셔서 오래지 않아 쾌차하실 날을 볼 수 있을 것이라 더욱 기쁘고 다행스럽습니다. 그런데 동궁을 오래 비워 두고 국본을 아직 정하지 않으시니 요즈음 인심이 불안해 하고 의심하는 이유가 모두 여기에 있습니다. 성상의 춘추가 한창이시고 인신人神이 모두 도우니 머지않아 성사聖嗣의 탄생이 있을 것입니다. 그러나 국본은 반드시 미리 정해야 하는 것이니, 그렇게 해야 인심이 매이는 바가 있고 종사가 힘입는 바가 있는 것입니다. 상께서 이 일에 대하여 생각해

보셨는지 모르겠습니다만 신들은 항상 절박하게 걱정하고 있었는데 오늘 인견하시니 감히 이 뜻을 여쭙니다.

이준경의 말을 들은 명종은 불편한 기색을 드러내며 "큰일을 미리 정할 수 없으니 지금 형편으론 그렇게 할 수가 없는 일이다."라고 거절했다. 그 이틀 뒤 명종이 병이 깊어져 다시 혼수상태에 빠져들자 의정부, 육조, 삼사의 장관이 모두 나와 인순왕후에게 국본을 정하라고 압박했다.

"국본에 대한 일은 지난번 신들이 입대하였을 적에 계청啓請하였는데 상께서 아직 확답이 없으시니 신들이 답답할 뿐만 아니라 대중들도 몹시 불안해 하고 있으니, 지금 인심을 안정시키지 않을 수 없습니다. 모르겠습니다만 내전께서 마음을 두신 데가 있습니까? 참으로 답답할 뿐입니다."
하니, 중전이 뒤에 결정하겠다고 답하였다. 조금 있다가 중전이 전교하기를,
"일이 몹시 망극하니 후일에 결정하겠다."
하였다. 이준경 등이 아뢰기를,
"이 일은 속히 단안을 내리셔야 하고 의심을 갖고 망설여서는 안 되니 오늘 중으로 결정하소서."
하니, 중전이 친필로 써서 내리기를,
"국가의 일이 망극하니 덕흥군의 셋째 아들 이균李鈞(하성군)을 입시시켜 시약侍藥(약 시중)하도록 하라."
하였다.   - 《명종실록》 20년 9월 17일

하성군에게 임금의 마음이 있다는 뜻을 지극히 우회적으로 넌지시 나타

낸 이 문서가 바로 '을축년의 하서下書'이다. '종친 중에서 영특한 자'를 특별히 선택하여 그 예우를 달리함으로써 안팎 사람들이 '임금의 마음 두는 곳'을 알게 하겠다는 이 문서는 훗날 정국을 뒤흔드는 뇌관이 된다. 이준경 등은 인순왕후의 전교를 받은 후에도, 이것이 명종의 뜻임을 확실히 해야 한다며 입대를 청했다. 인순왕후는 "만약 이 일을 계품啓稟(글로 임금에게 아룀)한다면 마음이 동하여 증후가 더욱 중하여질 것이다. 그러므로 감히 아뢸 수가 없으니 우선 이렇게 결정하였다가 회복되시면 다시 계품하는 것이 좋겠다. 만약 지금 대신이 입대를 청한다면 심열이 더하여질 것이니 입대를 청하지 말라. 간절히 바란다."고 간곡히 만류했다. 이준경은 너무나 중대한 일이라 주상에게 품달하지 아니하고는 할 수가 없다며 인순왕후에게 잠시도 잊지 말고 유념하였다가 병세가 조금 나아지면 계품해 달라고 거듭 청하고 물러났다. 그런데 이날의 일을 기록한 사관은 '부정副正 윤건尹健이 차비문差備門(궁궐 정전의 앞문과 종묘 문)과 수상(영의정)의 처소를 7~8차례나 왔다갔다하였는데, 사람들은 모두 이준경이 윤건을 통하여 중전에게 은밀하게 아뢰는 것이 아닌가 의심했으니 윤건은 바로 심강의 내부이기 때문'이라고 덧붙여 놓았다. 하성군을 명종의 후사로 정하는 과정에서 이준경과 인순왕후 사이에 교감이 있었음을 알 수 있다.

  정식으로 법도와 절차에 따라 책봉되고 만만찮은 정치 세력의 보위를 받는다 해도 위태로운 것이 세자의 자리다. 하물며 정식으로 세자에 책봉된 것도 아닌 사가에서 자란 후궁의 손자임에야. 하성군이 왕비의 봉서封書 하나로 임금의 자리에 오를 수 있을 거라고 믿는 사람은 거의 없었다. 그러나 하성군이 일단 물망에 오른 이상, 하성군은 물론 이준경도 무거운 정치적 불확실성에 휩쓸릴 수밖에 없었다.

이렇게 명종이 혼수상태를 헤매는 와중에 정국을 긴장시키는 또 다른 문제가 불거졌다. 인순왕후가 귀양 가 있는 종친 이량과 척신 윤원형의 죄를 감형하거나 사면하자는 의견을 낸 것이다.

> 이와 같이 말하는 것은 지극히 미안한 줄 알고 있으나 애통하고 망극한 즈음에 미안함을 생각할 겨를이 없어서 감히 말한다. 성상의 환후가 위중하니 천하에 어찌 이와 같은 일이 있겠는가. 저 죄인들이 죄는 중하나 답답해 하는 마음을 풀어 주어 천심人心이 감격하기를 바라는 것이다. 이량 등 멀리 귀양 가 있는 사람은 죄를 감하여 근도近道로 양이하고 기타 귀양 가 있는 사람은 모두 방면하라. 윤원형도 용서해 주고 의금부·사헌부·형조의 죄수들도 모두 방면하는 것이 어떻겠는가? 현재 사람들이 기뻐할 일을 거행하고자 할 뿐이다.

왕후의 언문 교서에 대해 이준경은 반대 의사를 밝혔다.

> 참람僭濫되고 무도한 이량과 위복威福을 제멋대로 행사한 윤원형은 천지간에 간사하고 매우 악한 죄인입니다. 두 사람이 죄를 얻은 이후 인신이 함께 기뻐하고 천심이 흡족하고 즐거워하였는데 지금 만약 석방한다면 도리어 인심을 잃고 결국에는 천심을 거스르는 것이니, 어떻게 하늘을 감동시켜 효험을 거둘 수 있겠습니까.
> —《명종실록》20년 9월 15일

이량은 효령대군의 5대손으로 심강의 처남, 즉 인순왕후의 외숙이다. 명종 7년 문과에 급제하여 사헌부·홍문관을 거쳐 명종 14년 윤원형을 견제하려는 명종의 뜻으로 동부승지로 특진되었고, 이후 부제학·도승지를 거쳐 명종 17년 판서의 자리에 오른 뒤 왕의 신임에 의지해 외척을 견제하고 국정을 주도했다. 그러나 그에게 권력이 집중되는 것을 원치 않았던 청송 심씨 가문의 탄핵을 받아 당시 평안북도 강계에 귀양 가 있었다.

인순왕후는 이량과 윤원형을 조정에 복귀시킴으로써 모든 종친·척신 세력을 하나로 결집시키고자 했다. 문정왕후가 살아 있을 당시 척신과 종친이 권력을 놓고 다투는 상황에서는 심씨와 윤씨의 척신들이 힘을 모아 종친인 이량을 몰아냈지만, 이제는 사림 세력에 맞서기 위해 하나로 뭉칠 필요가 있었다. 인순왕후의 감형 요청은 이런 정치 구상에서 나온 사전 포석이었다. 사림은 왕후의 감형 요청에 거세게 반발했다. 정국은 명종의 병환 중에도 요동치고 있었다.

명종은 며칠 후 의식을 회복했고, 10월이 되자 병석에서 일어났다. 거의 한 달 만이었다. 병후에 처음 열린 경연에서 명종은 안색을 바꾸고 대신들을 꾸짖었다.

얼마 전 대신을 인견했을 때 국본의 일을 계달했으나 내가 그때 한창 병중이라 자세히 답하지 못했다. 그 뒤 병세가 심해 인심이 불안해 하자 대신들이 누차 내전에 계를 올려 결정을 보고자 하였기 때문에, 내전이 사세상 부득이 이름을 써서 내렸었다.
이제 내가 위로 황천皇天과 조종祖宗의 음우陰佑(보이지 않는 도움)를 힘입어 위태한 지경에서 다시 소생하였다. 국본의 탄생을 진실로 기다리고 바라야 하니, 이제 다시 다른 의논이 있어서는 안 된다. 벌써부터 이러한 뜻을 경들에게 직접 면대해서 말하고자 하였지만, 우선 나의 건강이 회복되기를 기다렸기 때문에 이제 비로소 말하는 것이다.

이준경은 국본을 서둘러 정하라는 요구가 다소 성급한 일이었음을 인정하지 않을 수 없었다. 그는 명종 앞에 깊이 머리를 조아리고 용서를 빌었다.

> 전에 상의 병환이 위급하였을 때, 여러 신하들이 어쩔 줄 몰라 함부로 민망스런 말을 했던 것에 대해 지금에 이르러서는 모두 극히 황공해 하고 있습니다. 당초 취품取稟할 때에도 반드시 결정을 보고자 한 뜻은 몽매간夢寐間(잠자며 꿈꾸는 동안)에도 없었고, 단지 상께서 깊이 생각하여 미리 대처할 것을 바랐을 뿐입니다.
> ─《명종실록》 20년 10월 10일

세자 책봉은 전적으로 국왕의 고유 권한이므로 이 문제에 신하들이 관여하여 왕실을 압박한 일은 아무리 비상 상황이었다 해도 예삿일이 아니었다. 이준경으로서는 일방적으로 불리한 싸움이었다. 신하가 임금을 선택하여 권력을 독점하려는 불순한 의도로 비쳐질 수 있었고, 임금에 대한 불충不忠 문제와 연결될 수도 있었다. 예로부터 신하가 임금을 선택하는 '택군擇君'은 권력투쟁의 불씨가 되었다. 택군을 받은 임금은 택군을 한 세력에 의존하게 되고, 택군을 한 가문에 권력이 쏠릴 수밖에 없기 때문이다. 그때까지 수세에 몰려 있던 명종이 국본 문제를 계기로 공세적인 위치에 서게 되고, 반대로 이준경의 처지가 위태로워졌다. 명종이 즉위한 후에 일어난 을사사화도 바로 신하들에게 택군의 죄를 뒤집어 씌운 것이었다.

이제 막 윤원형을 몰아내고 정치의 주도권을 장악한 이준경으로서는 위기가 아닐 수 없었다. 그러나 하성군을 선택하는 과정에서 윤건을 통해 함께 의논했던 인순왕후는 이때 이준경을 모른 체했다. 위기에 몰린 이준경을 변호하고 나선 사람은 판서 민기閔箕(1504~1568)였다. 그는 소매 속에서

《대학연의大學衍義》를 꺼내 〈국본을 정한다〉는 장을 펴 보이며 "대신이 나랏일을 위하여 어찌 몸을 돌보겠나이까. 예나 이제나 나라가 어지럽고 망하는 것은 항상 계사가 정하여 있지 아니한 까닭으로 일어나는 것입니다. 이 글을 보시면 임금께서 응당 아시게 될 것입니다." 하였다. 영평부원군 윤개尹漑(1494~1566)도 "옛날 송 인종이 위독하였을 때 중외가 근심하니, 재상 문언박文彦博이 태자 세우는 일을 인종에게 여러 번 권했다가 인종의 병이 나은 뒤에 그 건의를 그쳤습니다. 얼마 전 대신도 종사의 대계를 위해 아뢰었던 것이니, 실로 급박한 신하의 정상情狀에서 나온 것입니다."라며 이준경을 감쌌다. 이준경도 다시 한 번 변명했다.

> 송의 임금은 춘추가 한창 젊었을 때 미리 태자 세우는 일을 걱정하여, 궁중에서 기르기도 하였고 그 관작을 높이기도 하였으니, 그 뜻한 바가 있었던 것입니다. 인종이 국본을 정할 때 나이 26세였고, 고종은 23세였습니다. 당시에 어찌 후사가 끝내 없으리라고 단정하여 그리하였겠습니까. 단지 인심을 위해 시일 뿐입니다. 얼마 전 망극한 지경에서 감히 민망스러운 계책을 올렸던 것도 어찌 다른 뜻이 있어서였겠습니까. 실로 인심을 진정시키고자 해서였을 뿐입니다.

그러나 명종은 이준경의 변명을 듣지 않았다. 이준경은 상소를 올려 재차 용서를 구했다.

> 국본이 비면 나라가 안정되지 못하고 끊임없이 흔들리게 되는 것입니다. 그러므로 '종친 중에서 영특한 자를 특별히 선택하여 그 예우를 달리함으로써,

안팎 사람들이 '임금의 마음 두는 곳'을 알게 하는 것이 나라를 견고하게 하는 것입니다. 후일에 왕자가 탄생하여 대통이 돌아갈 곳이 있게 되면 종친 중에서 선택해 들였던 사람은 당연히 스스로 본집으로 물러나와 신하의 직분을 조심스럽게 지키게 하면 될 것입니다. ─《연려실기술》

결국 하성군을 후사로 정한 것은 없던 일로 결론이 났다. 그러나 한 번 내린 봉서가 없던 일이 될 수는 없었다. 이후 하성군도 이준경과 마찬가지로 살얼음판을 걷는 마음으로 근신할 수밖에 없었다. 명종은 이준경의 세력을 꺾어 놓으려 하였다. 윤원형을 처벌할 때 왕권의 위엄이 손상당한 것을 잊을 수 없었다. 이준경은 윤원형을 제거하는 과정에서 명종의 의도를 살피기보다는 세상의 공론을 따랐다. 때로는 명종을 압박하고, 때로는 여항閭巷의 백성이나 성균관과 지방 선비들의 힘을 이용했다. 문정왕후가 죽고 윤원형이 쫓겨나는 정치적 격변기를 지나고 나니 권력은 어느새 이준경의 사림 세력에게 집중되어 있었다. 이런 상황에서 명종은 자신이 몸져누운 사이 비공식적이나마 하성군에게 국본의 역할을 대신하게 한 것을 용납하기 어려웠을 것이다. 하성군의 일을 없던 일로 처리함으로써 위기에서 가까스로 벗어났지만, 선조의 시대를 여는 이준경의 행보는 곡예사처럼 위태로웠다.

(명종이) 몸이 나아 편안해지자 균(하성군)을 대하는 것이 여러 왕손들과 다름이 없었다. ─《명종실록》 21년 윤10월 15일

명종과 이준경의 갈등

이준경과 명종의 갈등은 단순히 후사를 둘러싼 문제가 아니었다. 명종으로서는 임금과 신하의 위치를 다시 한 번 분명하게 하고 국왕의 위엄을 확인시킬 필요가 있었다. 윤원형의 일로 임금의 의지가 꺾이고 권력이 신하들에게 옮겨 갔으나, 이제 자신이 강건하게 자리를 지키고 있으며 권력의 중심이라는 것을 세상에 보여 주려 한 것이다.

명종이 자리를 털고 일어나자마자 홍문관 부제학 김귀영이 명종을 정면으로 공격하는 상소를 올린다. 김귀영은 명종 10년 이준경이 전라도 도순찰사로서 왜적을 물리칠 때(을묘왜변) 이조좌랑으로 있다가 이준경을 따라가 군사 행정을 돕는 종사관으로 활약한 바 있는 이준경의 심복이다.

전하께서는 대업을 이룩할 자질을 갖추고 이를 이룰 수 있는 지위에 기하며, 안으로 성색聲色을 즐김이 없고 밖으로 놀이나 사냥을 좋아하지 않으며, 정신을 가다듬어 정치를 도모하기에 한가로이 식사하실 겨를도 없이 하니, 태평성대의 날을 손꼽아 기다릴 수 있었습니다. 그런데 불행하게도 권신과 측근의 무리들이 재앙을 부르고 간흉들이 왕명을 전횡하여 청명을 흐리게 하고 생령生靈을 해쳤습니다. 권병權柄(사람을 좌우할 수 있는 힘)이 신하에게 있는데도 이를 깨닫지 못하시어 위의 은택이 막히어 아래로 흐르지 않아 전하의 선치를 원하는 마음으로 하여금 효과를 보지 못하게 하였고, 전하의 선왕을 잘 계승하는 대업을 거의 소홀해지게 하였습니다. 다행히 상천上天이 도우시고 조종이 묵묵히 보살피시니, 공론이 절로 크게 일어나 확고한 영단英斷(지혜롭고 용기 있는 결단)이 있으시게 되었습니다. 그리하여 육간六奸(이량李樑·이감李戡·윤백원尹百源·권신權信·이영李翎·신사헌愼思獻)이 먼저 유배되고 원흉(윤원형)이 뒤에 쫓겨나 공분이 풀리고 만민의 눈이 흔쾌히 바라보게 되었습니다. 전하께서는 큰 변혁기를 당하여 크게 두려워하는 마음을 가져 그동안 권간權奸들에게 지지당했던 것들을 일체 개정하여 낡은 것을 버리고 새로운 것을 도모해야 합니다. 그러나 나라의 근본이 이미 흔들려 보존된 것이 거의 없고 국맥이 쇠잔해 겨우 실낱처럼 이어 갑니다. 이제 누란의 위기를 되돌려 나라를 반석과 같이 안정시키고 이미 거꾸로 흐르던 물줄기를 바꾸어 안정된 흐름을 만들고자 모든 시책과 조치를 취해야 할 때이니, 그 노력을 백배로 하지 않는다면 이를 이룩할 수 없을 것입니다. ……

《대학大學》에 '백성이 좋아하는 바를 좋아하고 백성이 싫어하는 바를 싫어한다.' 하였습니다. 조정이 모두 옳다 하는 것을 옳게 여기고 모두 그르다 하는 것을 그르게 여기며, 한 개인의 사의私意로써 이를 취사하지 않고 임금의 뜻이 정해질 때, 천하의 다스림이 이루어질 것입니다. 이제 권간들이 다 떠나 만백성이 기쁨을 같이하고 있으니 이는 전하의 호오好惡가 곧 백성의 호오라는 증거입니다. …… 인심은 오직 위태로운 것이라 잡고 놓는 데 따라 존몰存沒이 무상합니다. 한 생각이 잘못된 데에서 하늘과 땅이 자리를 바꾸게 되리니 두려워하지 않을 수 있겠습니까.

《역경易經》에 '군자가 안에 있고 소인이 밖에 있는 것이 태泰, 소인이 안에 있고 군자가 밖에 있는 것이 비否'라 하였습니다. '태'란 통하여 다스려짐이고 '비'란 막히어 어지러워짐입니다. 사정邪正의 진퇴로 말미암아 치란治亂이 갈리는 것입니다. …… 이제 권간이 일제히 물러나고 조정이 서로 기뻐하고 있으니, 이는 전하께서 사와 정을 가리심에 명경 같은 통찰이 있으셨기 때문입니다. 군자의 도가 신장되고 소인의 도가 소멸되는 것이 바로 이때입니다. 그러나 간사한 무리들은 그 마음이 음험하고 그 도모圖謨(계책)가 교묘하여 천태만상이라 남이 이를 알 수가 없고, 곁길로 길을 돌아 남이 이를 막을 수가 없습니다. 편견에 치우친 정사가 행해지게 되면 이를 틈타 마음을 얻게 되게 마련인데, 이러한 틈이 반드시 없다고 할 수 없습니다. 그렇다면 정을 사, 사를 정이라 하여 끝내는 진퇴를 정당하게 못하여 나라를 암담한 곳으로 빠뜨리게 하지 않을지 어찌 알겠습니까. 더구나 전자가 비록 제거되었더라도 후자가 두려운 것이니, 오직 성명聖明께서 이를 조기에 변별함에 달려 있는 것입니다. 그 간당들을 꺾어 버리고 노성老成한 사람을 임명하여 심복으로 삼아 임금의 총명을 가리우는 간당들을 제거함이 또한 마땅하지 않겠습니까. 바라건대 전하께서는 곡직曲直을 가리시고 용사用捨를 살피시어 사정邪正의 도를 삼가소서.　　　　　　　　　　　　　－《명종실록》 20년 10월 10일

김귀영은 '전하의 지금까지의 정사를 살펴보면 나라의 근본이 이미 흔들려 보존된 것이 거의 없고 국맥이 쇠잔해 겨우 실낱처럼 이어가는 상황'이라며 '조정이 모두 옳다 하는 것을 옳게 여기고 조정이 모두 그르다 하는 것을 그르게 여기며 노성老成한 대신을 심복으로 삼아 정사를 바르게 하지 않으면 위태로운 민심이 하늘과 땅의 자리를 바꾸어 놓을지 모른다'고 하였다. 한 마디로 명종에게 지금까지 잘못한 것이 많으니 조정의 공론을 따라 정치를 개혁하고 이준경을 신임하라는 것이었다. 죽음 직전까지 갔던 임금이 병석에서 일어나 신하들을 대면하는 날, 임금의 잘못을 통렬하게 지적하는 상소를 올린 것은 일종의 선전포고와도 같았다. 그러나 20년간 나

라를 지배해 온 척신 권력은 만만한 상대가 아니었다. 을사사화를 일으켜 무수한 사람들을 죽이고 많은 가문을 멸문 지경에 이르게 한 그들이, 윤원형 한 사람이 쫓겨났다고 해서 순순히 권력을 내어줄 리 없었다. 또한 그들 뒤에는 심약하기는 하지만 국왕 명종이 있었다.

명종 20년 11월 18일 윤원형이 처 정난정의 뒤를 따라 자결하고 며칠 뒤인 11월 30일, 명종은 강계에 귀양 가 있던 이량을 내지로 옮기라는 전교를 내렸다. 명종은 변방에 분란의 조짐이 있다는 이유를 들어 이량을 내지로 옮기려 했지만 이는 핑계에 지나지 않았다. 이에 대해 사관은 "이때 서쪽 변방에 비록 염려되는 조짐이 있었으나 도적들이 아직 이른 것은 아니었다. 그런데 죄인들을 옮기라는 명을 갑자기 내렸으니, 이 어찌 다른 까닭이 있겠는가. 당초 이량이 귀양 갈 때 상은 그 죄상을 알면서도 억지로 공론에 따랐을 뿐이었다. 그 일단의 돌아보는 생각은 잊은 적이 없었을 것이다. 때문에 아직 발생하지도 않은 변방의 일을 핑계로 내지로 그를 옮기려 하였다"고 기록하였다. 사헌부, 사간원, 홍문관의 삼사가 나서서 임금의 명이 부당함을 주장했고, 명종은 이량을 옮기라는 명을 철회하지 않을 수 없었다. 그리고 오히려 을사년 이후 정치적 이유로 죄를 받았던 사림의 선비들이 사면 감형을 받게 되었으니, 이 또한 이준경과 사림 세력의 정치적 승리였다.

사림의 공세는 그 뒤에도 계속 이어졌다. 급기야 명종 20년 12월 21일, 명종의 최측근이자 인순왕후의 작은아버지인 좌의정 심통원이 사림 세력에 밀려 사직하였다. 심통원은 윤원형이 죽은 후 조정에 남아 있던 척신 세력의 중심인물이었다.

명종 21년 초에는 개성부에 있던 선비들이 송악산 근처의 사당들을 무차별적으로 불태운 사건이 발생하여, 주동자를 처벌하는 일을 둘러싸고 또다시 명종과 조정 대신들이 갈등을 겪었다. 조정 대신들은 음사淫祠를 불태운 선비들의 행태가 미신을 타파하려는 것으로 유학자의 입장에서 잘못된 것이 아니라고 주장했다. 그러나 유생들이 불태운 사당 중에는 선왕先王과 선후先后가 봉안된 곳도 있었다. 명종은 초야의 젊은 유생들이 지난날 대비가 보호했고 개성 유수가 금했던 신사神祠를 거리낌 없이 훼손한 것은 사명使命을 거스르고 국가의 기강을 무너뜨리는 행위라고 규정했다. 명종은 국가 기강을 바로잡는 차원에서 이들을 처벌하겠다고 했다.

표면적으로는 성리학적 가치가 우선이냐 국가 기강 확립이 우선이냐를 두고 다투었지만, 실상은 정국 주도권을 둘러싼 충돌이었다. 삼사, 삼정승, 승정원뿐만 아니라 성균관 유생까지 모두 나서서 유생의 처벌을 반대했다. 명종은 이에 맞서 개성 유생 20명을 의금부에 구금했으나, 빗발치는 방면 요구에 하루 만에 풀어 주었다.

명종과 사림 세력의 갈등은 내수사內需司 개혁 문제로 또다시 확대되었다. 명종 21년 2월 9일, 홍문관 부제학 윤의중尹毅中(1524~?) 등이 내수사 혁신을 요구하고 나섰다. 명종은 "내수사의 일은 오늘날 시작된 것이 아니니 오래된 일을 번거로이 뜯어 고칠 필요가 없다. 나의 이 뜻을 죄다 간원에 알렸는데 어찌 번거로이 답할 필요가 있겠는가. 윤허하지 않는다."고 거부의 뜻을 분명히 했다. 그러자 이번에는 사헌부가 나서서 아뢰었다.

조종조 이래 내수사는 다만 대내에서 사용되는 미포 잡물과 노비를 관장하여 왔으나, 역시 옛 제왕의 온 천하에 공정성을 보이던 의의는 아니었습니다. 더구나 그 소관 이외에 송사를 처리하고 형신刑訊하고 추치推治(벌을 줌)하는 일

등은 유사의 직책을 내수사가 아울러 집행하는 것이니 그 설립된 본의를 따져 본다면 잘못이 더욱 심합니다. 한 나라에 두 가지 법이 존재하는 셈이니 백성들이 어디를 따라야 하겠습니까. 그 소요되는 관원의 수효가 법전에 뚜렷이 기재되어 있어 충분히 그 공무를 수행할 수 있는데 다시 근시近侍(임금을 가까이 모시는 사람)로써 제조를 삼아 법 이외의 임무를 부여하였습니다.

그러나 그들은 인군의 비위를 맞추고 뜻을 받드는 것으로 버릇이 되었을 뿐, 민원民怨에 관계되는 일에는 사심을 두어 논단하니 어찌 공의의 소재를 알겠습니까. 그 말류의 폐단이 내수사에 소관된 사람이 으레 내지內旨(임금이 은밀히 내린 명령)를 내세워 행사하여 백성들이 손발을 제대로 놀릴 수 없게까지 되었으니 정사의 하자가 이보다 더 심할 수 없습니다. 성상이 위에 계시어 의당 혁신해야 할 일을 혁신하지 않으시므로 간원과 시종의 논란이 격발하여 계속 일어나는 것입니다. 바라건대 속히 공론을 따르시어 공사와 의리의 한계를 밝히소서.
― 《명종실록》 21년 2월 20일

내수사는 왕실의 사적 재산, 즉 왕실의 토지와 노비, 쌀·베 등 재산을 관리하는 관청이다. 유교적 국가관에 의하면 국왕은 사적으로 재산을 소유할 수 없다. 국가의 모든 토지는 왕토가 아닌 것이 없고, 모든 사람은 왕의 신민이므로 별도의 사적 재산이 필요 없다는 논리였다. 그러나 국왕은 국가의 수장인 동시에 왕가의 가장이기도 했기에, 왕가가 사적 재산을 소유하는 것을 신하들도 불가피한 것으로 양해하였다.

내수사는 이성계가 일찍이 함흥 사가에서 보유하고 있던 노비와, 태종 대 사찰을 철폐하면서 왕실 소유로 귀속된 사찰 노비를 효과적으로 관리하기 위하여 세종 대에 만들어졌다. 그러나 세조, 성종, 중종 대를 거치면서 점차 백성을 수탈하는 온갖 비리의 본산이 되어 갔다. 내수사는 갯벌과 하천부지·황무지의 개발 이권, 도망한 노비의 소유권, 임야와 해택海澤의 권리 관계를 놓고 향촌의 사림 세력과 부딪쳐 왔고, 해외무역과 상업을 놓고 시전의 상인들과도 갈등을 빚었다. 또한 고리채 시장과 무역 이익 등 조선의 모든 경제적 이권을 놓고 사림과 내수사는 경쟁 관계로 얽혀 있었다. 그러나 일단 경쟁이 싸움으로 변하면 언제나 내수사의 일방적 승리였다. 인사권을 쥐고 있는 국왕의 직속 기관을 누가 무시할 수 있겠는가. 내수사를 그대로 두는 한, 사림은 경제적 이권과 안전을 지킬 수 없었다. 다시 말해, 내수사 개혁은 사림의 핵심적 경제개혁 과제였다.

"내수사의 노비는 수령을 업신여기고 부역賦役을 하지 아니하니, 수령이 제어하지 못합니다."
하였다. 임금이 말하기를,
"수령은 그만두고, 관찰사도 제어하지 못하는가?"
하니, 이극배가 말하기를,
"비록 관찰사일지라도 제어하기 어렵습니다."   －《성종실록》6년 2월 2일

내수사의 권력은 이미 성종 때부터 제어하기 어려울 정도로 막강했으며, 특히 명종 시대에 그 정치적 위상이 하늘을 찌를 만큼 대단했다. 내수사 관원들은 내시를 통해 국왕에게 직계하면서 업무를 수행했다. 내수사 농장이 전국에 흩어져 있었고, 내수사의 장리처長利處(돈이나 곡식을 꾸어 주고 이자를 받는 곳)가 전국적으로 설치되어 있었다. 수많은 농장과 장리처를 현장에서 직접 관리하는 자는 내수사 노비였고, 이를 중앙에서 총괄하는 사

람은 임금의 측근인 내시나 임금의 신임이 각별한 종친이나 척신이었다. 중종, 명종 대 왕실의 사익 추구가 확대되면서 내수사는 거대한 권력기관으로 자리 잡았다. 내수사는 직제를 6방 체제로 만들고, 독자적으로 각급 지방 행정 조직에 공문을 보내 협조를 요청하기도 했다. 국왕에게 직보直報되는 내수사 업무에 협력을 거부할 관리는 없었다. 명종 시대에 내수사는 공식 정부 조직을 제외하면 전국적 조직망과 재원을 갖춘 유일한, 그것도 국가 최고 권력자의 직속 기관이었다. 내수사는 조정 위에 군림하는 또 하나의 비공식적인 조정이었다.

> 옛날에는 내수사에서 인신印信(도장이나 관인)을 사용하거나 직접 공문을 발송하는 일이 없었는데 지금은 있어, 마치 왕명을 출납하는 것이 정원政院(승정원)과 같고 이문移文(공문서)을 보내고 받는 것이 육조六曹와 같아 대단한 기세로 멋대로 행하고 있습니다. 내수사의 노비가 비위가 틀리는 일이 있어 와서 호소하면 즉시 상달上達하여 임금의 귀를 더럽히고 임금을 격노시키므로 견책을 받고 군읍郡邑에서 파직된 자도 있고, 내수사 노비를 힐책하였다가 서울로 잡혀 와서 신문을 받은 자도 있습니다. ─《명종실록》 8년 6월 6일

이런 일도 있었다. 인종이 죽어 그 시신이 아직 빈소에 있을 때 인종의 외척들이 죽임을 당하거나 노비가 되었는데, 인종의 외삼촌 윤임의 손녀도 노비가 되어 내수사 제조인 내시 박한종의 집에 보내졌다. 윤임의 손녀는 박한종의 집에서 20년 동안 노비로 살았다. 인종의 정비 인성왕후는 인종의 가까운 외척이 노비로 있는 것이 늘 마음에 걸렸지만 이들을 면천해 줄 힘이 없어 안타까워하였다. 명종 21년, 박한종이 죽어 윤임의 손녀가 박한

종의 양자인 내시 노익겸에게 상속되었다. 딱한 사정을 전해 들은 왕대비 인성왕후가 노익겸에게 간곡하게 부탁했지만 노익겸은 왕대비에게 모욕을 주며 허락하지 않았다. 왕대비는 심열이 생겨 앓아누웠고, 이 사실을 알게 된 명종이 인종의 외척 45명을 면천시켰다. 하지만 명종은 노익겸에게 벌을 내리지 않았고 또 윤임의 손녀를 석방하라는 명도 내리지 않았다. 왕실의 제일 큰 어른인 왕대비도 어찌할 수 없을 만큼 내수사의 권력이 대단했던 것이다.

사림 세력은 끈질기게 내수사 개혁을 요구했고, 명종은 계속 이러한 요구를 거부했다. 갈등이 깊어가자 명종은 공개적으로 대신들을 비난하고 나섰다.

근년에 오면서 세도는 낮아지고 풍습은 경박해져, 인심은 까다롭고 고집이 세며 풍속은 후하지 않은데 인군의 분명하지 못함이 있고 대신은 순수하고 온화함이 부족하여 군신 사이의 정의가 두텁지 못하다.

임금이 대신을 사실상 불신임한 것이다. 부제학 이양원李陽元(1526~1592)이 나섰다.

공자가 이른바 한마디 말이 나라를 잃어버리게 한다는 것과 불행하게도 유사하게 되었습니다. 대신은 전하의 복심腹心(배와 가슴)이며 정원(승정원)은 전하의 후설喉舌(목구멍과 혀)입니다. 정치에는 득실이 있는 법이며 일에는 가부가 있는 법인데, 대신은 말 한마디 못하고 머뭇거리며 정원은 순종하여 환심만 산다면 전하께서는 누구를 통해 듣고서 국시를 정하시겠습니까? 전하께서는 기꺼이 듣지 않을 뿐만 아니라 도리어 엄한 말씀을 보이시니, 이는 장차 온 조정을 용용(容容) 유유(唯唯)하는 결과만 낳게 하려고 하시려는 것입니까?

정국은 팽팽하게 긴장하였다. 국왕과 대신의 갈등이 폭발 직전이었다. 사신史臣은 이런 상황을 다음과 같이 기록하였다.

> 대체로 요즈음의 일은 모두 억지로 (임금이 신하의 말을) 따르는 데서 나왔으며 상이 즐거하는 바가 아니었기 때문에, 간하는 것을 들어주는 즈음에 항상 서로 뜻이 맞지 않는 어려움이 있었다.
> 사신은 논한다. 요즈음 여러 신하들에게 비답批答하면서 말씀이 지나치게 준엄하여 강퍅하고 불순不順하다고 지적까지 해서 대신 이하가 모두 그 꾸지람을 받았으니 나라가 망할 조짐은 이미 나타난 것이다.
> – 《명종실록》 21년 4월 13일

계속되는 압박에 명종 21년 4월 19일, 명종은 마침내 내수사 인신印信을 폐지하는 조치를 내리고, 다음 날 사림이 줄기차게 주장하던 불교의 양종 선과禪科도 폐지하였다. 정국 운영의 주도권은 이제 사림에게 완전히 넘어간 듯 보였다. 그런데 바로 그때, 뜻밖에도 영의정 이준경이 자리에서 물러나겠노라며 사표를 제출했다.

> 소신이 지난해 8월에 본직에 임명되었으나 스스로 감당하지 못할 것을 알았습니다. 그러나 마침 조정에 일이 있는 때를 당하여(윤원형을 귀양 보내도록 주청한 것) 감히 극력 사임하지 못하고 구차하게 날짜만 보내며 틈을 엿보아 사

퇴할 계획을 이룩하려 하였는데, 또 성후聖候(임금 신체의 안위)가 화기를 잃게 되어 신자가 벼슬에서 물러날 때가 아니었기 때문에 자신을 잊고 분주하다가 또 전부터 먹었던 마음을 저버렸습니다. …… 곤혹스럽고 고통스러움에 기식器識(기량과 식견)이 쇠잔하여 거의 일을 살피지 못하기 때문에 요즘에는 모든 대례에 모두 참여할 수 없으니 정승으로서 할 일들을 진실로 바랄 수 없으며, 심지어 소소한 직무로 신력을 다할 만한 일도 행할 수 없으니, 위태롭고 두려운 마음 금할 수 없어 감히 물러나기를 빕니다. 상께서 가엾게 여기시어 신의 관직을 파면하라 명하소서.

기력이 쇠하여 나라의 일을 돌볼 수 없어 사직을 청한다고 하였으나 이를 그대로 믿기는 어렵다. 이준경은 사림이 승승장구하고 있던 이때 왜 사임을 청한 것일까? 사관은 이준경의 사직 이유를 이렇게 기록하고 있다.

신조新條(새로운 정사와 제도)를 근정斤正(밝게 살펴서 바로잡음)할 때에 이준경이 수상으로서 양종 선과 등의 일을 혁파하려고 하였는데 그 뒤에 대신에게 준엄하게 책망함이 잇달아 내려졌다. 이준경의 사임은 바로 스스로 편치 못한 데서 나온 것이다.
― 《명종실록》 21년 4월 27일

명종의 사임 압력이 있었음을 짐작할 수 있는 대목이다. 실제 명종은 이준경이 사표를 올리자 두 번째 만에 수리해 버렸다. 이준경에게는 위기의 순간이었다. 그러나 이준경을 따르는 세력도 만만치 않았다. 홍문관이 글을 올려 이준경의 사표를 수락하지 말라고 주장했다.

노성한 이는 나라의 원귀元龜(나라의 일을 물어 결정하는 원로)입니다. 준경이 비록 늙고 병들었으나, 국가에서 태산같이 의뢰하여 안심하고 의지하는 터이고 더욱이 지금은 칙사가 오는 때이니 이 사람이 없으면 안 됩니다.

– 《연려실기술》

국왕이 정치적 의지를 가지고 사표를 받았는데, 이를 모를 리 없는 조정 대신들이 오히려 그를 태산같이 의지하라고 주장하고 나선 것이다. 명종은 자신의 의지를 받들어 줄 정치 세력이 없음을 뼈저리게 느꼈을 것이다. 명종은 이준경을 그대로 영의정의 자리에 머물게 했다.

"예부터 늙고 병이 든 대신이 어찌 공회마다 모두 나아가 참여하였겠는가. 사직하지 말라." 하였다. 다시 사직하였으나 윤허하지 않았다.

– 《명종실록》 21년 4월 27일

당시 사림 세력은 이준경을 중심으로 결속되어 있었다. 을축년 하서의 일을 빌미로 이준경이 명종과 갈등을 빚고 정치적 위기에 몰리자, 조정의 사림뿐 아니라 재야 사림까지도 이준경을 지키기 위해서 단합했다. 이준경이 무너지면 이는 사림의 몰락으로 이어질 수도 있었다. 정국은 이준경의 편에 서서 정치 개혁을 이루려는 사림 세력과, 이준경을 제거하려는 명종과 척신 세력 간의 대결 양상으로 발전되었다. 지난날 조광조가 중종의 전폭적인 지지 아래 개혁을 추진하다가 하룻밤 사이에 몰락한 사실을 잘 알고 있는 이준경이었다. 집안이 갑자사화甲子士禍에 휘말리면서 노비의 신세로 떨어져 말할 수 없이 비참한 생활을 경험했던 그였다. 이준경은 정치

세계의 비정함을 누구보다도 잘 알고 있었다. 그런 그가 성패가 불분명한 개혁을 추진하며 국왕을 상대로 힘겨루기를 하는 것은 자신의 목숨과 가문의 장래를 건 도전이었다.

그러나 이준경은 자신이 져야 할 역사적 사명을 조금도 회피하지 않았다. 생사를 초월하는 깊은 수양이 없고서는 불가능한 일이었다. 그런 의미에서 이준경은 그 시대의 진정한 도학자였는지도 모른다

이준경이라는 사람

검소하며 오락을 물리치고 오직 글 읽는 것으로 낙을 삼았고, 권태로워지면 글씨를 익히며 말하기를 '이 마음으로 하여금 잠시도 해이하지 않게 하려는 것'이라고 했다. 혹 활을 쏘면서 말하기를 '사지로 하여금 안일하지 않게 하려는 것'이라고 했다. 언제나 기국이 방엄하고 몸가짐이 청백하고 검소하였고 문에 뇌물이 없었다.
― 《연려실기술》

이준경의 삶의 모습은 《소학》에서 배운 것을 그대로 실천했던 도학자 조광조의 삶을 떠올리게 한다. 그에게 학문과 삶은 다른 것이 아니었다. 이준경은 평생을 구도자와 같은 자세로 살았다. 그는 연산군 5년(1499) 판중추부사 광주 이씨 이세좌李世佐(1445~1504)의 손자로 태어났다. 증조부 이극감李克堪(1427~1465)은 형조판서를 지냈고, 종증조 4명이 모두 정승·

판서를 지냈으며, 아버지 이수정은 홍문관 부수찬이었다. 조선 최고의 명문이었던 이준경의 가문은 그러나 그가 여섯 살 되던 해인 연산군 10년(1504) 이세좌가 갑자사화에 휘말리면서 풍비박산이 났다. 이세좌가 연산군의 생모 폐비 윤씨에게 사약을 받들고 간 입직승지였던 게 문제였다. 이 일로 이준경의 조부 이세좌와 부친 이수정까지 사약을 받았다.

이준경은 형 이윤경과 함께 충청도 진천 관아에 노비로 보내졌고, 괴산에서 종으로 살았다. 이준경의 어머니는 딸들과 함께 관비가 되어 멀리 제주도로 보내졌다. 명문가 자제에게 노비 생활은 혹독했다. 2년 후 중종반정으로 풀려나긴 했지만, 이미 할아버지와 아버지는 물론 가까운 친척 중 유력한 사람들은 모두 죽고 없었다. 제주도에 끌려가서 종살이를 했던 어머니가 다시 도성으로 돌아왔을 때는 재산은 모두 흩어지고 집안은 몰락한 다음이었다. 이준경 형제는 외가에 의탁하여 청소년 시절을 보냈다.

이준경 형제는 명문가의 자제로서는 상상할 수도 없는 극한적인 삶을 살았다. 그러한 경험은 이들 형제가 세상을 보는 눈을 넓혀 주었다. 이준경은 어려서《소학》을 배우고 자라서는 종형 이연경을 좇아 조광조의 학설을 들었다. 그는 이때부터 조광조의 제자로서 사림의 길을 걸었다.

> 나는 나라의 원로로 어진 임금을 만나 백성을 윤택하게 하고 사직을 편안하게 하는 것으로 즐거움을 삼을 것이다.   -《동고선생유고東皐先生遺稿》

이준경이 15세 때 죽마고우인 남명 조식에게 한 말이다. 부국강병富國強兵과 여민동락與民同樂이 그의 평생의 정치 목표였다. 그는 현실과 실질을 명분보다 중하게 여겼다. 그것은 분명 주자학적 가치관과는 달랐다. 주희는 성패로 인물을 논하고 공리로 시비를 논하는 것에 반대하고, 왕도와 의리를 역사 평가의 표준으로 삼아야 한다고 했다. 이와 달리 이준경은 인仁과 덕德을 바탕으로 하는 왕도王道정치뿐 아니라 필요하다면 무력과 술수를 용인하는 패도霸道정치도 기꺼이 활용해야 한다고 보았다. 그런 점에서 이준경은 조광조보다는 조선 개국을 주도한 선비들과 가까웠다.

> 하늘은 이理를 가지고 있어 사람이 받아서 성性으로 삼고, 하늘은 기氣를 가지고 있어 사람이 품수稟受하여 형체로 삼았다. 이러한 까닭에 하늘의 이理는 사람과 다르지 않고, 사람의 도는 다 하늘에 근본한다. …… 사람은 본디 하늘의 일기一氣이고 임금된 자는 또 만물 가운데 으뜸으로 나서 만백성의 주인이 되었으므로 그 이와 기는 더욱 천지와 서로 관련을 가져 유통하고 감응하는 묘妙 동動하고 정靜하는 즈음에 두루 체인體認(마음속 깊이 받아들임)합니다.
>
> -《동고선생유고》

이준경은 천인합일天人合一 사상을 신념으로 가진 전형적인 성리학자였지만, 이론적 측면보다는 실천적 측면을 강조했다. 정치적으로는 중화中和를 소중하게 여기고 중화사상이 가진 적극적이고 경세적인 측면을 주목하면서도, 중화를 내세운 세속과의 무원칙한 타협을 엄하게 경계했다.

> 이른바 화和란 중절中節에 놓임을 말한다. 책난責難하고 진선陳善함에는 그 공손하고 존경하는 마음을 다하고, 존망이 달린 위급한 때에는 충순忠順을 다하며, 베풀 때는 그 옳은 것에 합당하고, 일에는 그 마땅함을 다함을 말한다. 듣기 좋게 아첨하는 말과 부드럽고 즐거운 얼굴로 눈앞에서 일시적으로 편안하

머, 다른 사람에게 칭찬받음을 말하는 것이 아니다. 　　－《동고선생유고》

이러한 사상은 이준경의 정치 행적에 그대로 드러난다. 그는 모호한 명분이나 성리학적 규범에 얽매이지 않았다. 공적인 도의를 위한 것이라면 융통성 있는 처방을 시도했다. 공도公道의 차원에서 상황에 따라 유연한 대처를 주장한 권도權道의 정치가였다. 인종 초년에 경원대군(명종)을 후사로 책봉하는 문제를 두고 조정이 논란에 휩싸였을 때의 일이다. 중종이 승하한 후 부고부사計告副使로 중국에 다녀온 이준경은 "태제太弟(경원대군)를 봉하여 인심을 안정시키는 것이 마땅하다."고 주장했다. 명분론에 입각한 선비들이 세제 책봉 요구의 부당성을 소리 높여 이야기할 때, 이준경은 과감하게 성리학적 명분론에 맞섰고 그에 따른 세상의 평가를 두려워하지 않았다. 이준경은 명분을 중시하는 조광조와 달랐고, 이황을 중심으로 주자학적 춘추대의春秋大義(대의명분을 밝혀 세우는 큰 의리)에 따라 더욱 엄격한 명분론으로 무장하고 새로 등장한 젊은 지식인과도 큰 차이가 있었다. 특히 그의 중화사상은 칼날같이 예리한 비타협적인 주자학적 명분론과는 함께 하기 어려운 측면이 있었다.

나라를 다스리는 데에는 그 일이 한 가지뿐이 아니나 민심을 얻는 것보다 더 큰 것은 없고, 치세에는 그 도가 하나뿐이 아니나 민심을 순하게 하는 것보다 더 나은 것이 없습니다. 민심의 향배에 따라 천명天命의 거취가 구분됩니다. 옛 제왕도 삼가고 두려워하며 황제도 스스로 덕을 공경하여 감히 스스로 편할 거를이 없었던 것은 오직 그 인심을 거스르고 천하의 인망을 잃을까 염려한 때문이었습니다. …… 대저 인심이 향하는 곳이 천의가 있는 곳입니다. 오

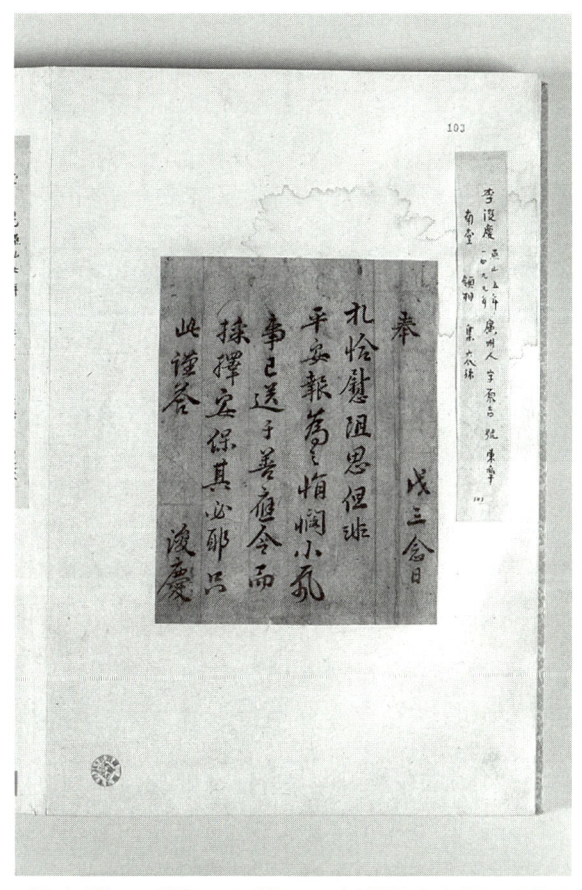

이준경 간찰簡札. 위창葦滄 오세창吳世昌이 선현들의 서간류 소품을 수집하여 엮은 《근묵槿墨》 중 일부이다. 성균관대학교박물관 소장.

늘날 인심을 어기고 이치에 거스르는 조치를 억지로 행한다면, 하늘의 노여움을 더욱 이르게 하고 그 복은 받지 못할 것입니다.

입으로는 비록 감히 말하지 못해도 복종하지 않는 인심은 끝내 사그러지지 않는데, 이것이 이른바 '감히 말은 못해도 감히 노&한다'는 것입니다.

－《동고선생유고》

이준경에게 가장 중요한 명분과 이념은 '백성의 삶'과 '국가의 편안함'이었으며, 그중에서도 백성이 우선이었다. 그는 추상적인 이론을 끌어와 거대담론으로 정치를 논하는 사람들을 싫어했다. 그는 조선의 위기를 언제나 백성을 통해서 읽었다.

이준경은 역사를 바라보는 시각도 사림들과 달랐다. 그는 명나라 사신에게 조선의 풍속을 설명하는 책《녹견허태사조선풍속錄遣許太史朝鮮風俗》에서 '조선의 땅은 단군이 개국했다'고 밝히고, 고려 이후 조선의 영토는 '서북쪽은 압록강을 경계로, 동북쪽은 선춘령을 경계로 삼았다'고 했다. 조선의 역사가 단군으로부터 시작되었음을 분명히 한 것이다. 당시 많은 사림들이 기자箕子를 조선 상고사 인식의 출발로 보았던 것과 대조를 보인다. 국경에 대한 분명한 인식도 그의 주체적 국가관과 영토 의식을 보여 준다.

명종 12년 6월 16일, 명나라 궁궐에 큰 화재가 일어나자 명나라를 위로하는 사신을 보내야 할지를 둘러싸고 논쟁이 일어났을 때에도 병조판서 이준경은 사신 파견을 분명하게 반대했다.

우리나라가 대국을 섬긴다고는 하지만 나라의 경계가 구별되고 스스로 외교

관계도 맺는 것인즉 그 사이 규정의 조목이 중국과 같을 수는 없습니다. 그런데 해외에 있는 나라가 스스로 중국에 잘 보이려고 하면 후일에 무궁한 폐단을 만들 것입니다. －《동고선생유고》

그러나 대부분의 신료들이 위문 사절을 파견해야 한다고 주장하여 그의 의견은 관철되지 못했다. 중종 이후 조선은 남쪽의 왜적과 북쪽의 여진족들에게 자주 변경을 침략당했다. 사림들은 대체로 이러한 변화에 큰 관심을 두지 않았지만, 이준경은 태평스러운 때에 위태함을 대비해야 한다며 구체적인 국방 대책에 몰두했다. 명종 4년 병조판서에 오른 이준경은, 명종 8년 함경도에 야인野人(여진족)이 출몰하여 소란해지자 함경도순변사로서 야인을 무마했으며, 명종 10년 왜적이 배 70여 척을 동원해서 전라도 지방에 침입했을 때에는 도순찰사로서 적을 물리쳤다. 그리고 다시 조정에 돌아와서는 우찬성 겸 병조판서를 맡았다.

이준경은 병사를 추상적으로 논하지 않았다. 그는 조선 초에 수립된 진관체제鎭管體制가 붕괴되어 가는 가운데 적은 병력과 지원을 이렇게 하면 효과적으로 운영할 수 있을지를 고민한 끝에 새로운 방어 체제인 제승방략制勝方略을 대안으로 내놓았다. '진관체제'는 전국의 군사 요충지 72곳에 진관을 두고 평시에는 각 도에 주재하는 절도사의 통제를 받게 하다가 유사시에 독자적인 작전권을 행사하여 1개 진관이 패퇴하면 다른 진관이 방위의 공백을 메우게 하여 국가 방어 체제가 한꺼번에 무너지는 것을 막는 체제이다. '제승방략'은 전국의 군사를 각 지역부대에 분속시켜 놓았다가 유사시에 모두 징발하여 미리 정해진 장소에 집결시켜, 중앙에서 파견한 장수가 이들을 지휘하여 적을 막는 체제이다. 진관체제를 유지할 예산과 군사가 모자라자, 적은 군사로 운영할 수 있는 방위 대책으로 찾은 대안이다.

또한 그는 조선의 기본 법전인 《경국대전》에 그 규정이 없더라도 변방이 소란할 때에는 연해의 수령을 무신으로 차송하자고 하면서, 문신들의 문무겸전文武兼全과 문신들의 시사試射(시험 삼아 활을 쏘는 것)를 계속 권해야 한다고 주장했다. 나아가 문신들을 변방의 수령으로 보내 문신도 무武를 알도록 해야 한다고 역설했다.

> 조종조에 육진의 수령을 반드시 문관으로써 교대로 차임한 것은 문관이 능히 적을 막는다고 해서가 아닙니다. 이웃 진의 부인으로 하여금 두려워하고 꺼리는 바가 있게 하고자 함이며 또 그들로 하여금 변방의 일을 자세히 알게 하고자 해서입니다. …… 오늘의 대간이나 시종은 곧 후일의 재상입니다. 재상이 변방의 사정을 잘 안 연후에야 정략을 운영할 수 있습니다.
> - 《명종실록》 12년 9월 18일

명종 14년 우의정에 올랐을 때에는 "우리나라는 삼면이 바다로 되어 있어 왜노들의 침입을 받을 것이니 이에 대한 방비를 늦출 수 없다."면서 왜적의 침략을 받으면 "수군절도사의 책임 아래 왜구를 해상에서 격파하고 육지에 상륙하지 못하게 하는 것"이 최선의 방책임을 강조했다. 중종 5년에는 삼포왜란(부산포·내이포·염포 등 삼포에 거주하고 있던 왜인들이 대마도의 지원을 받아 일으킨 난) 이후 왜적의 소요를 진압한 육군이 상당수 수군 지역으로 투입되어 수군이 위축되고 수사 지휘권도 혼란스러워지자, 수로水路를 수군절도사에게 귀속시키고 병마절도사가 관할하는 연해 읍성을 수군절도사의 지휘권 아래에 두어야 한다고 주장했다.

정승이 되어서도 국방 전략을 끊임없이 연구하여 구체적이고 세밀한 견해를 밝혔다. 문신들은 대개 병이나 재정 같은 실무적인 일을 흉하고 천한 것으로 여겼으나 이준경은 달랐다. 그는 군사와 재정에 관하여 끊임없이 공부하고 연구했으며, 국방에 대한 권한을 행사할 수 있는 지위에 오르자 지체 없이 소신을 실천에 옮겼다.

> 근래에 평화가 오래 지속되어 군정이 해이해져 군졸이 전부 싸우려 들지 않는다 하니 극히 놀라울 뿐입니다. 이제 신이 전제專制할 수 있는 소임을 맡았으니, 군법을 엄히 밝히어 일진일퇴에 조금이라도 군령을 어기는 자가 있으면 한결같이 군율로 다스릴까 합니다.
> —《동고선생유고》

이준경은 구도자적 삶을 살았지만 그의 삶과 학문의 중심에는 현실의 문제와 책임이 자리 잡고 있었다. 문정왕후와 그 척신들이 국정을 좌우하는 어지러운 시대에 조정에 남아 세상의 더러운 먼지를 뒤집어쓰면서도 끝까지 백성과 사직을 버리지 않았다. 친구 조식이 산림에 머물며 구도자적 삶을 살았다면, 이준경은 조정에 나와서도 그 삶이 구도자와 다름없었다. 언제나 꼿꼿하게 집정하여 끝내 굽히는 일이 없었다. 뜻이 높고 체격도 우람하여 사람들의 주목을 끌었다. 이준경은 명문가의 후예라는 배경과 함께 남다른 카리스마로 사람들을 압도했다. 이런 이유로 늘 경계의 대상이 되어 끊임없는 위협과 회유를 받았으나 끝내 권신에게 아부하거나 뜻을 굽혀 협력하는 일이 없었다.

이준경은 여러 고을에서 관례로 바치던 물품을 전혀 손대지 않고 따로 보관했다가 생계가 어려운 백성과 선비들에게 나누어 주었고, 평생 살던

스무 칸 남짓의 집도 부인 김씨가 길쌈을 하여 마련한 것이었다고 한다. 영의정에 오르도록 20년 넘게 관직 생활을 했지만 자신의 집에는 서까래 하나 보태지 않아 결국 사후에 집에 곡식 한 섬 쌓아 놓은 것이 없었다. 명종 10년 이조판서로 있을 때 덕흥군이 찾아와 인사 청탁을 하자 "왕자가 사대부 집에 드나드는 것은 옳지 못하다."며 거절했다는 이야기도 전한다.

그는 온갖 술수가 난무하는 험악한 정치판에서도 원칙을 굽히지 않았다. 눈앞의 이익을 취하려고 도리에서 벗어나는 정치를 하지 않았으며, 자신이 말하는 바는 반드시 지켰다. 그의 태도는 사람들에게 믿음을 주었고, 이런 믿음이 음모가 난무하던 시대에 그를 지켜 주었다. 을사년 인종이 사망한 직후, 조정에서 윤원형의 형 윤원로를 제거하려는 논의가 있었다. 그때 한성부 우윤이던 이준경은 "대비가 위에 계시는데 어찌 품의도 하지 않고 마음대로 그 동기를 주살할 수 있겠는가."라며 반대해 논의를 중단시켰다. 그는 정치적 목적을 달성하기 위해 사람을 희생시키는 일에는 찬성하지 않았다. 윤원형은 이런 이준경을 존경하고 고맙게 여겼다. 이것이 척신들의 시대에 이준경이 살아남을 수 있었던 이유였다.

4장

이준경과 이황, 두 거인의 만남

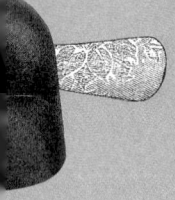

이보다 앞서 상이 지성至誠으로 착한 이를 좋아하는 뜻으로 이황을 부르고, 또 현인을 불러도 오지 않고 탄식하는 뜻으로 독서당의 명제로 내었다. 이에 이르러 이황이 상의 뜻이 간절하고 은명恩命이 자주 내리는 것에 감격해 소명에 응하였다.

-《명종실록》 22년 6월 28일

'신진 사림' 기대승의 부상

명종과 척신 세력은 권력이 사림에게 넘어간 현실을 인정하지 않을 수 없었다. 이준경이 이끄는 사림들에게 밀려 명종은 정치적 패배를 거듭했다. 그 와중에 명종 뒤편에서 그림자처럼 버티고 서서 힘이 되어 주던 장인 심강이 명종 20년부터 병석에 누웠다. 명종으로서는 윤원형, 심강, 심통원, 이량의 공백이 너무나 컸다. 그러나 그들을 다시 불러올 수는 없었다. 윤원형은 이미 죽었고, 심강은 건강이 좋지 않아 정치 일선에 복귀하는 것이 불가능했다. 심통원은 세상 사람들의 지탄을 받아 도저히 재기 불능이었다. 그런 상황에서 유일하게 선택할 수 있는 자가 이량이었으나, 그의 유배지를 옮기는 일조차 강력한 반대에 부딪혀 좌절되었다.

이준경은 국정의 조정자로서 국왕의 권능을 인정하고, 신하들이 국왕을 중심으로 단결하여 국정을 이끌어야 한다는 신념을 가지고 있었다. 그러나 명종과 인순왕후를 중심으로 하는 청송 심문은 이준경을 중심으로 뭉친 사림들이 국왕의 의지를 꺾고 정국을 자신들의 뜻대로 끌고 가고 있다고 생각했다. 명종과 척신들의 입장에서 조정의 사림 세력이 향촌의 재야 사림 세력까지 흡수하여 하나의 정치 세력으로 뭉치는 것은 상상만 해도 두려운 일이었다.

명종이 사림들의 힘에 밀려 정치적 패배를 거듭했지만, 그래도 조선의 최고 권력자는 국왕 명종이었다. 이준경이 조정의 공론을 이끌며 개혁에 앞장서고 있었지만, 왕을 꺾을 수는 없는 일이었다. 또한 당시 이준경은 일혼이 다 된 노인이었고 명종은 30대 중반이었다. 명종이 허약하다고는 하나 시간은 명종의 편이었다. 이준경의 편에 섰던 이들 중에 점차 그와 거리를 두는 사람들이 생겨났다. 이와 함께 사림 세력 내부에서 미묘한 변화의 기운이 감지되었다. 이황李滉(1501~1570)을 비롯하여 주자성리학에 밝은 기대승奇大升(1527~1572), 이이李珥(1536~1584), 정철鄭澈(1536~1593) 등 젊은 선비들이 부상한 것이다. 이들은 지극히 사변적인 주자학 이론과 칼날 같은 명분론으로 전국적인 명성을 얻기 시작했다.

> 그 품행과 행실을 닦지 않고, 글 읽기도 힘쓰지 않으면서 고담高談과 큰 소리로 붕당을 짓는 자를 고상하다 하여 드디어 허위의 풍조가 이루어졌습니다. …… 이것은 나중에 반드시 국가의 구원하기 어려운 걱정이 될 것입니다.
>
> –《선조실록》5년 7월 7일

이준경은 이론과 명분을 앞세우는 젊은 선비들을 걱정스런 눈으로 바라보았고, 젊은 선비들은 이준경의 사상과 실용적 정치 노선을 눈앞의 이익만 좇는 좁은 시각이라고 비판했다. 젊은 선비들은 천하의 명분을 바로 세우고 바른 의식을 가진 사람들이 나라를 이끌어 가면 세상은 저절로 바르게 다스려진다고 보았다. 정치의 근본이 법과 제도의 개선이 아니라 백성의 교화敎化에 있다고 주장이었다. 이준경과 기대승은 이렇게 세상과 정치를 보는 눈이 근본적으로 달랐다.

이준경을 견제할 수 있는 세력을 찾고 있던 명종과 청송 심문은 젊은 사림의 지도자로 급부상하는 기대승을 눈여겨보았다. 박소립朴素立(1514~1582), 윤두수尹斗壽(1533~1601), 윤근수尹根壽(1537~1616), 그리고 사마시와 문과를 모두 장원으로 급제한 정철, 아홉 번의 과거 시험에서 장원으로 급제하여 세상을 놀라게 한 이이가 기대승과 대체로 같은 생각을 가지고 있었다.

명종 13년 32세의 나이로 문과에 급제한 기대승은, 바로 이 해에 이황을 만나 성리학에 대한 의견을 묻고, 이듬해부터 7년 동안 그 유명한 '이기논변理氣論辨'(사단칠정四端七情 논쟁)을 벌이면서 일시에 명성을 얻었다. 조선의 유학은 성리학을 과거 시험의 중심 과목으로 채택하면서 관념적이고 이론에 치중한 성리학 위주로 발전되었다. 그러나 성리학은 하나의 체계 아래 명쾌하게 정리된 이론이 아니어서 공부하는 학자들이 어려움을 겪었다. 송나라의 성리학을 집대성한 《성리대전性理大全》도 송나라와 원나라의 성리학자 120여 명의 학설을 채택하여 분류 편집한 것이었다. 성리학을 공부하는 사람들은 이렇게 다양한 이론들이 상호 어떤 연관을 갖고 있으며, 이것들을 어떻게 체계를 세워 이해해야 하는지 몰라 어려움을 겪었다. 성현의 말씀은 일상의 사고와 행동을 좀 더 크고 깊은 근원인 천天 또는 도道와 연관시키는 한에서만 비로소 그 의미를 제대로 이해할 수 있었는데, 이는 성리학의 근본 원리를 이해하지 않으면 불가능한 일이었다. 성리학을 교수하고 토의하는 것을 업으로 삼는 사람들에게 이 문제는 매일매일 부딪히는 현실적인 어려움이었다.

경기도 고양에서 학당을 열어 제자를 가르치던 정지운鄭之雲(1509~1561)이 이러한 문제를 해결하고자 《천명도설天命圖說》이란 책을 만들었다. 《천명도설》은 성리학 이론을 그림으로 그려 정리한 것으로, 정지운은 이 책을 당시 이론 성리학으로 유명한 이황에게 가지고 가서 감수해 달라고 청했다. 이황이 감수하고 해설을 붙인 《천명도설》은 성리학을 공부하는 사람들에게 커다란 의지처가 되었다. 《천명도설》이 성리학 강의 교재로 활용되면서 이황의 성리학 이론이 서울과 지방으로 퍼져 나갔고, 이 책이 과거시험을 준비하는 선비들 사이에서 교과서적인 권위를 얻으면서 이황은 성리학의 대가로 떠올랐다.

바로 이 책《천명도설》에 이제 막 과거에 급제한 신진기예 기대승이 이의를 제기하고 나선 것이다. 문제가 된 구절은 '사단四端은 이발理發이고, 칠정七情은 기발氣發이다.'였다.

기대승과 이황이 이기논변을 벌이면서 자연히 '세상은 어떤 모습이어야 하고 정치는 어떻게 해야 하는지' '세상을 이끌어 갈 참된 군자는 어떤 사람이어야 하는지' 같은 문제가 제기되었다. 지난날 조광조가 《소학》으로써 군자와 소인을 구분하고, 군자가 정치를 이끌어야 나라가 바로 된다는 주장을 되살려 낸 것과 흡사했다. 이황과 기대승의 논쟁은 기묘사화 이후 향촌에서 고립된 채 깊은 잠에 빠져 있던 선비들의 의식을 흔들어 깨웠다. 향촌의 지식인들은 이황과 기대승의 논쟁에 다투어 참여하면서 학문을 통해 간접적으로 탐욕스러운 척신정치를 비판하고, 그들의 비루한 정치 행태를 조롱하며 모처럼 억눌린 기개를 펴는 듯한 시원함을 느꼈다. 이기논변은 조선 방방곡곡의 서당과 선비들의 사랑방으로 번져 나갔다. 다양한 사람들이 토론에 참여하면서 내용도 점점 더 풍성해졌다. 이기논변은 인기 있는 토론 주제이자 시대의 유행이 되었다. 이기논변에 나름의 견해를 내놓지 못하면 학문하는 선비로 행세할 수 없을 정도였다. 이황과 기대승의 토론 내용은 사림 사회의 중요한 관심사가 되었다.

이 논쟁을 계기로 학문적 자료와 정보 교환이 활발해지면서 그동안 단절되었던 향촌 사림의 끈도 다시 이어졌다. 오랫동안 막혀 있던 정치적·

사회적 유대 관계가 회복되면서 사람들은 차츰 공동체적 연대 의식을 갖게 되었고, 이는 모래알처럼 흩어져 있던 향촌 사림이 정치적 잠재력을 가진 세력으로 발전할 수 있는 자양분이 되었다. 이기 논쟁은 이황과 기대승의 위상을 단번에 끌어올렸다. 이황은 일약 사림의 큰 스승으로 받들어지고 그의 성리학 이론 체계도 권위를 얻었으며, 기대승은 재야 사림의 젊은 영수로 떠올랐다.

이기논변으로 불이 붙은 성리 논쟁이 수많은 선비들을 끌어들이고 인기를 얻으면서 조선 성리학은 큰 변화를 겪게 된다. 유학의 현실적이고 실용적인 시각은 차츰 엷어지고, 세상의 모든 현상과 문제를 주자성리학의 관념적 틀 안에서 이해하고 해결하려는 추상적·사변적 경향이 강화되었다. 남명 조식은 이러한 세태를 맹렬히 비판했다.

> 시속時俗이 숭상하는 바를 자세히 들여다보면 당나귀 가죽에 기린의 형상을 뒤집어씌운 것 같은 고질이 있다. 이는 실로 사문의 종장宗匠인 사람이 오로지 상달上達만 주로 하고 하학下學을 궁구하지 않아서 구제하기 어려운 습속을 이루었기 때문이다.
> —《남명집南冥集》

여기서 '사문의 종장'이란 이황을 가리키는 것이다. 조광조의 문인으로 평생 서울 백악산 기슭에 은거하며 오직 학문에 매진했던 성수침成守琛(1493~1564)도 우려를 표명했다.

> 도는 큰 길과 같고 성현의 가르침은 해와 별처럼 밝아서 알기에 어렵지 않으나, 요는 힘써 행하여 그 앎을 채우는 데 있으니 말로만 하는 학문은 도무지

소용이 없는 것이다. 　　　　　　　　　　　　　　　　　-《연려실기술》

　서경덕徐敬德(1489~1546), 성제원成悌元(1506~1559), 성운成運(1497~1579), 이지함李之菡(1517~1578) 등 당대 큰 스승들의 생각도 크게 다르지 않았다. 당시 이황은 학문적으로는 소수파였다. 이황의 이론 성리학은 과거를 준비하는 초학자들에게는 최고의 인기였으나, 당대 최고 성리학자들의 평가는 달랐다. 명종 12년 삼처사三處士라 일컬어지며 세상 사람들의 존경을 받았던 화담 서경덕, 남명 조식, 대곡 성운과 동주 성제원 등이 속리산에 모여 학문을 이야기 하고 함께 산수를 즐긴 일이 있는데, 벼슬에서 물러나 안동에 은거하고 있던 이황은 이 모임에 참여하지 않았다. 당시 이황의 학문은 조선 유학의 주류적 위치에 있지 않았고 오히려 소수파였다. 이황 자신도 훌륭한 스승의 지도를 받지 못하고 또 함께 강마講磨(학문을 강론하고 연마함)할 붕우朋友의 여택도 입지 못한 것을 늘 아쉬워했으며, 홀로 길을 찾다가 마음의 병을 얻는 지경에까지 갔다고 고백했다. 이황은 홀로 주자가 갔던 길을 충실하게 따랐던 것이다.

　이황의 영향을 받은 기대승은 정교한 주자성리학 이론에 조광조의 도학정치 이론을 끌어와 명분의 중요성을 강조했다. 문장이 뛰어나고 이론에 밝아 주로 예문관, 홍문관, 승정원을 거치며 시원한 언변과 해박한 성리학 이론으로 젊은 선비들의 인망을 얻었다. 그의 주위에는 항상 많은 선비들이 모여들었다. 이들을 '신진 사림新進士林'이라 일컫는다.

　그런데 풍속이 퇴폐된 지 오래여서 사습이 더욱 투박하여 명색은 선류善類라 하지만 사실은 선을 좋아하지 않는 자가 있고, 겉모습은 장엄한 것 같으나 속은 무지한 자도 있어 양의 바탕에 범의 가죽을 쓰고, 감정을 꾸며 명예를 구하는 등 못하는 짓이 없으니 이는 선을 하다가 생긴 실수가 아니라 선을 가장하는 것입니다. 그 폐단이 부박한 풍습으로 발전하여 사사로이 서로 표방하여 붕당을 맺고는, 인물의 선악과 시정의 득실을 논의하며, 신진의 사류들로 하여금 시비를 알지도 못한 채 붙쫓아 따르게 하여 시습이 날로 그릇되고 국사가 날로 잘못되게 하고 있으니, 고담준론이 나라를 해침이 심합니다.

전 정랑 박소립과 사정 기대승은 모두 부박하고 경망한 자질로 오로지 고담만을 일삼아 신진들의 영수가 되었고, 전 좌랑 윤두수가 맨 먼저 부회附會하여 서로 찾아다니면서 국사의 시비와 인물의 장단을 모조리 평론의 대상 속에 넣고 겉으로는 격양의 이름을 벌어 장차 나라를 위태롭게 할 풍조를 빚고 있습니다.

－《명종실록》 18년 8월 17일

명종 18년(1563) 사헌부에서 기대승의 탄핵을 청하며 올린 글이다. 말이 앞서고 사사로이 붕당을 맺어 조정을 어지럽힌다는 것이 탄핵의 이유였다. 탄핵을 주도한 사람은 명종이 윤원형·심통원 등 척신 세력을 견제하기 고자 기용한 이조판서 이량이었다. 기대승은 관직을 박탈당하고, 부박한 무리들과 어울려 파당을 짓지 못하도록 도성에 발을 붙이지 못하게 한다는 처분을 받았다. 그러나 곧바로 이량이 청송 심문의 탄핵으로 실각하면서, 기대승은 다시 정7품 예문관 봉교로 복귀했다. 기대승이 금세 복직한 데에는 청송 심문 가문의 도움이 컸다. 청송 심문이 이량을 제거할 때 내세운 인물이 홍문관 부제학 기대항奇大恒인데, 그는 기대승의 사촌형으로 원래 이량의 사람이었다. 이 인연으로 기대항은 심문의 사람이 되었고, 심의겸이 기대승의 복직을 도와줌으로써 기대승과 청송 심문의 유대는 더욱

고봉문집목판高峯文集木板. 기대승의 시문집 《고봉선생문집高峯先生文集》을 비롯하여 이황과 주고받은 편지글을 정리한 《고봉선생왕복서高峯先生往復書》, 기대승이 이황을 만나기 전에 주자학에 관해 쓴 《주자문록朱子文錄》 등이 보관되어 있다. 전남 광주 소재.

깊어졌다.

조정에서 쫓겨난 지 불과 1개월 만에 다시 원래 보직으로 복귀한 기대승의 기세는 대단했다. 그는 고담준론을 더욱 소리 높여 논하고, 정치와 인물에 대한 거침없는 평론을 쏟아내면서 다시 젊은 사림들의 중심에 섰다. 이 사건 이후 기대승의 성장은 놀라웠다. 복직 후 곧바로 6품직에 올라 요직인 홍문관 부수찬이 되었고, 이듬해인 명종 19년 승진하여 정6품 성균관 전적을 거쳐 곧바로 병조좌랑이 되었으며, 명종 20년에는 6품직 벼슬의 꽃인 이조정랑 자리에 올랐다. 이조정랑은 판서나 정승의 자리로 가는 요직 중의 요직이었다. 문과에 급제한 후 4~5년 동안 7품직에 머물러 있었던 기대승은, 명종 22년 정4품 홍문관 응교를 거쳐 종3품 사헌부 집의에 이르기까지 4년 동안 7계단의 승진을 거듭했다.

이러한 화려한 승진의 뒤에 청송 심문의 보살핌이 있었기 때문일까? 기대승은 선조가 임금의 자리에 오르기 전까지 윤원형 탄핵, 하성군 옹립, 그리고 심통원을 내치는 일련의 정치적 사건들에 개입하지 않고 거리를 둔 채 지켜보기만 했다. 정치 문제에 앞장서서 자신의 견해를 밝히던 열혈남아이자 개혁의 기수였던 기대승의 이러한 행적은 매우 의문스럽다. 그는 왜 격변하는 정치 현장에서 침묵했을까? 그는 왜 명종 말 이준경의 개혁을 차갑게 외면한 것일까?

이준경, 홍섬洪暹(1504~1585), 홍담洪曇(1509~1576), 김개 등 당시 개혁 정국을 이끌던 원로대신들은 이들 신진 사림을 탐탁지 않게 여겼다. 이준경은 그들을 '품행과 행실을 닦지 않고 글 읽기도 힘쓰지 않으면서' 패거리를 짓는 자들이라고 생각했고, 홍담은 가짜 유학자라고 비판하였다.

> 지금 학문한다고 자칭하는 자는 다 허위이다. 만일 참 유학자가 있으면 내가
> 마땅히 공경하고 사모할 일이지 어찌 감히 트집을 잡겠는가.
>
> – 《연려실기술》

조식도 일찍이 기대승을 보고 "이 사람이 뜻을 얻으면 반드시 시사時事를 그르치리라" 하였고, 기대승은 조식을 "유학자가 아니다"라고 비난하였다. 이들은 서로 마음이 통할 수 없는 사람들이었다. 그러나 이들이 조광조의 도학정치를 부활시키겠다는 같은 꿈을 꾸면서도 끝내 정치적으로 손을 잡지 못한 근본적인 이유는 다른 데 있었다. 기대승 같은 향촌의 지방 사림은 절의파의 후손이었다. 오랜 시간 백성들 속에서 잠행하며 인고의 시간을 건딘 그들은, 혈연적·역사적 뿌리가 다른 이준경과 홍섬을 구심점으로 인정하기 어려웠다.

이준경, 홍섬 등은 조선 최고 명문가의 자손으로 지방 출신 선비들과는 비교할 수 없을 정도로 큰 혜택을 누렸다. 승진도 빨랐고 좋은 보직을 두루 거쳤다. 이준경은 과거에 급제하여 병조판서에 오르는 데 13년밖에 걸리지 않았다. 그 자신도 지나치게 빠른 승진에 송구함을 밝힐 정도였다. 이준경 등이 척신정치의 엄혹한 현실 속에서 승진을 거듭하여 재상의 반열에 오르고, 그 자신이 선비로서 스스로 선택한 신념과 지조를 잃지 않고 맑은 이미지를 지킬 수 있었던 데에는 가문의 후광이 큰 힘이 되었다.

이준경 등 명문세가 출신의 사림과 향촌 사림은 정서적으로 화합하기 어려웠다. 더구나 이준경 등의 조상은 한때 지방 사림 세력과 원수지간이었다. 기대승의 무리는 이러한 뿌리를 지적하고 자신들이야말로 향촌 출신 선비임을 강조하며, 훈구 공신 출신 사림과의 차별화를 시도했다. 새로운

정치 세력으로 도약하는 지방 사림 세력의 대표자는 향촌에 뿌리를 둔 자신들이어야 한다는 것이었다. 기대승의 주장은 지방 사림들 사이에서 커다란 반향을 불러일으켰다. 이는 단지 과거 선조들이 훈구 공신 집안에 핍박을 당한 데 대한 한 맺힌 반응만이 아니었다. 그들 자신도 경제적·사회적 이권을 두고 중앙의 권력기관이나 권문세가와 경쟁하면서 받은 차별과 핍박을 생생하게 기억하고 있었다. 기대승은 향촌 사림과 명문세가 출신 사이에 난 메울 수 없는 틈을 예리하게 가르고 나왔다.

지방 지식인들의 지지 없이 전체 사림 세력을 주도하기는 어려웠다. 향촌 출신인 기대승은 자신이 가진 정치적 자산을 충분히 활용하고자 했다. 그런 꿈을 가진 기대승이 이준경의 편에 설 수는 없었을 것이다.

이황의 상경

전 참판 이황에게 하서下書하였다. "내가 불민하여 현자를 좋아하는 성의가 없었던 것 같다. 전부터 여러 번 불렀는데 늙고 병들었다는 이유로 사양하고 있으니 내 마음이 편치 않다. 경은 나의 지극한 마음을 알아주어 역말을 타고 올라오라.

－《명종실록》 20년 12월 26일

문정왕후 사후 명종은 이준경이 이끄는 개혁 세력과의 대결에서 패배를 거듭했다. 윤원형 축출부터 내수사 개혁 문제까지 계속되는 정치적 대립으로 정국이 혼란스럽던 그때, 명종은 뜻밖의 조치를 취한다. 안동에 있던 이황을 서울로 불러 올린 것이다. '어진 이를 곁에 두고 싶다'는 소박한 이유를 밝혔지만, 이는 그리 단순한 문제가 아니었다.

명종으로서는 사림 세력이 이준경을 중심으로 단합하는 것을 막아야 했고, 그러려면 이준경을 견제할 인물이 필요했다. 기대승이 새롭게 떠오르고 있긴 했지만 이준경에 맞서기에는 부족했다. 이황 정도는 되어야 정국의 균형을 유지할 수 있었다. 그렇게 선택된 인물이 이황이었다

이황은 신진 사림을 이끄는 기대승과 이이의 스승이었다. 당시 큰 스승으로 존경받던 학자들 중에서 특히 이황과 조식이 명망이 높고 뛰어난 제자를 많이 거느리고 있었는데, 그중 조식은 이준경과 죽마고우로 학문적 뿌리가 같았다. 이준경이 이끄는 개혁 세력에게 번번이 의지를 꺾인 명종이, 이들에 맞설 대항마로 이황을 지목하고 정치적 동반자로 삼겠다고 선언한 것은, 이황과 다른 학자들 사이의 틈을 이용한 것이기도 했다.

더구나 조식은 성품이 칼날 같고 지조가 곧아서 명종이 곁에 두기에는 부담스러운 인물이었다. 명종 10년(1555) 단성현감에 임명되었을 때 '을묘사직소'라는 상소를 올려 "나라가 망해 가는 데 (자신은) 그것을 막을 방법이 없기 때문에 전하의 신하가 되기 어렵다."면서 조정을 통렬히 비판하고 임금이 내린 벼슬을 거절한 전력도 있었다.

전하의 국사가 이미 잘못되고 나라의 근본이 이미 망하여 천의天意가 이미 떠나갔고 인심도 이미 떠났습니다. 비유하자면 마치 1백 년 된 큰 나무에 벌레가 속을 갉아먹어 진액이 다 말랐는데 회오리바람과 사나운 비가 언제 닥쳐 올지를 전혀 모르는 것과 같이 된 지가 이미 오래입니다. 조정에 있는 사람 중

에 충의로운 선비와 근면한 양신良臣이 없는 것은 아니나, 그 형세가 이미 극도에 달하여 미칠 수 없으므로 사방을 돌아보아도 손을 쓸 곳이 없음을 이미 알고 있습니다. 소관小官은 아래에서 히히덕거리면서 주색이나 즐기고, 대관大官은 위에서 어물거리면서 오직 재물만을 불립니다.

백성들의 고통은 아랑곳하지 않으며, 내신內臣은 후원하는 세력을 심어서 용을 못에 끌어들이듯이 하고, 외신外臣은 백성의 재물을 긁어 들여 이리가 들판에서 날뛰듯이 하면서도, 가죽이 다 해지면 털도 붙어 있을 데가 없다는 것을 알지 못합니다. 신은 이 때문에 깊이 생각하고 길게 탄식하며 낮에 하늘을 우러러본 것이 한두 번이 아니며, 한탄하고 아픈 마음을 억누르며 밤에 멍하니 천정을 쳐다본 지가 오래되었습니다.

명종은 크게 분노하였다.

내가 계교와 사려가 얕고 학식이 본래 없기 때문에 사리를 모른다. 그러나 군신 상하의 분수는 신자臣子가 당연히 알아야 할 것이다. 아무리 유일遺逸의 선비라 하더라도 그 의리를 알지 못할 것 같으면 어찌 현명한 사람이라고 할 수 있겠는가. 그 말이 공손하지 못한 데에 관계된다면 신자가 마땅히 처벌을 주청해야 할 것이다. 그렇게 하지 않으면 조정에서도 군상을 공경하지 않는 조짐이 싹틀 것이다. 만약 그 소(상소)의 내용을 옳다고 한다면 이것도 올바르지 못한 의논이다. 그러나 조식을 일사逸士(숨어 사는 선비 혹은 뛰어난 선비)로 여기기 때문에 너그러이 용납하고 죄를 다스리지는 않는다. －《명종실록》 10년 11월 20일

이때 명종이 대단히 노여워하여 안색이 온화하지 않았고 음성도 고르지

않았다고 한다. 이 일에 대해 사관은 "조식의 소를 옳다고 하는 것은, 진실로 이것이 올바른 논의이며 임금을 과실이 없는 곳으로 인도하려고 한 것이니 이것은 공경 중에서도 큰 것이다. …… 어찌 상하의 분수를 모르고 공손하지 못한 마음을 두었겠는가. 이것으로 그를 책망하여 치란과 흥망이 이로 말미암아 나누어지게 되었으니 어찌 애석하지 않은가."라고 평하였다.

조식은 이황과 기대승의 이기논변을 '한가한 논의'라고 일축하고, 이들의 논의가 '도학을 변질시키고 세속화시키는 위험한 짓'이라고 비판한 바 있다. 도학道學, 곧 성리학은 조광조 시대까지는 권력의 비판자 역할을 했지만, 몇 차례 사화를 겪으며 사림의 의기義氣가 꺾이고 권력의 회유로 지리멸렬해진 명종 시대에 와서는 비판적 기개를 접고 도리어 권력과 타협하고 있었다. 조식은 이황이 잘못된 길을 가고 있다고 보았다. 꺾인 사풍士風을 진작시킬 중망衆望을 한 몸에 받고 있으면서 '실천적 지성인'을 기르기보다는 '이론적 교양인'을 기르는 데 몰두하고 있다는 비판이었다.

이황은 성품이나 학문적 성향이 조식과 달랐다. 안동 예안에서 태어나 중종 29년 문과에 급제하여 중종 38년 성균관 대사성이 되었으나, 을사사화 때 권신 이기李芑(1476~1552)에 의해서 삭직削職을 당한 뒤부터는 주로 고향 예안에서 성리학 연구와 교육에 몰두했다. 명종 14년에 병조참의, 명종 16년에 홍문관 부제학에 제수되었지만, 벼슬이 내려지면 조정에 나와 사은謝恩하고 이내 고향으로 돌아가 다시 학문에 열중했다. 이황은 스스로 세상을 다스릴 경륜이 부족하다고 말했다. 현실 정치보다는 학문의 세계에서 더욱 큰 보람을 느꼈던 것이다. 이황은 철저하게 정주학程朱學에 몰두했다. 주자는 우주와 인성 같은 크고 넓은 것도 알아야 하지만, 정밀하고 미세한 것도 모두 알아야 높고 밝은 경지에 이른다고 했다. 이러한 견해에 따라 이황도 이기심성을 정미精微하게 연구하여 오히려 주자의 견해를 극복했다. 이황은 언제나 부드러웠고, 정치의 큰 원칙과 원리만 이야기할 뿐 구체적인 정책 방향이나 국가 전략에 대해서는 말을 아꼈다. 명종이 보기에 이황은 상경하여 곁에 두더라도 정치적 문제로 갈등을 빚을 일은 없어 보였다.

명종은 명종 20년 12월부터 명종 21년 3월까지 파격적인 예를 갖추어 이황을 공개적으로 간곡하게 명소命召(임금이 신하를 불러들임)한다. 그러나 이황은 명종의 간절한 청을 받고서도 안동에서 꿈쩍도 하지 않았다. 명종이 어의를 보내 진찰케 하는 등 여러 가지 정치적 연출을 하며 분위기를 조성했으나, 여러 번 사퇴하여 끝내 소명에 응하지 않았다. 명종은 포기하지 않았다.

이황에 대한 명종의 예우는, 제갈공명을 군사軍師로 영입하기 위해 정성을 쏟은 유비의 '삼고초려三顧草廬'를 연상시킨다. 유비는 공명을 지극히 높은 위치에 올려 초빙함으로써 이후 제갈공명의 정치적 위상과 역할을 먼저 행동으로 보여 주었다. 정교한 계산을 바탕으로 이루어진 정치 거래였던 것이다.

거래를 성사시키려면 우선 상대에게 합당한 조건을 제시해야 한다. 그래야 상대의 마음을 움직일 수 있다. 명종은 동지중추부사로 임명된 이황이 부임도 하지 않고 신병을 이유로 사직하자, 명종 21년 2월 6일 "경의 사장謝章을 보니 나의 마음이 섭섭하다. 경은 모쪼록 잘 조섭하고 서서히 올라와서 나의 누차 부르는 정성을 저버리지 말라"고 하고, 이어 전교하기를 "이황이 올라올 때에는 각 도의 관리들로 하여금 특별히 후대하여 편안히 올라오도록 하게 하라. 그리고 내의 연수담延壽聃은 약을 싸 가지고 가서 문병하고 와서 아뢰도록 하라"고 하였다. 이어 2월 15일에는 이황을 공조판서로 임명하고, 2월 23일에는 예문관 겸 제학으로, 그리고 3월 16일에는 홍문관·예문관 양관대제학으로 임명했다. 거래 조건을 좀 더 올려 주어 이황의 마음을 움직이려 한 것이다.

당시 이황은 초야에 묻혀 사는 66세의 노학자였다. 성리학을 공부하는 선비들 사이에서 이름을 얻어 전국적으로 명망을 떨치고, 경상좌도에서 서원을 열어 오랫동안 많은 제자를 길러 내 향촌에서 만만찮은 영향력을 떨치고 있었다. 그러나 이황은 대신의 반열에 있지도 않았고, 국가가 인정할 만한 큰 공을 세운 적도 없었다. 그런 이황에게 어의를 보내는 극진한 예우를 하고, 부임도 하지 않은 사람을 며칠 사이에 연거푸 승차시키며 벼슬을 더한 것은 파격을 넘어 놀라운 일이었다.

지극한 정성으로 이황을 명소한 지 6개월 정도가 지난 때였다. 명종은 조식과 이항 등 6명을 추가로 명소하며 이들에게도 역말을 타고 올라오는 편의를 제공하라고 각 도의 감사에게 명했다. 명종은 "내가 민첩하지 못하여 어진 이를 좋아하는 성의가 모자랐음을 부끄러워한다"고 자신을 질책하고, "비록 어진 이를 좋아하는 성의가 부족하다 하나 어찌 어진 이를 구하는 뜻조차 없겠는가"라며 기일에 구애받지 말고 올라오라고 청하였다. 명소를 받은 조식은 명종 21년 10월 명종과 만났다.

조식이 아뢰기를,
"고금의 치란治亂에 대해서는 방책方策(책)에 모두 갖춰져 있으니, 신이 비록 아뢰지 않더라도 어찌 모르시겠습니까. 신이 아뢰려고 하는 것은 별도의 다른 뜻이 있습니다. …… 군신君臣 간에는 상하의 정情이 틈이 없어야 참된 마음으로 서로가 미덥게 되는 것입니다. 위에서 마음을 열고 말을 받아들임에 있어 먹은 마음을 없이하여 중문中門을 활짝 열어젖히듯 하신다면, 군하群下들도 마음을 다하고 힘을 다하여 신하로서의 도리를 다할 수 있을 것이며, 위에서도 현부를 똑똑히 꿰뚫어 보아 거울처럼 밝게 인재를 판별할 수 있게 될 것입니다.…… 이렇게 상하가 사리를 강명講明(연구하여 밝힘)하여 정의情意가 서로 통하는 이것이 바로 출치出治(나라를 다스림)의 근본인 것입니다. …… 신은 먼 곳에 있어서 시사時事를 잘 알지 못합니다. 그러나 수십 년 안의 일을 직접 보건대, 군민軍民이 물 흐르듯 이곳저곳을 떠돌아 여리閭里(여염, 민가)가 텅 비었습니다. 지금을 위한 계책은 마땅히 불난 집처럼 해야 할 것인 바 여러 사람이 함께 서둘러 구제해도 오히려 미치지 못할 수가 있는 것입니다."

- 《명종실록》 21년 10월 7일

명종을 만난 조식은 우선 신하와 임금이 가슴을 열고 서로 신뢰할 수 있는 분위기를 만들라고 했다. 그리고 당장 백성을 구제할 방도를 고민하고 개혁을 실천하라고 했다. 그러나 조식의 말은 명종이 원하는 바가 아니었다. 결국 조식은 벼슬에 나아가는 것을 포기하고 곧바로 지리산으로 돌아가 버렸다. 이황은 그때까지도 소명에 응하지 않고 있었다. 명종이 이황에게 쏟은 정성은 조식 등 다른 학자들에 비할 바가 아니었다. 이황에 대한 명소에는 정성과 신뢰가 가득했고 집요하기까지 했다.

이보다 앞서 상이 지성至誠으로 착한 이를 좋아하는 뜻으로 이황을 부르고, 또 현인을 불러도 오지 않고 탄식하는 뜻으로 독서당의 명제로 내었다. 이에 이르러 이황이 상의 뜻이 간절하고 은명恩命이 자주 내리는 것에 감격해 소명에

응하였다. ─《명종실록》 22년 6월 28일

명종은 독서당讀書堂(젊은 문관 가운데 뛰어난 사람을 뽑아 휴가를 주어 오로지 학업만을 닦게 하던 서재)에 술을 내리고 '어진 이를 불러도 오지 않는 데 대한 탄식'이라는 제목의 시제詩題를 내고 시를 짓게 했다. 뿐만 아니라 손수 시제에 '어진 이란 이황'이라고 어필로 주를 달았다. 명종이 이렇듯 깊은 정성으로 정치적 위상을 높여 준 끝에, 이황은 드디어 상경을 결정했다. 간곡한 임금의 명소와 파격적인 정치적 연출, 이에 따른 이황의 상경은 당시 이준경을 중심으로 결집해 가던 조정과 지방의 사림 세력에게는 커다란 충격이었다.

이황이 한양에 들어왔을 때 사대부가 아침저녁으로 그의 문전을 찾아가니, 이황은 한결같이 모두 예로 접대하였다. 최후에 준경을 찾아가 인사하자 준경이 말하기를 "도성에 들어오신 지 오래되었는데 어찌 이제야 찾아오십니까."라고 했다. 이황이 "사대부들을 응접하느라 그럴 틈이 없었다."고 하자 이준경이 언짢아하며 "지난 기묘년에도 선비의 풍조가 이러하였으나 그 가운데도 염소 몸에 호랑이 껍질을 뒤집어 쓴 자가 있었으므로, 사화가 이로 인하여 일어났습니다. 조광조 이외에 그 누구도 나는 인정하지 않습니다."

─《선조수정실록》 5년 7월 1일

이준경은 먼저 이황의 독자적 정치 행보에 진한 섭섭함을 토로하고, 자신은 조광조 이외에는 그 누구도 인정하지 않는다고 쐐기를 박았다. 심지어 면전에서 이황을 호랑이 껍질을 쓴 염소에 비유했다. 두 거인의 팽팽한 대결이었다.

　이황의 상경으로 정국은 태풍 전야의 긴장에 휩싸였다. 심의겸·기대승·이이·정철 등은 이황을 중심에 세우고 맹렬하게 세를 넓혀 갔다. 정치적 야심을 가진 자들이 끊임없이 모여들었고, 명종의 마음이 이황을 향해 있음을 눈치 챈 조정의 중신들까지 하나둘 이황의 문전을 찾았다. 호조판서 이탁, 대사헌 박순 등도 기대승, 심의겸의 편에 섰다. 조정은 명종과 척신 세력, 이황 지지파, 이준경 지지파로 나뉘었다.

　조식은 이처럼 환로와 산림을 오가며 수많은 문도門徒를 거느리고 세상에 나아가고 물러남이 분명하지 않은 이황의 태도를 간접적으로 비판했다. 조식의 출처관出處觀은 확고했다. 그는 구차하게 왕권에 복종하여 벼슬에 나아가기보다는 절조를 간직하며 진리를 굳건히 지키는 '지조수도持操守道'의 정신을 지켰다. 민중을 위한 정치 행위나 사회적 실천에는 분명한 태도와 논의마저 회피하면서, 천리天理와 인욕人慾 그리고 이기理氣·사단칠정四端七情 등의 추상적 명분 논쟁으로 세상을 속이면서 유명한 선비라는 이름을 도적질하는 것을 기세도명欺世盜名이라고 비판했다. 출사하되 허명만 있고 그 허명마저 왕과 훈척에게 이용당할 뿐, 스스로 현실을 비판하여 세상을 맑게 하는 숙세풍교淑世風敎의 임무마저 다하지 않는다면 그러한 출사는 후학과 민중을 오도하고 결국 역사의 죄인이 된다는 것이었다.

　많은 논란을 가져왔던 이황의 출사는 그러나 전혀 예상치 못했던 일로 새로운 전기를 맞는다. 서울에 올라온 이황이 명종을 만나기도 전인 명종 22년 6월 28일, 명종이 급작스럽게 사망한 것이다. 이황의 편에 섰던 이들에게 명종의 죽음은 엄청난 충격이었다. 문정왕후가 죽고 2년이나 계속되던 혼란스러운 정국은, 명종의 죽음과 선조의 즉위로 새로운 국면을 맞게 된다.

명종의 죽음

명종 22년 6월 28일, 명종이 숨을 거둔 바로 그날 하성군이 명종의 후사로 결정되었다. 그가 바로 조선의 14대 임금인 선조다.

> 명종이 여러 왕손들을 궁중에서 가르칠 때 하루는 익선관을 왕손들에게 써 보라 하면서 말하기를 "너희들 머리가 큰가 작은가 알려고 한다." 하시고, 여러 왕손들에게 써 보게 하였다. 선조는 나이가 제일 적었는데도 두 손으로 관을 받들어 어전에 도로 갖다 놓고 머리를 숙여 사양하며, "이것이 어찌 보통 사람이 쓰는 것이오리까" 하니, 명종이 심히 기특하게 여기어 왕위 전해 줄 뜻을 정하였다.
> — 《부계기문涪溪記聞》

> 하루는 왕손들에게 글자를 써서 올리라고 명하였더니, 짧은 시를 쓰기도 하고 혹은 연귀聯句를 쓰기도 하였는데, 선조는 홀로 '충성과 효도가 본시 둘이 아니다忠孝本無二致'라고 여섯 자를 썼으므로 명종이 더욱 기특하게 여겼다.
> — 《석담일기石潭日記》

여러 기록에서 하성군이 용모가 청수淸秀하고 자질이 명민하였다고 전하고 있다. 그러나 임금의 자리가 이 같은 작은 에피소드로 결정되었을 리는 만무하다. 하성군이 명종의 후사로 결정된 것은 당시 정국을 주도하는 세력들의 면밀한 계산과 협상의 결과였다. 하성군에게 대통이 이어지던 급박한 순간을《실록》은 생생하게 전하고 있다.

상이 양심당養心堂(경복궁)에 계셨는데 병이 위독하였다. 중전이 정원(승정원)에 전교하기를
"두 정승과 약방제조들은 이 시각(삼경)에 입시하라."
하였다. 정원이 중전에게 아뢰기를
"정승이 미처 오지 않았습니다."
하니, 중전이 전교하기를,
"정승이 미처 오지 않았으면 약방제조가 먼저 들어오라."
하였다. (당시 약방제조는 영부사 심통원이었다.) 영부사 심통원, 병조판서 원혼, 도승지 이양원과 사관 등이 뒤따라 입시하였다. 상이 침상에 누워 신음하면서 매우 괴로워하므로 그 소리를 차마 들을 수가 없었다. 내시가 큰 소리로 아뢰기를,
"약방제조 등이 들어왔습니다."
하였으니, 상은 대답하지 않았다. 곧이어 영의정 이준경, 좌승지 박응남, 동부승지 박소립이 뒤따라 들어왔다. 수십 번 (정승의) 입시를 재촉하기를 매우 급박하게 했는데 마침 이준경이 정부에서 유숙하고 있었기 때문에 얼마 후 뒤따라 들어왔으나 상의 환후가 매우 위독하여 이미 말을 하지 못하는 지경에 이르러 있었다. 그래서 중궁에게 아뢰었는데, 중궁이 을축년의 명을 다시 밝혀 비로소 대계가 정해지게 되었다. 만약 이준경이 집에 물러가서 자고 심통원이 홀로 들어와 중궁에게 명을 받았더라면 유명遺命을 올바로 받을 수 있었겠는가? 대계가 을축년에 이미 정해져 있어 별다른 염려가 없었지만, 만약 유명을 따라 임금을 세우는 일이 심통원의 손에서 나왔더라면 후일에 스스로

공신이 되어 사림의 화를 빚어 내지 않는다는 것을 어떻게 보장하겠는가?

대게가 을축년에 이미 정해져 있다 함은 2년 전 명종이 앓아누웠을 때 이준경과 인순왕후가 하성군을 후계로 지목한 것을 가리킨다. 사관은 영의정 이준경이 때마침 유명을 받들지 못했더라면 훗날 사림이 화를 입었을 거라며 불행 중 다행이라고 덧붙였다. 급히 입시한 이준경이 전교를 듣고자 하였으나 명종은 눈을 뜨지도 못하고 말을 하지 못할 정도로 상태가 심각했다. 대신들은 인순왕후에게 명종이 혹시 전교하신 일이 있는지 물었다. 후계에 관해 정한 것이 있느냐는 물음이었다.

중전은
"지난 을축년에 하서한 일이 있었는데 그 일은 경들 역시 이미 알고 있다. 지금 그 일을 정하고자 한다."
하였다. 준경 등이 부르짖어 울면서 아뢰기를,
"내전께서 마땅히 결정하셔야 합니다."
하니, 중전이 아뢴 뜻을 알았다고 전교하였다.
……
준경 등은 빈청으로 돌아오고 승지들은 경회루 남문에 모였는데, 의관 양에수가 와서 알리기를,
"상의 수족이 점차 식어 가고 있습니다."
하였다. 승지 등이 큰 소리로 울부짖으면서 대신(이준경·이명·심통원)과 의논하기를,
"처치해야 할 일이 있지 않겠습니까?"(주상을 봉영하는 일) 하니,

대신들이 조금 천천히 하자고 말하였다.(그때까지 승하하였다는 말이 없었기 때문이다.) 정원이 중전에게 아뢰기를,

"내전께서는 경동하지 말고 즉시 대계를 정해야 합니다."

하였다. 중전이 전교하기를,

"망극하여 어찌할 바를 모르겠다. 입시했을 때 다 말했지만 을축년 서하書下한 사람으로 굳게 정해야 한다."

하니, 준경 등이 중전에게 아뢰기를,

"속히 받들어 모셔 오소서."

하였다.

하성군이 사자嗣子(대를 이을 아들)로 결정된 뒤 이준경은 곧바로 대비 인순왕후에게 수렴청정을 청했다. 국왕을 정하는 것 못지않게 지금 이 순간부터 누가, 어떻게 국정을 끌고 갈 것인지를 정하는 일이 중요했다. 하성군이 사가에서 자라 국정을 전혀 모르는 상태에서, 이는 권력의 향배를 결정하는 중차대한 일이었다.

"사자(하성군)가 처음으로 들어오고 또 나이가 어리니 모든 정무는 수렴하고 임시로 함께 처분하셔야 합니다."

"내가 본래 문자를 모르니 어떻게 국정에 참여하겠는가. 사자가 이미 성동成童(열다섯 살 사내아이)이 지났으니 친히 정사를 볼 수 있을 것이다."

"사자가 나이는 비록 찼으나 동궁에서 자란 것에 비교해서는 안 됩니다. 여염에서 자라 정사의 체모를 모를 것인데, 군국의 큰일을 어찌 홀로 결단할 수 있겠습니까. 옛일을 따라 수렴청정하소서."

"대신의 보도輔導(도와서 이끌어 감)가 있으니 친히 정사를 보는 것이 옳다."
"수렴해야 한다는 뜻은 이미 다 아뢰었습니다. 옛일을 따르소서."
"아뢴 뜻을 알았다."

이준경이 세 번에 걸쳐 수렴청정을 청하고 인순왕후는 거듭 사양하다 못 이기는 척 이를 받아들였다. 신하는 적극 권하고 대비는 몸을 낮추어 사양하였으니 아름다운 모습이라고 할 수 있을까? 그러나 사관의 평가는 좀 다르다.

수렴하는 것이 비록 우리나라 조종의 가법이나, 이는 다만 어린 임금을 위해 부득이해서 하는 일이다. 지금 사군의 나이가 이미 성동을 넘었고, 자전께서 두세 번이나 사양했으니 대신 된 자는 이로 인하여 여러 세대의 잘못을 바로잡았어야 한다. 한갓 옛일에 따르는 것만 알고 잘못된 일을 따라서는 안 된다는 것을 몰라 국정이 사군에서 나오지 못하게 하고, 사양하는 덕을 자전에게 돌리지도 못하게 했으니 대신의 도리가 본디 이래야만 하는가. 아, 애석하기 짝이 없다.

사관은 이준경을 탓하면서 인순왕후가 수렴청정하게 된 것을 매우 애석해 했다. 그러나 당시 인순왕후의 수렴청정은 불가피한 면이 있었다. 하성군의 나이 16세로 장성했다고는 하나 사가에서 자란 왕손이었고, 정상적인 왕위 계승 절차를 통해 임금의 자리에 오른 것도 아니었다. 다음 국왕을 지명하는 권한을 갖고 있는 대비가 수렴청정을 원한다면 신하된 자로서 거절하기 어려운 일이었다. 그럼에도 사관이 이러한 평을 달아 놓은 것은, 이후 전개되는 정치 혼란의 원인이 인순왕후의 수렴청정에서 비롯되었다고 보았기 때문인 듯하다. 또한 바로 이날 승정원은 인순왕후에게 하성군이 즉위하면 잡인雜人과 잡언雜言이 들어가지 못하도록 단속하라고 건의했다.

> 신들이 성군을 만나 오래도록 모시려 했는데 하루아침에 이런 망극한 변을 만나니 무슨 말을 해야 할지 모르겠습니다. 다만 종사의 중요함을 생각하여 내전께서는 예문에 따라 슬픔을 누르고 국사에 마음을 쓰소서.
> 또 사군이 즉위하는 처음에 잡인과 잡언이 그 사이에 들어가지 못하게 하고 진심으로 보호하여 모도姆道를 다하소서. ─《명종실록》22년 6월 28일

이는 곧 선조와 대신들의 접촉을 차단하라는 뜻이었다. 이로써 궁궐 내부의 일은 인순왕후가 완전히 장악하게 되었다.

한편 이준경과 인순왕후는 수렴청정과 함께 원상 제도도 시행하기로 결정했다. '원상院相'이란 임금에게 유고가 있거나 왕이 어려서 정무를 직접 치리할 수 없을 때, 대신이 승정원에 나와서 왕을 보좌하고 육조를 통할하는 제도이다. 승정원은 왕명의 출납을 맡아 보는 왕의 비서실과 같은 곳으로 승지 6명이 각각 육조의 일을 맡아보았다. 대신이 승정원에 나와 정사를 처리하게 되면 오늘날 행정부의 기능과 대통령 비서실의 기능을 통합하는 형국이 되고, 그렇게 되면 중요한 정사는 수렴청정을 하는 대비의 결정을 따르게 되지만 일상적인 서정庶政은 대신이 총괄하게 되는 구조이다.

선조 즉위 초 원상을 맡은 사람은 영의정 이준경, 우찬성 오겸, 예조판서 홍섬이었다. 좌의정 권철, 우의정 이명, 전임 정승인 약방 도제조 심통원을 배제하고 우찬성과 예조판서를 원상으로 지명한 것은 이들이 이준경과 뜻

을 같이하는 사람들이었기 때문이다. 이렇듯 이준경의 뜻대로 원상을 구성한 것은, 조정의 일상적인 업무는 이준경이 맡고 인순왕후 심씨가 수렴청정을 통해 중요한 국사를 직접 챙기는 것으로 교통정리가 되었음을 뜻한다. 이는 명종 시대의 권력지도를 그대로 인정한 것으로, 이준경과 인순왕후의 정치적 타협의 산물이었다. 이로써 명종의 시대는 막을 내리고 새로운 시대가 열렸다.

《실록》은 명종을 이렇게 평가했다.

> 왕의 휘諱는 환峘, 자는 대양對陽이다. 중종의 둘째 아들이고 인종의 이모제異母弟이며, 모비母妃는 성렬대비聖烈大妃 윤씨이다. 천성이 자효慈孝하고 공근恭勤하였으며 본디 문예文藝를 좋아하였다. 그러나 어린 나이로 왕위에 올라 모비가 청정聽政하게 되었으므로 정치가 외가에 의해 좌우되었다. 그리하여 뭇 간인奸人이 득세하여 선량한 신하들이 많이 귀양 또는 살해되었으므로 주상의 형세는 외롭고 위태로왔다. 친정親政한 뒤에도 오히려 외척을 믿고 환관을 가까이하여 정치가 날로 문란해지더니, 끝내는 다행히 깨달아서 이량과 윤원형의 무리를 내쳤으므로 국가가 다시 안정되었다. 재위 23년에 수壽는 34세였다.
>
> – 《명종실록》 총서

5장

선조 초년의
숨은 권력자

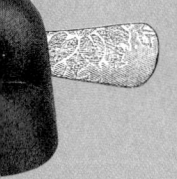

선조가 사가에서 궁으로 들어오던 날, 잡인들이 함부로 지껄이기를 '호종해 모신 자는 마땅히 공신에 기록할 것이다' 하며 모여들어 자기들 성명을 기록하여 궁노(宮奴)에게 주었다. 조정에 벼슬한 자도 성명 기록하기를 청하는 자가 있었다.

- 《연려실기술》

후궁의 자손을 임금에 올리다

여염에서 태어나 사가에서 자란 16세의 소년이 임금의 자리에 올랐다. 후궁의 손자라는 점에서 정통성에 약점이 있기는 했지만, 명종의 후사가 없었기에 문제가 될 것은 없었다. 조정에는 재상 이준경과 인순왕후가 자리를 지키고 있었고, 윤원형을 비롯한 척신들의 수괴는 이미 쫓겨나고 없었다. 조선 왕조 개국 이후 실로 150년 만에 참으로 드문 개혁의 기회가 도래했다. 즉위식에 나선 소년 임금은 주변의 기대에 훌륭하게 부응했다. 선조가 즉위식에서 보여 준 침착함과 여유는 사가에서 자란 후궁의 손자에 대한 세간의 불안을 잠재우기에 충분했다.

7월 4일 선조가 즉위한 바로 그날, 이준경은 이황으로 하여금 명종의 행장行狀(사람이 죽은 뒤 그 행적을 적은 글)을 수찬修撰(서책을 편집하여 펴냄)하게 하고 즉위 이튿날 이황을 예조판서 겸 동지경연춘추관사로 임명했다.

> 이황을 예조판서 지경연춘추관사로 삼았다. 두 차례나 사양하였으나 허락하지 않았다. …… 이황은 그대로 조정에 있으면서 명종의 행장을 지어 올리고는 곧 종백宗伯에 임명되었으나, 병을 이유로 사양하였다. 상이 일렀다.
> "경이 어진 덕이 있음을 들은 지 이미 오래다. 지금 같은 신정新政에 경 같은 이가 벼슬을 않는다면 내 어찌 마음이 편하겠는가. 사양하지 말라."
> - 《선조수정실록》 즉위년 7월 17일

이황은 명종의 부름을 받고 올라왔다가 어정쩡하게 서울에 머무르고 있었다. 이황의 상경은 지극히 정치적인 행보로서, 그 선택을 가능하게 했던 것은 바로 예사롭지 않은 명종의 신뢰였다. 명종의 지지가 없었다면 이황의 상경도 없었을 것이다. 그러나 명종의 죽음으로 상황이 달라졌다. 국왕의 지원 없이 이황이 할 수 있는 것은 없었다.

　사림 세력은 당시 정국을 주도하고 있던 이준경의 정치적 기반이었다. 동일한 정치 기반을 놓고 이준경과 이황이 경쟁을 벌인다면 정국은 혼란에 빠져들 수밖에 없었다. 명종의 갑작스런 죽음으로 불안한 상황에서 이준경은 사림 세력의 단합을 도모할 필요가 있었고, 이를 위해서는 이황을 새 정부에 참여시키는 것이 가장 효과적이었다. 이준경은 이황을 예조판서로 임명함으로써 개혁에 동참할 것을 요구했다. 이러한 조치는 이황의 상경을 지지했던 척신 세력을 안심시키고, 이준경을 지지하는 세력에게 쓸데없는 분열에 휩쓸리지 말라는 신호를 보낸 것이기도 했다.

　이와 함께 이준경은 중종·명종 시대에 척신·권신 세력에게 희생된 사림계열 인재들을 서둘러 사면 복권하고, 살아 있는 사람들을 즉시 석방하여 조정에 불러올렸다. 절해고도에서 또는 변방의 산골에서 20년을 귀양지에 묶여 실의를 달래고 있던 노수신盧守愼(1515~1590)·백인걸白仁傑(1497~1579)·김난상金鸞祥(1507~1570)·유희춘柳希春(1513~1577)이 먼저 조정에 올라왔다. 장년의 나이에 변방으로 내쳐졌던 이들은 백발노인이 되어 있었다. 20년의 세월은 그들의 모습을 늙게 했지만 그들의 눈빛과 기개는 옛날과 조금도 다름이 없었다. 조정에는 일시에 청신한 바람이 불었다.

　오랜 세월 조정에 있던 관료들은 타성에 젖어 기득권 밖으로 움직이려 하지 않았다. 그렇다고 젊은 선비들만으로 개혁을 추진할 수는 없는 노릇이었다. 이준경은 인재를 모으고자 추가로 사면 복권을 서두르고 산림에 숨어 있는 이름 있는 선비들을 천거하게 했다. 개혁에 필요한 인재를 재야 사림에서 수혈 받고, 이들을 통해 조선 사림의 대단합을 꾀하고자 했다. 그러나 이황은 이준경의 화해와 동참의 요청을 거절했다. 이황은 자신을 그토록 무겁게 명소해 준 명종의 장례식에도 참석하지 않고, 선조 즉위년 8월 1일 고향 안동으로 낙향했다. 당시 조정에는 어린 새 왕이 등극했으니 퇴계 같은 중후한 대신이 남아 주기를 원하는 공론이 많았지만, 이황은 끝내 물러났다. 관직에 나오지 않더라도 도성에 머물며 자문이라도 해 달라는 요청마저 거절했다.

　선조 초기 공론이 요구하는 인적 청산의 첫 번째 대상은 전 좌의정 심통원이었다. 세조 이래 100년이 넘는 세월 동안 국가와 백성의 것을 침학해 온 공신, 척신 세력을 그대로 두고 개혁을 추진할 수는 없었기 때문이다. 당시 심통원은 좌의정에서 물러나 영부사 자리에 있었지만, 왕실의 두터운 신임을 받고 있었다. 대비 인순왕후의 작은할아버지인 심통원은 권모술수가 변화무쌍하고 탐욕 또한 대단해서 그의 집 대문 앞의 넓은 마당은 늘 사람과 물건으로 붐볐다. 이준경은 백관을 인솔하고 대궐 뜰에 서서 임금에게 심통원의 처벌을 요구했다. 인순왕후도 빗발치는 여론을 거역할 수는 없었다. 한 달이 넘는 진통 끝에 선조 즉위년 9월 1일, 심통원은 윤원형의 예에 따라 전리방귀田里放歸(벼슬을 삭탈하고 고향으로 내쫓음)의 처벌을 받게 된다. 심통원뿐 아니라 그의 아들 심뢰와 심화, 통원의 조카 심전 등 심문의 장래를 짊어지고 나갈 젊은이들도 속속 조정에서 쫓겨났다. 심문은 격앙했다. 인순왕후와 심문은 이준경을 그대로 두어야 할지 고민에 빠질 수밖에 없었다.

이런 상황에서 공신 책봉 문제가 터져 나왔다. 공신 책봉은 하성군이 사가에서 대궐로 들어오는 그 순간부터 초미의 관심사였다. 조선이 창업되고 처음으로 후궁의 손자가 임금의 자리에 올랐다. 이 예사롭지 않은 일을 두고 공신 책봉을 기대하지 않았다면 그것이 오히려 이상한 일이었다. 그러나 이준경은 공신 책봉 논의를 처음부터 일축했다.

전례에 비추어 볼 때 선조의 즉위는 공신을 책봉할 만한 충분한 사유가 된다. 세조 즉위 때는 말할 것도 없고 성종 즉위 때에는 공이라고 할 만한 것이 없는 이들까지 스스로 공을 만들어 공신의 작위를 나누어 가진 전례가 있다. 연산군의 뒤를 이어 중종이 즉위했을 때에는 100명이 넘는 정국공신이 책봉되었고, 인종이 사망한 후 중종의 유일한 적자 명종이 대통을 이었을 때에도 보잘것없는 작은 공을 빌미로 1000명에 이르는 대규모 공신을 만들어 나누어 가졌다.

실제로 하성군을 보위에 나아가도록 힘을 보탠 이들은 목숨과 가문의 장래를 걸고 위태로운 순간을 넘겨 왔다. 을축년 하서 이후 명종이 죽기 전까지 언제 끝날지 모를 살얼음판 같은 정국이 2년이나 이어졌다. 앞을 예측할 수 없는 불안하고 어려운 시절을 견뎌 내고 드디어 하성군을 임금의 자리에 올렸으니 어찌 공신 책봉에 대한 기대가 없었겠는가.

> 선조가 사가에서 궁으로 들어오던 날, 잡인들이 함부로 지껄이기를 '호종해 모신 자는 마땅히 공신에 기록할 것이다' 하며 모여들어 자기들 성명을 기록하여 궁노(궁방의 사내종)에게 주었다. 조정에 벼슬한 자도 성명 기록하기를 청하는 자가 있었다.
>
> —《연려실기술》

정사공신靖社功臣 교서敎書. 정사공신은 인조 1년(1623)에 인조반정에 참가하여 공을 세운 사람에게 내린 공신호이다. 이 교서는 정사공신 2등에 책록된 이중로李重老(1577~1624)에게 내린 것이다. 교서에는 수급자명, 공적 내용, 특전과 포상, 등위별 공신명단, 발급일자가 기록되어 있다. 경기도박물관 소장.

요행을 바라는 무리들이 임금의 행차를 따르면서 성명을 적고, 그때에 한 일을 기록하여 훈공을 책정하자고 떠들어 댔다. 이런 기대를 이준경이 한순간에 무너뜨려 버렸다. 이준경은 공신 책봉을 바라는 사람들의 건의를 단호하게 물리치고, 그들이 만든 훈공 기록을 모두 불살라 버리게 하고는 큰 소리로 꾸짖었다.

> 일은 모두 안에서(대비를 말함) 결정할 것인데, 신하된 자가 거기에 무슨 참례함이 있었다고 감히 그런 말을 하는가. ─《연려실기술》

공신 책봉은 단순히 포상을 내리는 절차가 아니었다. 새 임금에 충성하는 이들을 모아 왕을 보위해 달라고 격려하는 의미 또한 컸다. 그러므로 공신을 책봉할 때 과거 공적과 상관없이 새 시대에 꼭 필요하다고 판단되는 사람은 여러 가지 이유를 달아서 공신에 포함시키는 것이 관례였다. 선조는 후궁의 손자로서 왕위에 올랐으니 그런 약점을 가진 왕을 보위하기 위해서도 공신 책봉은 정치적으로 필요한 일이었다. 30년 이상을 정치 일선에 몸담았고 정승의 자리에 오른 지 8년이나 된 노 대신 이준경이 이를 몰랐을 리가 없다. 그런데도 그는 왜 공신 책봉에 반대했을까? 세조 이후 개혁 작업의 핵심은 공신, 척신들이 누린 특권을 폐지하는 것이었다. 권세가들이 투탁과 고리채를 활용하여 노비와 토지를 넓혀 나가고, 공납과 무역을 이용하여 사유와 사영을 확대해 나가면서 농토에서 쫓겨난 백성들이 늘어나는 상황에서 또다시 공신을 책봉하여 새로운 특권층을 만들어 낼 수 없었다. 그러나 공이 있는 곳에 상이 있어야 하고, 잘못이 있는 곳에 반드시 벌이 있어야 한다. 신상필벌信賞必罰, 이것이 정치의 요체이자 사람을 모으고 충성하게 만드는 인간관계의 기본 원리다. 고민을 거듭하던 이준경은 결국 공신 책봉을 거부했고, 이는 엄청난 역풍으로 되돌아왔다.

사람들은 늘 명분을 앞세우지만 실제 사람을 움직이는 것은 이해관계이다. 조선 시대 공신의 특권은 대단했다. 공신은 법을 어겨도 살인죄와 역모가 아닌 이상 처벌받지 않았으며, 군호君號를 받는 것 자체가 가문의 커다란 영광이었고, 경제적 혜택도 컸다. 토지를 하사받거나 노비를 분급 받았으며, 자신은 물론 그 자손의 관직 임용과 승진에도 많은 특혜가 주어졌다. 빈번하게 모이는 공신회맹功臣會盟을 통해서 권력의 실세와 하나의 공동 운명체로 묶이면서 권력 핵심부와 긴밀한 인적·혈연적 교류를 맺을 수 있었다. 공신이 된다는 것은 곧 조선의 정치와 사회의 중심으로 진입한다는 의미였다. 누군들 공신이 되기를 바라지 않겠는가? 이렇게 간절한 열망을 이준경은 단호하게 배반해 버렸다.

공신의 꿈에 부풀었던 이들에게 이준경은 독선적이고 고집 세고 혼자 잘난 체하는 늙은이일 뿐이었다. 이준경은 어려움은 같이해도 영광과 낙은 함께할 수 없는 사람으로 낙인찍혔다. 오랜 시간 힘든 세월을 힘께한 사람들이 하나둘 이준경을 떠나갔다. 윤원형을 내쫓고, 을축년 하서 이후 이준경의 편에 서서 위태로운 투쟁을 마다하지 않던 동지들이 그의 곁을 떠난 것이다. 훗날 이준경은 "차라리 남이 나를 버리는 것이 낫지, 내가 남을 먼저 저버리지 않겠다."며 씁쓸한 심경을 내비치기도 했다.

이준경을 떠난 사람들은 척신 심씨에게 모여들었다. 심문은 작은 공이라도 세우면 이권과 벼슬로 어김없이 보상해 주었다. 수렴청정을 하는 대비 인순왕후가 인사권을 이용해 벼슬을 나누어 주고, 심문은 재물을 흩어 사람들의 마음을 샀다. 심의겸이 사람들을 매우 후하게 대접하여 조정에 있던 선비들이 그와 관계를 맺고자 하지 않는 이가 없다고 할 정도였다. 이 준경의 실각은 실로 여기에서 비롯되었다고 할 수 있다. 이이는 이준경을 이렇게 평했다.

> 처음에 이준경이 정승 자리에 있으면서 일시 명망이 있었으나 다만 재주와 식견이 부족하고 성질이 높고 거만하여서 선비를 높여 주고 말을 받아들이는 도량이 없어 …… 선비들의 비난을 받게 되니 준경도 역시 스스로 불안하여 신진 사류와 화협하지 못하였다.
> —《석담일기》

'선비를 높여 주고 말을 받아들이는 도량이 없어'라는 평은 공신 책봉과 관련하여 이준경이 조정 사람들의 말을 받아들이지 않은 것을 가리킨다.

이황을 다시 불러올리다

선조 즉위년 10월 1일, 잠잠하던 조정은 수렴청정을 하던 대비 인순왕후가 다시 이황을 명소하는 전교를 내리면서 엄청난 회오리에 휘말린다. 새 조정이 출범한 지 불과 3개월도 되지 않은 시점이었다. 이황을 불러올리는 명소는 이준경의 개혁을 견제하려던 명종 말의 정치 상황으로의 복귀를 선언한 것이었다.

국가가 다스려지느냐 어지러워지느냐는 임금의 덕에 달려 있는데, 임금의 덕의 성취는 어진 이를 높이며 강학하는 데 달려 있는 것이다. 부지런히 경연에 나아가 날마다 어진 선비를 만나 심지를 고명하게 한 뒤에야 어진 이와 간사한 자를 분간할 수 있는 것이니, 경연에 모실 만한 자가 멀리 있으면 마땅히 가깝도록 해서 경연의 직임을 맡기는 것이 옳다. 경은 역마를 타고 속히 올라오라.

-《선조실록》즉위년 10월 1일

새 정부에 참여해 달라는 이준경의 요청을 거부하고 고향으로 돌아간 이황에게 인순왕후가 내린 명소이다. 인순왕후는 임금의 이름을 빌려 내린 명소에서 이황에게 '어진 이와 간사한 자를 분간'하는 역할을 맡아 달라고 넌지시 청하였다. 조정에서 물러나 산림에 묻혀 있는 이황에게 어진 자와 간사한 자를 분간하게 한다는 것은 무슨 의미인가? 이처럼 간곡한 임금의 부름에도 이황은 고향 안동에서 꿈쩍도 하지 않았다. 그러자 뒤이어 또다시 명소를 내렸는데, 그 내용은 더욱 놀라웠다.

이는 필시 새 정사에 도가 없고, 어진 이를 높이는 정성이 없었기 때문일 것이다. 나의 후회와 한탄을 어찌 다 말할 수 있겠는가. 자전慈殿(임금의 어머니, 곧 인순왕후)의 전교도 나는 자식이 없고 더구나 지금 외롭고 의지할 데 없는 몸이니 어찌 가르쳐 인도하겠는가. 반드시 이황 같은 사람이면 될 것이다 하시고 항상 경이 올라오시기를 바라신다. 자전의 뜻이 이같이 정성스러운데도 경이 선뜻 올라오지 않으니, 아마 경이 미처 생각을 못하는 것이 아닌가. 지금 조정에 덕망 있는 사람이 많기는 하나 내가 경을 바람은 또한 북두성과 같으니 경은 부디 진퇴를 가지고 혐의하지 말고 올라와 병중에서라도 조정에 머

물면서 나의 어리석은 자질을 도와 달라. －《선조실록》 1년 1월 28일

이제 막 출범한 조정의 정사를 무도하다고 단언하고 조정이 어진 이를 높이지 않는다며 비판하였다. 나아가 이 조정에 정사를 맡긴 것이 말할 수 없이 후회스럽다고 한탄하고 조정이 대비를 외롭고 의지할 데 없는 몸으로 만들고 있다고 하였다. '임금과 왕실의 처지가 지금 말할 수 없이 절박하고 위태로운데 이를 생각지 못하고 있는 것이 아닌가? 즉시 올라와 나를 도우라.' 초야에 묻혀 있는 선비에게 절박함과 위태로움을 담아 제발 올라오라고 청한 것이다.

이황에게 내려진 명소는 당시 조정을 이끌고 있던 집권 세력에 대한 통렬한 불신임이자, 이황에게 반 이준경 세력을 모으라는 강력한 암시였다. 명종의 죽음으로 급작스럽게 출범한 이준경의 조정은 선왕의 죽음을 채 수습하기도 전에 인순왕후의 도전과 마주하게 되었다. 이는 이준경을 절대로 받아들일 수 없다는 분명한 대결 선언이었다. 출세에 뜻이 있는 자들은 서둘러 이황에게 달려가라, 정치적 야심이 있는 자라면 이준경을 공격하라는 암시를 담은 신호였으며, 명종 말 정국으로 되돌아가겠다는 선언이었다.

조정은 혼란에 빠져들었다. 이준경이 추진하는 개혁이 천하의 의리에 부합한다 해도, 임금의 의지를 거스를 수는 없었다. 임금의 의지를 거스르는 것은 바로 춘추대의에 어긋나는 것이며, 자칫하면 역적의 명에를 쓰게 되고 역사의 죄인이 될 수 있었다. 이렇게 이준경이 공신 책봉마저 거부한 고집 센 늙은이가 된 반면, 당시 척신의 실질적 지도자로 부상하고 있던 심의겸의 활약은 눈부셨다. 대비의 동생임에도 불구하고 적극적으로 수많은 사람들을 직접 찾아가서 이해득실을 논하며 설득하고 다녔다.

심의겸이 신(이산해)의 집을 찾아왔지만 신이 만나 주지 않자, 신이 마침 일을 마치고 늦게 집으로 돌아오는데 의겸이 신의 집 뒤 동리 산길에 기다리고 있다가 신을 맞이했습니다.　　　　　　　　　　-《선조실록》20년 3월 11일

조정의 분위기는 서서히 이준경에게 불리하게 돌아갔다. 이황이 도성에 올라올 때까지 8개월 동안 7번의 명소가 내려졌으며, 명소가 거듭될수록 그 정성도 더욱 지극해졌다. 이황의 벼슬도 높아져 지중추부사에서 시작해 안동을 출발하기도 전에 종1품 우찬성에 이르렀다.

선조 즉위 직후 벼슬을 거절하고 고향으로 낙향했던 이황은 임금의 간곡한 명소를 받아 다시 출사하기로 결정했다. 이황의 정치 행보는 탁월했다. 만일 명종이 사망했을 때 이준경이 내려 준 판서 자리를 받았더라면, 그때 주변의 요청을 받아들여 도성에 남았더라면 오늘날의 이황이 있었겠는가? 이황이 안동에서 몸을 일으켜 다시 도성으로 올라온 것은 선조 1년 7월이었다.

'여女 중의 요순' 인순왕후 심씨

삼공이 의서단자議諡單子를 정하여 시호의 첫 번째 안은 인순仁順(인仁은 현자와 친족을 귀히 여김이요 순順은 유순하고 어질며 인자하고 은혜로움이다), 두 번째 안은 정혜貞惠(큰 사려를 능히 성취하고 너그럽고 인자함이다), 세 번째 안은 정숙貞

襄(큰 사려를 능히 성취하고 마음가짐이 바르고 결단성이 있음이다)으로 정하였다.

-《선조실록》 8년 1월 10일

인순왕후 사후에 대신들이 시호를 논의하면서 올린 소견이다. '인순'은 '현자와 친족을 귀히 여겼으며 유순하고 어질고 인자하고 은혜롭다'는 뜻이라고 했다. 친족을 귀히 여겼다는 말에서 척신을 가까이 두고 각별히 챙겼음을 알 수 있으며, '큰 사려를 능히 성취하고 마음가짐이 바르고 결단성이 있다'는 말에서 승부사적 기질을 엿볼 수 있다. 《선조수정실록》은 인순왕후의 정치적 면모와 그 역할을 좀 더 분명하게 기술하고 있다.

> 방정方正하고 근엄하게 예를 지키며 곤범壼範이 매우 단정하였고 금상을 보도함에 있어 정시正始의 공이 많았다.
> -《선조수정실록》 8년 1월 2일

'금상을 보도함에 있어 정시에 공이 많았다'고 하여 인순왕후가 적극적으로 정치에 개입했음을 분명히 하였다. 선조 즉위와 함께 귀양지에서 풀려나 선조 초년 정치에 참여했던 유희춘은 매일의 일상을 솔직하고 꼼꼼하게 기록한 《미암일기眉巖日記》에서 인순왕후에 대해 매우 흥미로운 기록을 남겨 놓았다.

> 자전이신 심 대비께서는 널리 경사經史를 보시어 의논이 줄줄이 나오시고 일을 처리하시는 데에도 한결같이 지극히 공정하게 하시며, 모두 절도에 맞게 하고 실수가 없으시니 참으로 여女 중의 요순堯舜이시다.
> -《미암일기》

'경사를 보시어 의논이 줄줄이 나오시고…… 실수가 없으시니'라는 대목에서 인순왕후가 지극히 신중하고 용의주도했음을 알 수 있다. 특히 '여중의 요순'이라는 표현이 눈에 띈다. 장기간의 수렴청정으로 송나라 정치를 독단하면서 신종神宗 사후에 왕안석의 개혁정치를 완전히 뒤집어엎은 송 철종의 할머니 고태후高太后가 후세에 반개혁파들에게 '여 중의 요순'이라 일컬어졌던 것을 연상시킨다. 이는 그녀의 정치적 위상이 임금에 버금갔음을 뜻한다. 《미암일기》는 '일기'라는 글의 성격상 훗날 정치적 상황을 고려하여 작성된 《실록》보다는 인순왕후의 모습을 좀 더 사실에 가깝게 기록했다고 볼 수 있다. 《실록》에서도 명종 말 선조 초의 중요한 정치적 사건 뒤에 인순왕후의 그림자가 진하게 어른거리는 것을 확인할 수 있다.

> 이때 명종의 장인 심강은 미리 왕비에게 (이량의 탄핵을) 연락하여 왕비의 내락을 얻어 비로소 이량을 축출하는 탄핵을 시작했다. —《연려실기술》

명종 18년 8월, 명종의 두터운 신임을 바탕으로 정국을 주도하고 있던 이량을 축출할 때의 일이다. 당시 문정왕후는 63세의 고령으로 정치 간섭을 차츰 줄여 나가고 있었다. 이런 상황에서 명종이 종친 이량을 내세워 조정 내의 힘의 균형을 잡고자 했는데, 척신 윤씨와 심씨가 연합하여 이량을 탄핵하고 나섰다. 명종에게 이량의 손을 잡을 것인지, 아니면 자신들의 손을 잡을 것인지를 선택하라고 강요한 것이다. 그 맨 앞에 인순왕후가 서 있었다. 명종으로서는 어느 한쪽을 선택하기가 참으로 난감했다. 결국 인순왕후는 이량을 조정에서 밀어내는 정계 개편을 추진했고, 명종은 타협하지 않을 수 없었다. 탄핵을 받은 이량은 바로 그날로 조정에서 쫓겨났다. 인순왕후의 정치적 영향력이 어느 정도였는지를 보여 주는 사건이었다. 훗날 선조는 심의겸이 인순왕후의 도움을 얻어 이량을 내쫓은 이 사건을 '부정에 가깝다'고 신랄하게 비평했다.

명종 18년 9월, 순회세자가 13세의 나이로 갑자기 사망하고 명종의 모후 문정왕후가 세상을 뜬 뒤 윤원형마저 쫓겨나던 정치적 격변기에 명종은 허약해진 몸과 마음을 가누지 못하고 무력감에 빠져들었다. 이런 어려운 시기에 자식의 죽음을 의연하게 이겨 내고 이준경과 협력하여 정치의 중심을 잡고 하성군을 지명하여 선조를 보위에 올린 사람도 인순왕후였다.

그럼에도 불구하고 인순왕후는 정치의 전면에 얼굴을 드러내지 않았다. 명종 재위 20년간 모후 문정왕후의 지나친 정사 간섭으로 비난이 들끓었던 것을 누구보다 가까이서 지켜본 그녀였다. 인순왕후는 몸을 낮추고 또 숨겼다. 그녀는 언제나 '식견이 없는 부인'에 불과하다거나 '문자를 깨치지 못한 무식한 아녀자'를 자처하며 자신을 낮추었다. 그러나 겉으로 드러나지는 않았지만 인순왕후는 국정의 중심에서 자신의 의지를 관철시켰다.

인순왕후는 과단성 있고 노련한 승부사였다. 선조 즉위 초 인사권을 장악한 뒤 신진 사림 계열 인사들을 언론기관과 사정기관에 집중적으로 포진시켰다. 기대승을 홍문관 전한으로 보냈다가 곧이어 직제학 신응시辛應時를 홍문과 교리로, 정철을 홍문과 부수찬으로 보내고, 사헌부에는 이탁李鐸을 대사헌, 윤근수를 집의, 윤주尹紬를 장령으로 보냈다. 윤두수는 사간원 대사간에 임명했다. 이어 얼마 후에 사헌부를 박순朴淳에게 맡기고 이탁을 이조판서로 기용했으며, 심의겸을 이조참의, 이이를 이조좌랑으로 기용했다.

반면 명종 시대 이준경과 함께 정치투쟁의 선봉에 섰던 김귀영은 선조 즉위 초에 중요 보직에서 제외되었다. 그는 명종 19년 12월부터 홍문관 부제학을 맡아 조정의 공론을 주도한 이준경의 심복이었다. 명종 20년 3월 내수사의 폐단을 강력하게 논하고, 4월에는 보우의 죄를 논하고, 8월에는 윤원형을 탄핵하고, 10월에는 을축년 하서의 일로 이준경이 위기에 몰렸을 때 이준경을 구하고자 명종에게 조정의 공론을 따르라고 압박했던 사림 세력의 선봉장이었다. 그러나 정작 선조가 왕위에 오른 뒤 조정의 중요 보직 명단 어디에서도 김귀영의 이름을 찾을 수 없었다. 이준경의 사람들은 조정에서 점차 소외되었다. 어려운 시절 목숨을 걸고 모든 것을 바쳤으나 노고를 보상받지 못하게 되자, 이준경의 측근들조차 실망하여 하나둘 등을 돌렸다. 이준경은 파당을 만드는 정치를 혐오했기 때문에 자기 사람을 만들지 않았다. 이준경 정치의 강점과 약점이 바로 여기에 있었다. 천하의 공론을 따르는 당당한 정치는 순조로운 바람을 타면 커다란 힘을 발휘하지만, 정치가 혼탁해지고 싸움이 치졸한 상황으로 접어들면 명분도, 공론도, 아무런 힘이 되지 못한다. 오직 이해관계에 따른 계산만이 현실적인 힘이 되기 때문이다.

이준경과 달리 인순왕후의 정치 행보는 철저히 이해관계에 근거하였다. 공신 책봉을 거부한 이준경이 급속하게 고립되어 가는 것을 놓치지 않고, 인순왕후는 그 틈새를 과감하게 쪼개고 나섰다. 인순왕후가 이황을 불러들인 것은 대담한 승부수였다. 선조가 왕위에 오른 직후 도성에 남아 달라는 요청을 뿌리치고 내려간 이황이었다. 이황의 상경은 이준경의 리더십을 무력화시키는 강력한 조치였다. 인순왕후는 간절하고 파격적인 내용을 담은 명소를 이황에게 잇달아 내려보냄으로써 재야에 묻혀 있는 정치적 야심가들을 '이래도 이황을 중심으로 뭉치지 않겠느냐'고 노골적으로 유인

했다. 이처럼 도발적인 인순왕후의 조치에도 불구하고 조정에서는 아무런 반발이 없었다. 이준경을 대신하여 앞장서 싸워 주는 자는 하나도 없었다. 이준경은 인순왕후의 잇따른 정치 공세에 속절없이 무너져 내렸다.

인순왕후는 이황을 명소하는 교지를 내리고 얼마 후 원상을 파했다. 반反이준경의 뜻을 확실하게 드러낸 것이다. 선조 즉위년 11월 4일의 일이었다.

> 원상을 파하다. 영의정, 좌의정이 예궐(입궐)하며 원상을 파하기를 청하니 상이 따랐다. 이때 다른 공사의 처분은 모두 자전慈殿(인순왕후)에게 사양하고 오직 관직을 제수할 때에만 상이 친히 낙점하였다. —《선조실록》즉위년 11월 4일

선조가 즉위한 지 불과 4개월, 이준경 중심의 조정이 막 일을 시작하려는 때에 내려진 충격적인 조치는 정계 구도를 뿌리째 흔들어 놓았다. 당시 조정을 이준경이 장악하고 있는 상황에서 인순왕후는 아무런 설명도 없이 영의정이자 원상인 이준경을 불신임하고 모든 공사公事를 대비인 자신이 직접 처분하겠다고 선언했다. 원상을 철폐한 것은 대비가 정치를 독점하겠다는 공식적 선언과 다름없었다. 이렇게 하여 선조 즉위 시에 형성된 정계 구도와 역할 분담은 깨지고 말았다.

조선은 정교하게 짜여진 조직과 시스템으로 운영되는 국가였다. 세종대왕 때 만들어지기 시작한 정치·행정 체제는 성종 때 명문화된 법전인《경국대전》으로 완성되었다. 중요한 정사는《경국대전》이외에도 수많은 전례와 사례를 검토하고 토론을 통해 검증하는 절차를 밟아 결정했으며, 정부 조직 간의 견제 시스템도 잘 구축되어 있었다. 한 마디로, 임금이 제대로 정사를 처리하려면 복잡한 관련 법규와 상호 견제 체계를 충분히 이해

해야 했다. 그러나 새 임금이 4개월 만에 이를 모두 숙지하는 것은 불가능했다. 당연히 원상이 철폐되자 국정은 혼란에 빠지고 관료 사회도 동요하기 시작했다. 눈치 빠른 이들은 어느 줄에 서야 출세할 수 있을지 계산하기 바빴다. 더구나 대비가 인사권을 전적으로 장악하고 있었다. '오직 관직을 제수할 때에만 상이 친히 낙점하였다'고 하였지만, 신하들의 이름과 얼굴조차 모르는 새 임금이 인사권을 행사한다는 것은 불가능한 일이었다. 조정의 모든 신료들은 대비의 의중에 촉각을 곤두세우고 청송 심문의 움직임을 주시하였다. 이렇게 인순왕후는 모든 권력을 한 손에 장악했다. 심통원의 탄핵과, 부패와 권력 남용으로 추락했던 심문은 인순왕후의 조치로 정치적 위상을 단번에 회복했다.

  이황에 대한 명소와 원상을 파한다는 전교는 진짜 권력자가 누구인지 분명하게 보여 주었다. 선조 즉위 초 개혁을 추진하고자 온 힘을 쏟아 온 이준경은 인순왕후의 저돌적인 정치 공세에 당황할 수밖에 없었다. 명분은 이준경에게 있었다. 오랜 세월 척신과 권신의 탐욕에 무너져 내린 국가를 바로 세우고, 백성의 어려운 삶을 돌보자는 이준경의 개혁 요구를 지식인이라면 외면하기 어려웠다. 그러나 명분을 목숨보다도 중히 여긴다고 소리 높여 주장하던 기대승과 이이는 이준경의 개혁을 외면했다. 인순왕후의 책략은 기대 이상의 성공을 거두었다. 세상은 이준경의 개혁 사림 세력, 이황을 구심점으로 하는 신진 사림 세력, 그리고 인순왕후의 동생 심의겸을 중심으로 하는 척신 세력이 솥발 모양으로 갈라져서 대립하는 형국이 되었다. 그 위에 임금을 끼고 앉은 대비가 때로는 권력을 나누기도 하고 때로는 보태기도 하면서 선조 초년의 정치는 분열과 투쟁의 시대로 접어들었다.

6장
비주류 사람이 주도한 역사 바로 세우기

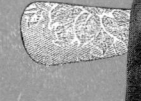

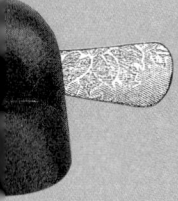
"기幾·세勢·사死, 세 자면 족하다." -기대승

50년 전에 죽은 조광조를 되살리다

천하의 모든 일은 시비是非가 없을 수 없는데 시비가 분명한 뒤라야 인심이 복종하고 정사가 순조롭습니다. 시비는 인심에서 나올 뿐만 아니라 천지에서 나오기도 합니다. 그러므로 비록 일시적으로 덮어 버리고 베어 버리더라도 시비의 본심은 끝내 없어지지 않는 것입니다. …… (중종대왕) 당시 조광조는 착한 사람으로 사림에서 큰 기대가 있었고 위에서도 성심으로 밀어 주었습니다. 그런데 소인의 무리들이 '조광조가 인심을 수합하여 불궤不軌를 도모하는 것이다'라고 하여 남곤, 심정 등이 그 죄를 꾸며서 혹 죽이기도 하고 혹은 쫓아내어 멀리 유배보내기도 했습니다. …… 지금 죽은 자는 복직되고 살아 있는 자는 거두어져 서용敍用(죄를 지어 쫓겨났던 사람을 다시 등용함)되었으나 시비는 아직도 분명해지지 않았는데, 반드시 시비가 분명해진 뒤에라야 인심이 기뻐하고 복종할 것입니다. …… 대체로 기묘년부터 남곤과 심정이 중종을 기망하여 엄폐함이 극도에 달했고 을사년 이후에는 다시는 시비를 말하는 사람이 없습니다. 시비가 분명하지 않으면 비록 선善을 좋아하는 마음이 있다 하더라도 무슨 도움이 있겠습니까.

-《선조실록》즉위년 10월 23일

이황을 명소하는 전교가 안동에 있는 이황에게 내려간 바로 그때, 사헌부 집의로 있던 기대승이 경연에서 50년 전에 죽은 조광조의 일을 거론하며 지난 역사의 시비를 가리자고 선언했다. 이황에 대한 명소로 어수선하던 와중에 나온 기대승의 발언은 또 한 번 폭탄 같은 위력으로 정국을 혼란으로 몰고 갔다. 절묘한 시점이었다. 기대승의 제안이 아니더라도 새 임금 즉위 후 이준경이 주도하여 조광조 계열 사림에 대한 재평가 작업이 조심스럽게 이루어지고 있었다. 그러나 이준경이 추진하는 사면 복권 작업은 아직은 조광조의 기묘사화(중종 14년, 1519)까지 이르지 않았고, 을사사화(명종 즉위년, 1545) 이후에 머물러 있었다.

> 좌의정 이명$_{李蓂}$이 경연에서 진언하였다. "지금 신정$_{新政}$의 급선무는 원통한 것을 펴 주고 침체된 것을 진작시키는 일만 한 것이 없습니다. 을축년(명종 20)에 양이$_{量移}$(멀리 귀양 보냈던 사람을 가까운 곳으로 옮김)한 사람들은 선왕께서 석방하셨을 뿐만 아니라 또한 거두어 쓰시려고 하셨으나 미처 시행하기도 전에 승하하셨습니다. 이제 모름지기 선왕의 뜻을 체득하여 거행하시는 일이야말로 선왕의 뜻을 잇고 사업을 계승하는 방도입니다.
>
> – 《선조실록》 즉위년 9월 1일

선조가 '억울하게 죄 받은 사람의 신원$_{伸冤}$'을 명하자, 삼공이 아뢰었다.

> 죄를 받은 사람 및 침체된 사람들을 유별로 나누어 서계$_{書啓}$(관원의 보고 문서)합니다. 또한 각인의 이름 아래에 사실을 대강 해명하고, 또 '누구누구는 당연히 실제 직첩을 주어야 한다'고 했습니다. 은명$_{恩命}$은 위에서 나와야 하는 것인데 지레 멋대로 서계하게 되니 일이 참람하여 황공함을 이루 말할 수 없습니다. 다만 범연하게 서계를 하면 새로운 정치를 하는 초기에 주상께서 분별하시기 어려울 듯하여 이렇게 한 것입니다.
> – 《선조실록》 즉위년 10월 6일

이런 상황에서 기대승은 금기를 깨뜨리는 거침없는 논리와 과감한 방법으로, 50년을 훌쩍 뛰어넘어 기묘사화와 조광조의 재평가를 요구함으로써 단번에 천하의 시비를 주도하기 시작했다. 조광조에 대한 재평가 요구는 곧 역사 바로 세우기였다. 지난날 선비들을 탄압한 세력을 악으로 규정하고 잘못된 역사를 근본적으로 뒤집으려는 시도였다. 기대승의 발언은 고도의 정치적 복선을 내포하고 있었다. 50년 전 조광조가 사약을 받고 죽은 것이 훈구 공신의 잘못 때문임을 인정하라는 요구는, 곧 지금 조정에서 자리를 잡고 있는 이들 대부분이 잘못된 역사의 유산을 물려받아 기득권을 누리고 있음을 인정하고 물러나라는 주장이었다. 지극히 단순하고 명쾌한 논리였다.

　기대승은 금기시되던 조광조와 기묘년의 일에 대한 역사적 시비를 도전적인 방식으로 거론함으로써, 자신들이 조광조의 뜻을 잇는 학문적 적자요 사림 정치의 참된 계승자라는 이미지를 세상에 심어 주고자 했다. 큰 꿈을 이루기 위해 모든 것을 바쳤으나 끝내 좌절한 이상주의 정치가에 대한 애동한 마음, 그때까지 사람들의 기억 속에 생생하게 살아 있던 도학정치·지치주의라는 신선한 정치 패러다임, 탐욕스럽고 무능한 공신과 관료를 과감하게 몰아내던 통쾌함, 민생 개혁과 국가 개혁에 대한 진지한 논의들, 그리고 이 모든 것보다 더 사람들의 마음을 사로잡았던 인간 조광조, 보통 사람들이 감히 흉내 낼 수 없는 치열한 삶을 살다 간 사람, 그런 조광조의 이미지를 신진 사림은 자신들의 것으로 차용했다. 강력한 폭발력을 가진 문제를 과감하게 제기하는 기대승의 모습은 모든 정치 세력과 사림 세력에게 강렬한 인상을 남겼다. 신진 사림은 이를 통해 조광조의 이미지를 독점하고, 또한 자신들의 학문을 이단이자 소수파로 규정하는 주장을 일축하여 도학의 계승자로서 대중적 지지를 확보하고자 했다.

이들이 지목한 청산 대상에는 이준경과 홍섬도 포함되었다. 그들 역시 훈구 공신의 자손이기 때문이다. 새로운 세상을 이끌어 나갈 주역은, 지난날 정치에서 물러나 '한가롭고 고요한 속에서 유자(유생)의 학문에만 마음을 기울였던' 신진 사림이 되어야 했다. 이준경 등 주류 사림과의 차이를 확연히 드러내고 뿌리를 분명하게 밝힘으로써 향촌 사림들의 지지를 얻겠다는 파당派黨적 의도도 포함되어 있었다.

기대승의 투쟁성, 선명성, 승부사적 풍모는 향촌의 혈기왕성한 젊은 선비들의 마음을 사로잡았다. 기대승의 강력한 논변은 며칠 만에 조선 팔도 선비들의 사랑방을 흔들어 놓았다. 그는 명쾌하고 선명한 논리로 선조 즉위 초 정치의 주도권을 순식간에 틀어쥐고, 그때까지 정국을 주도하고 있던 이준경을 수세로 몰아넣었다. 점진적인 개혁을 추진하고 있던 이준경은 천하의 시비를 먼저 가리자는 기대승의 제안에 방향을 잃고 허둥거린다. 기대승이 제안한 역사 바로 세우기가 중심 의제로 등장하면서 민생 개혁, 정치 개혁 등의 문제는 뒷전으로 밀려 버리고 조정은 온통 역사 논쟁으로 소란스러워졌다. 개혁 정국은 단번에 과거사 문제로 옮아 갔다. 이는 척신들이 바라던 것이기도 했다.

조광조의 정치적 유산이 이준경·홍섬으로 이어졌는지, 아니면 이황·기대승으로 이어졌는지는 논란의 여지가 있다. 이준경은 젊은 시절 형 이윤경과 함께 조광조를 찾아가 가르침을 받았고, 기묘사화 때 이준경의 종형을 비롯한 가까운 친지들이 많은 희생을 당했다. 또한 이준경은 훗날 과거에 급제하여 조정에 들어가서 사림의 억울함을 풀어 주어야 한다는 주장을 했다가 파직되어 5년간 야인으로 떠돌기도 했다. 홍섬의 아버지 홍언필은 조광조와는 내외종간으로 조광조와 함께 개혁정치를 주도하다 기묘사화 때 화를 당했다. 당시 영의정 정광필이 중종에게 홍언필을 살려 달라고 눈물로 호소했고, 그렇게 살아남은 홍언필은 훗날 영의정에 올라 엄혹한 시절 기묘사화에서 살아남은 사림을 이끌고 보호해 주었다.

이에 비해 이황은 조광조에게 직접 가르침을 받은 적이 없고, 다만 성균관 유생으로 있을 때 조광조를 본 것이 인연의 전부였다. 그러나 이황은 재야 사림 출신으로서 조광조의 학문과 뜻을 온전히 계승하고 있다고 자부하였다. 기대승은 그의 숙부 기준이 기묘사화 때 화를 입은 조광조의 사람이었다.

조광조와 이준경은 모두 '백성을 윤택하게 하고, 사직을 편안하게 한다'는 것을 정치적 목표로 삼았으나, 이를 달성하는 방법에 대한 생각은 달랐다. 조광조는 우선 명분을 뚜렷하게 하고, 정치를 하는 사람이 스스로 철저히 수양하여 먼저 군자가 되어야 한다고 했다. 수신修身이 철저하면 치국治國은 이루어지므로 정치인 개개인의 수신이 무엇보다 중요하다는 것이었다. 이에 비해 이준경은 수신과 치국이 모두 중요하다고 보았다. 좋은 정치는 선한 의도만으로 이루어지는 것이 아니며, 국가와 같은 거대 조직을 다스리려면 당면한 현실을 올바르게 분석하고 문제를 해결하는 능력은 물론이고 제대로 관리할 수 있는 경륜 또한 필요하다는 생각이었다. 이황과 기대승은 명분을 분명하게 하고 군자가 나라를 다스리는 것을 치국의 핵심으로 보았다는 점에서 조광조와 생각을 같이하였고, 그런 점에서 자신들이 조광조의 계승자이자 진정한 사림의 적자라고 주장하였다. 그러나 어느 틈엔가 이준경은 반 조광조, 반 사림 세력으로 몰리고 있었다.

정치는 조정을 벗어나 초야로 확산되고

조광조 이후 조선의 정치는 왕실과 조정이라는 좁은 틀에서 벗어나 향촌의 지식인에게까지 확산되었다. 지역적으로도 서울·경기를 벗어나 충청도·경상도·전라도, 나아가 평안도·함경도까지 정치의 무대가 확장되었다. 정치 지형의 변화는 당연히 정치 전략의 변화를 필요로 했다. 그러나 이준경은 이 변화를 놓치고 있었다. 천 리 밖에 있는 지방의 공론을 주도하고 관리하는 데까지 생각이 미치지 못한 것이다.

> 서울에 사는 놀고먹는 식자들이 중국에서 통보通報를 모두 인출한다는 소문을 듣고 그것을 모방하여 조보朝報를 인출해 판매해서 생계의 밑천으로 삼으려고 정부와 헌부에 정소呈訴하였는데 모두 허락했었다. 그러자 기인歧人들이 활자를 새겨 조보를 인쇄해서 각사各司 및 외방 저리底吏에 판매를 하니 사대부들이 모두 편리하게 여겼다.
> —《선조수정실록》 11년 2월 1일

지방 사림의 정치적 관심은 대단했다. 조정의 인사와 주요 정책 결정을 알려 주는 조보가 필사되어 전국으로 배포되었고, 조보를 상업적으로 판매할 만큼 정치에 대한 관심이 뜨거웠다. 임금이 조보를 판매하는 자를 엄하게 처벌하는 조치를 내릴 정도였다. 조정에 올린 상소와 인사 발령이 며칠이면 경상도·전라도의 바닷가 고을에 있는 사마소와 서원까지 배달되고, 경연이나 조정에서 나온 중요한 정치적 발언이 며칠 지나지 않아 먼 지방 선비들의 사랑방에서 열띤 비판과 토론의 소재가 되었다. 이렇게 형성된 지방의 여론이 다시 조정의 공론에 영향을 미쳤다. 중앙과 지방이 의견을 주고받으며 일종의 여론정치로 발전하였다.

신진 사림은 정치의 장이 중앙 조정의 좁은 틀에서 벗어나 전국으로 확산되는 것을 누구보다도 먼저 간파하였다. 기대승은 이황과의 '이기논변'을 통해 여론이 만들어지고 재생산되는 과정을 경험한 바 있다. 그들은 세상의 변화를 한 발 앞서 인식하고, 당시의 통상적인 정치 셈법에서 벗어나 건곤일척의 승부를 벌였다. 참으로 대단한 순발력이었다. 나중에 기대승은 정치적 성공의 비결을 묻는 후배에게 이렇게 말했다.

"기幾·세勢·사死, 세 자면 족하다."

그에게 정치는 타협과 조화가 아니라 대립과 투쟁, 죽기 아니면 살기의 문제였다. 같은 꿈을 꾸는 사람들과 함께 현실을 변화시켜 나가기보다는 목숨을 걸고 상대를 제압하고자 했다. 정치 투쟁에서 중요한 것은 선명성이다. 복잡한 문제를 단순화하는 것이 대중을 설득하고 자신의 주장을 널리 전파하는 데 유리하다. 기대승은 이러한 대중정치의 원리를 이미 체득하고 있었다. 기대승은 '역사 바로 세우기', 이 한 번의 도전으로 정치 논의의 주도권을 장악했다. 조광조가 죽은 지 50년, 결코 적지 않은 세월이었다. 그때의 진실을 아는 사람은 대부분 죽고, 역사적 사실은 이미 빛이 바래 희미해져 있었다. 남은 것은 신화와 같은 이야기로 윤색되어 어떤 부분은 지극한 아름다움으로, 또 어떤 부분은 커다란 슬픔으로 사람들의 가슴 속에 잠들어 있었다. 기대승은 이 이야기를 끄집어내어 각색했다. 조광조의 정치적 이미지를 단순화시켜 자신의 메시지와 결합시켰다. 그의 메시지는 조광조가 한 모든 일은 옳고, 조광조에 반대하고 조광조를 죽음으로 몰고 간 모든 세력은 지극한 악이라는 것이었다. 기대승이 절묘한 순간에 부활시킨 조광조는 사람들의 가슴속에 엄청난 열병으로 되살아났다. 어느 누구도 조광조의 반대편에 서거나 조광조를 등에 업은 기대승에 반대하기 어려웠다. 기대승은 조광조를 내세워 조광조의 지지자는 바로 신진 사림의 지지자라는 논리를 만들어 냈다. 이준경이 변화한 조선의 정치 상황을 이해하기도 전에 싸움은 이미 끝나고 있었던 것이다.

   기대승의 활약은 반사적으로 스승 이황의 위상을 높여 주었다. 그때까지 소수파로서 철저한 주자학자였던 이황은 어느덧 '위대한' 정몽주와 조광조의 계승자로서, 조선 유학의 정통을 이은 유일한 학자이자 정치가로 여겨지기 시작했다. 인순왕후는 이런 이황을 지극한 정성으로 명소하고, 이황은 종1품 벼슬까지 정중하게 사양하면서 위상을 높여 갔다. 지방의 사림 세력은 점차 이황에게 기울었다. 훈구 공신의 후손인 이준경보다는 같은 향촌 출신으로서 비슷한 신분에서 몸을 일으킨 이황과 기대승에게 기대는 것이 정서적으로도 편안하고 안심이 되었을 것이다. 게다가 인순왕후와 심문도 이황과 기대승 편에 서 있지 않은가. 기대승과 인순왕후의 공세에 원로대신 집단은 너무 무기력하게 대처했다. 이황에 대한 명소, 기대승의 강력한 시비, 원상을 파하는 조치가 연달아 터져 나왔지만 조정에는 이준경의 편에 서서 모든 것을 걸고 맞서겠다는 사람이 없었다. 공신 책봉 거부의 후유증은 이토록 컸다.

군자와 소인의 이분법

임금이 현자를 임용하려면 반드시 정正과 사邪를 분별해야만 임용됨을 즐거워합니다. 사와 정이 병진하여 혼용되면 장애가 많으므로 예로부터 현자는 모두 임용되지 못하는 것입니다. 임금은 이 폐단을 깊이 아셔야 합니다.

-《선조실록》2년 5월 21일

기대승은 조정 신료들을 정과 사, 곧 적과 동지로 나누었다. 그리고 자신들에게 동조하는 사람을 '군자'로, 자신들에게 동조하지 않는 사람을 '소인'으로 지목했다. 이도 저도 아닌 사람은 일절 인정하지 않았으며, 소인은 모두 찾아내 남김없이 제거해야 한다고 했다. 당시 선조의 나이 17세. 친정을 펼칠 날이 멀지 않았다. 그때도 임금이 신진 사림을 지지해 줄지, 청송 심문이 권력을 누릴지 장담할 수 없었다. 기묘년 조광조도 사림의 세상이 도래했다고 확신한 순간, 하룻밤 사이에 무너지고 말았다. 기대승은 신속하고 확실한 승부를 걸었다. 그러려면 먼저 적이 누구인지를 분명히 해야 했다.

소인이 군자를 해치는 데에는 천 갈래 만 갈래의 길이 있기 때문에 임금이 비록 어진 이를 등용하려고 해도 어진 이가 접근할 수가 없습니다. …… 향기로운 풀과 더러운 냄새를 풍기는 악초가 같이 있게 되면 악취만 있게 되고, 곡식을 심고 가라지를 제거하지 않으면 좋은 곡식을 해치게 됩니다. 그러므로 나라를 다스림에 있어서도 반드시 군자를 돕고 소인을 막은 뒤에야 국사가 올바르게 되는 것입니다.　　　　　　　　　　　－《선조실록》 2년 윤6월 6일

자신은 향기로운 풀이고, 다른 사람은 악초라는 말이다. 그들이 말하는 군자란 도대체 어떤 사람인가?

(군자는) 다른 사람과 구차스럽게 합하지 아니하므로 그 진출이 어렵습니다. 또 바른 길로 임금을 보좌하려 하므로 선을 좋아하는 임금의 경우에는 비록 좋아할 것 같으나, 자기 의사를 굽혀 임금을 따르려 아니하므로 임용되지 못합니다. 또 당시의 사람이 모두 선한 것만은 아니고, 간혹 꺼리는 사람도 있으므로 또한 세상에 용납되지 못하는 것입니다. 위로는 인주人主가 좋아하지 아니하고 아래로는 당시 사람과 어긋나므로 이에 도덕을 가슴에 품고 물러가는 것입니다.　　　　　　　　　　　－《선조실록》 2년 5월 21일

생각이 다른 사람과 합하지 아니한다는 것은 자기 생각만 옳고 다른 사람은 틀렸다는 것을 전제로 한다. 나와 남의 다름을 인정하지 않는 것이다. 이런 사상으로는 소통과 타협, 조화가 불가능하다.

중용中庸의 도는 오직 성인만이 할 수 있는 것이니, 그 경지에 이르지 못한 사람은 마땅히 기절(기개와 절조)을 뇌락牢落(넓고 비범함)하게 가져서 강어强禦(억셈)한 자들을 두려워하지 않도록 힘써야 할 것이다.　－《선조실록》 2년 윤6월 6일

기대승은 중용은 오직 성인만이 할 수 있는 것이라고 단언하였다. 이는

이준경의 중화中和의 정치를 비판한 것이었다. 그들의 정치에서 중용이란 처음부터 없는 것이었다. 신진 사림은 훈구·척신을 소인으로 규정하고, 이들을 모두 정치에서 내쫓아야 한다고 주장했다. 원로대신들은 수세적 입장에 서서 자신들을 방어하기에 급급했다. 소인으로 지목되면 벼슬자리를 지키는 것조차 어려웠다. 조정의 관료들만 편을 나눈 것이 아니다. 지방의 재야 사림을 포함하여 조선 천지가 온통 내 편과 네 편으로 나뉘었다. 기대승은 당시 조정을 주도하던 개혁적 대신 집단도 부정했다.

> 이기와 윤원형이 권력을 잡았을 때에는 착한 사람은 죄를 받고, 뜻을 얻은 자들은 그들의 앞잡이였기 때문에 탐욕스럽고 더러움이 풍조가 되어 지금은 거의 모든 풍습이 그렇습니다. 그리하여 오늘날 청렴근실하다고 하는 자들도 조종조의 청렴근실하다는 자들과 비교해 보면 모두 탐욕스럽고 더러움은 면치 못합니다.
> 　　　　　　　　　　　　　　　　　　　　　－《선조실록》즉위년 10월 23일

윤원형이 권력을 잡고 있을 때 높은 관직에 있던 자들을 모두 윤원형의 앞잡이라고 몰아붙이며 조정의 신료들을 거칠게 몰아 갔다. 또한 이준경, 김개, 홍섬 등의 대신들까지도 도덕성에 문제가 있는 자들이라고 비난하였다. 신진 사림이 명종 시대 조정에 있었던 구신들을 바라보는 기본 시각이 이러했다.

> 오늘날 대신은 권간(권력을 가진 간신)이 참벌斬伐을 행하는 동안 누차 기절氣節을 변해 오면서 겨우 몸을 보존하였습니다. …… 기묘년 이후 간신들이 번갈아 권력을 잡고서 제멋대로 지시하여 백관들이 모두 순응하였습니다. ……

> 그 당시 벼슬이 높았던 자들일수록 행실이 비열하고 요직에 있었던 자일수록 재질이 하등에 속했었으니
> ─《선조수정실록》5년 7월 1일

이 말대로라면 조정에 있는 정치인들이 모두 청산 대상이었다. 선조의 즉위는 조야의 지식인에게는 물론이고 일반 백성들에게도 개혁의 기대감을 불러일으켰다. 세조 이후 100년 이상 계속되어 온 민생 수탈은 연산군, 명종의 시대를 거치며 한계 상황에 도달해 있었고, 국가 기강과 선비의 풍습 또한 일대 쇄신이 시급했다. 살인적인 고리채, 가혹한 공납과 부역, 반복되는 가뭄과 수해, 관리나 토호들의 횡포로부터 백성을 보호하는 것이 시급했다. 그런데 이제 막 출범한 새로운 조정은 민생을 위한 구상을 다듬고 이를 실천에 옮기기도 전에 과거사에 대한 시비에 말려 치열한 싸움으로 들끓었다.

신진 사림은 성현의 말씀, 성리의 이론과 고담준론을 들고 나와 조정을 성리학과 철학의 토론장으로 만들었다. 하늘의 이치와 인간의 도리가 도도한 논설로 조정에서 펼쳐지고, 인심人心과 도심道心, 성리性理와 의리義理에 관한 논의에 밀려 국가와 백성의 현실은 뒷전이었다. 아무도 현실정치를 말하는 사람이 없었고, 조정은 무력감에 빠졌다. 이것은 조정의 기능을 마비시키기 위한 고의적인 방해 공작이나 다름없었다. 기대승이 말했다.

> 근래의 일로 보더라도 조정에서 하는 일이 별로 없습니다. 다만 공론이 일어나면 대간은 아뢰지 않을 수 없으므로 부득이 힘껏 논쟁하는 것이고, 대신도 상달한 일이 있는데도 일마다 망설이시니 매우 미안합니다.
> ─《선조실록》1년 1월 12일

이준경의 조정은 할 수 있는 것이 없었다. 신진 사림들의 행태를 제지하면 젊은 관료들이 언로言路를 부당하게 막는다며 삼사를 동원하여 집단적으로 반발했다. 이러한 사정이 천 리 밖 지리산 골짜기에 은거하고 있던 남명 조식의 귀에도 들어갔다. 조식은 걱정에 찬 글을 임금께 올린다.

지금 나라의 근본이 무너지고 온갖 폐단이 극에 달하여 대소 관료들이 불에 타고 물에 빠진 자를 구하듯 서둘러 손을 쓰더라도 지탱하지 못할까 싶은데, 한갓 허명만을 일삼고 논란만을 하고 있어, 명名이 실實을 구제하지 못하는 것이 마치 그림의 떡이 주린 배를 채워 주지 못하는 것과 마찬가지입니다. 바라건대 완급과 허실을 분간하여 조치를 취하소서.
—《선조수정실록》즉위년 10월 5일

조식의 상소에 사관은 "이는 당시 주상이 바야흐로 유학을 숭상하여 조정 안의 여러 인물들이 성리性理를 논설하니 조정의 기강을 떨치지 못하고 나라의 근본은 날이 갈수록 위축되고 있었기 때문이었다."라고 평하였다.

이황, 투쟁의 중심에 서다

부의浮議(들뜬 논의)의 위력은 태산보다도 무겁고 칼날보다도 예리한 것으로 그 칼날에 한번 저촉되면 공경도 그 존귀함을 잃게 되고 뛰어난 인재들도 그

명성을 잃게 되며, 장의(중국 전국시대 연횡책의 대가)·소진(전국시대의 책사)과 같은 자들도 변론을 펼 수 없고 맹분·하육(전국시대의 장수들) 같은 자들도 그 용력을 쓸 수가 없습니다. 그런데도 끝내 그 까닭을 알 수가 없으니 이것이야말로 이상스러운 일이 아니겠습니까. 이리하여 아랫사람이 윗사람을 업신여기고 천한 자가 귀한 자를 무시하면서 사람들이 각자 행동을 취하기 때문에 기강이 사라져 버렸고, 의리의 존재는 돌보지 않은 채 오직 부의의 형세만을 관망할 뿐입니다. 아, 대각에서 정치를 주장하더라도 난이 일어날까 걱정스럽다고 하는데, 더구나 부의를 일으키는 자들이 정치를 주장하는 경우야 말해 뭐하겠습니까. 이는 진정 천고에 들어 본 일이 없는 것입니다.

-《선조수정실록》15년 9월 1일

훗날 이이가 근거도, 진실성도 없는 이론을 내세워 세상을 쪼갤 것 같은 기세로 싸우고 헐뜯는 정치판의 모습에 절망하여 올린 말이다. 이이의 우려처럼 이때에 사람들은 지극히 가벼워지고 있었다. 조정 곳곳에서 시비가 끊이지 않았고, 일단 시비가 시작되면 끝장을 봐야 했다. 논쟁을 성현의 말씀, 천리天理나 성리性理의 문제로 끌고 가면 이론 성리학의 대가를 자처하는 신진 사림의 세상이었다. 싸움의 승패는 성현의 말씀과 고담준론을 어떻게 잘 인용하고 상대방의 논리적 허점을 파고드는지에 따라 결정될 뿐, 구체적인 정책이나 사실관계에 근거한 진지한 논의는 찾아보기 어려웠다. 총론에는 세상을 쪼개는 듯 강력하고 명쾌한 논리로 상대를 제압하려 들었지만, 정책적 아이디어나 이를 실행하는 구체적 방안, 현실의 문제 해결에는 눈을 돌렸다.

원상을 파하면서 원로대신들은 이미 정국 주도권을 상실하였고, 국가의 중대사나 인사는 척신의 도움을 받아 대비 인순왕후가 행사하였다. 선조 1년 3월, 이조좌랑 정철이 관리를 임용하는 데 자신이 추천한 사람을 망望에 올리려고 하였다. '망'이란 인사 부서에서 관리를 임용할 때 후보자 세 사람을 선정하여 임금에게 올리는 것이다. 임금은 그중에서 한 사람을 선택하여 그 이름 위에 점을 찍었는데, 이것을 '낙점落點'이라 한다. 임금은 낙점할 권한은 있지만 누구를 망에 올리라고 지시할 수 없었다. 그러므로 누구를 망에 올리느냐는 인사의 핵심적 권한이었다. 이조판서 홍담이 정철이 올리려는 망에 제동을 걸고 나섰다.

"이 사람은 과거 시험을 거치지 않았다."

정철이 반발했다.

"낭관의 추천을 받으면 시험을 거치지 않아도 임관할 수 있는 것이 이미 근래의 규례로 성립되어 있습니다."

낭관의 추천으로 관리를 임용하는 새 규례가 있었으나 이를 둘러싸고 말썽이 그치지 않아 판서 홍담이 적용하지 않으려 했는데, 정철이 불복하여 자신의 뜻대로 망을 만들어 올린 것이다. 판서는 오늘날 장관에 해당하고 좌랑이면 오늘날 사무관 정도의 직위에 해당한다. 홍담이 다시 책임자로서 방침을 분명하게 한다.

"새 규례를 시작했으나 여론이 떠들썩하니 그대로 적용할 수 없다."

그러나 정철은 굳이 우기며 따를 수 없다고 맞섰다. 낭관의 추천으로 관리를 임용하는 '낭천제郎薦制'는 신진 사림들이 만든 제도였다.

처음 벼슬하는 사람이 진사 출신이 아니면 재주를 시험하는 것이지마는 현자가 어찌 재주를 시험하려 나오겠는가, 라고 생각하고 낭관으로 하여금 이름이 알려진 선비를 천거하여 낭관의 추천을 받은 사람은 시험을 거치지 않더라도 임관하게 하니 이로써 차차 벼슬길이 밝아졌다. 이때부터 벼슬길이 조금씩 맑아졌는데 유속의 무리들은 옛 법규를 함부로 고쳤다고 비난하였다. 그러나 이탁과 정랑正郎 구봉령具鳳齡은 비난을 받으면서도 동요하지 않았다.

– 《선조수정실록》 2년 6월 1일

낭천제를 만든 인물이 바로 이이였다. 훗날 이이는 인사제도를 문란하게 만들었다는 이유로 많은 공격을 받게 된다. 결국 정철의 뜻대로 시험을 거치지 않은 자들이 관리에 임용되었고, 판서 홍담은 곧이어 이조판서에서 쫓겨났다. 정철의 무용담은 금방 조정에 퍼져 나갔고 천 리 밖 향촌 선비의 사랑방에서도 화제가 되었다. 이것이 무엇을 의미하는지 사람들은 금방 알아차렸다.

논쟁은 그치지 않았다. 기대승은 신하가 정사의 시비를 논하는 것은 임금을 사랑하는 것과 함께 모두 천성에서 우러러 나오는 것인 만큼 '외의外議(세간의 평판)'를 막아서는 안 된다고 했다. 삼공三公(삼정승)이 공론을 독점해서는 안 되며, 청의淸議(고결하고 공정한 언론)를 주장하는 것이면 그것이 바로 공론이라는 것이다. 이런 논리로 무장한 젊은 관료들의 항명이 이어지면서 관료 사회의 기강이 무너져 내렸다. 세상은 거침없이 그들의 것이 되어 갔다.

이러한 때에 이황이 상경을 결정했다. 백성들이 이황에게 거는 기대는 참으로 컸다. 이황이 도성에 입성한 것은 선조 1년 7월 19일, 당당한 행렬이었다. 임금은 이황의 여행길을 각별하게 보살피라고 연도의 감사와 수령들에게 지시했다. 이황을 만나고자 유력한 지방 사림들이 줄 지어 늘어섰다. 1년 전 선왕 명종의 장례식에도 참석하지 않고 도성을 떠날 때의 모습을 생각하면 불과 1년 사이에 세상은 참으로 많은 변화가 있었다.

이황이 도성에 올라와 자리를 잡자, 박순·이탁 등 판서의 반열에 있던 사람은 물론이고 높은 기개로 이름이 높던 이준경의 친구 백인걸도 이황의 상경을 환영하고 나섰다. 이준경은 이황의 독자적 정치 행보에 진한 섭섭함을 토로했다. 당시 이황은 자신은 국가를 경영할 경륜이 없다고 몸을 낮추면서도, 조광조를 평하기를 "그가 학문이 덜 성숙한 상태에서 조정에 나아가 정사를 개혁하려고 하다가 실패했다"고 할 정도로 자신의 학문과 정치적 식견에 남다른 자부심을 가지고 있었다. 도성에 올라온 이황은 선조 1년 7월 25일 경연에 처음 참여하였다. 권력이나 정치에는 언제나 거리를 두고 한 발 물러나 있던 산림의 큰 스승이었기에 많은 사람들의 이목이 집중되었다.

> 지금까지도 사림 사이에 학행(學行)에 뜻을 둔 자가 있으면, 미워하는 자들은 곧 기묘년 부류라고 지적합니다.   -《선조실록》1년 9월 21일

이황은 신진 사림을 두둔하고 나섰다. 신진 사림의 과격한 행태를 비판하는 사람들을 '조광조를 미워하는 사람들'이라고 규정하고, 그런 사람들은 지난날 조광조의 개혁을 방해하고 결국 조광조를 죽게 했던 기묘년 당시의 간신들과 같다는 말이었다. 나아가 이황은 조광조의 반대편에 섰던 남곤을 기묘사림을 해한 죄로 벌을 주자는 과격한 신진 사림의 주장에 동조하고 나섰다. 조광조를 미워한 사람이라면 이미 40년 전에 죽은 자라도 절대 용서할 수 없다는 태도였다. 이황은 기대승의 역사 바로 세우기에 힘

을 실어 주어 정국을 역사 논쟁으로 이끌어 갔다. 이황과 신진 사림들의 주장에 대해 이준경은 남곤의 죄는 적지 않지만 그 단죄는 역사의 평가에 맡기는 것이 타당하다고 했다.

> 이제 천운이 돌아와서 정치 도의가 밝혀져 이미 조광조의 벼슬을 표창하였으니, 마땅히 남곤의 죄상을 밝혀야만 여론의 울분이 조금이라도 풀어질 수 있을 것입니다.(조광조는 선조 즉위 후 신원되어 영의정이 추증되고 문묘에 종사되었다) 다만 노신의 어리석은 생각으로는 전하께서 학문에 힘써 도덕을 성취하시어 당세의 젊은 선비들로 하여금 나아가야 할 바를 알게 하여 각자가 몸을 닦아 염치를 아는 풍속이 이루어지면 삼대 때의 아름다운 정치가 이로부터 점차 이루어질 것이니, 40년 전의 남곤의 마른 뼈에 반드시 추후로 죄 주지 아니하여도 나라 운수가 깊고 길며 도의가 융성하여질 것입니다. 하물며 소인이란 것은 어느 시대에도 없는 것이 아니니 어찌 벌 주는 것만으로 뒤에 오는 간사한 무리를 막을 수 있겠나이까. 만일 소인들의 죄를 추후로 밝히려 하면 근세의 간악한 자들도 이루 다 죽이지 못하겠거늘 멀리 40년 전의 죄상을 지금에 와서 논한다는 것은 적당한 처사가 아닌가 합니다. ―《연려실기술》

그러나 대부분의 조정 신료들은 신진 사림의 주장에 동조했다. 남곤에게 벌을 주려면 먼저 50년 전 기묘사화의 진실과 사실관계부터 규명해야 했다. 기묘년 당시 남곤의 역할에 대한 역사적 평가는 그렇게 간단한 문제가 아니었다. 조광조를 체포했던 바로 그날 밤 중종이 내린 명령과 조치, 이후 이어진 기묘사화의 전개 과정은 석연치 않은 부분이 많았다. 하지만 일방적으로 남곤을 매도하는 정치재판 분위기가 조정을 지배했다. 남곤은 공신도 아니었고 외척도 아니었다. 막대한 토지와 노비를 소유하지도 않았다. 김종직의 제자로서 조광조와는 동문이었다. 성종 시절 권신 윤필상을 탄핵하여 투옥되기도 했고, 연산군 시절 바른말을 하다가 귀양도 갔다. 중종반정 뒤에도 반정 공신의 우두머리인 유순정과 성희안의 비리를 탄핵하다가 투옥되었다. 정몽주의 문묘 종사, 소격서昭格署 혁파,《소학》중시 등 기묘사림의 핵심적 개혁정책을 앞장서서 주장했다. 기묘사화의 위태한 분위기에서도 조광조의 목숨만은 살려 보려고 노력한 몇 안 되는 사람 중에 한 명이었다. 그러나 남곤을 변명해 주는 사람은 없었다. 이런 분위기 속에서 과거 문제에 대한 처벌은 역사의 평가에 맡겨 두고 앞으로 나아가자는 이준경의 주장은 거센 비난에 직면한다. 결국 시비를 가리고 군자와 소인을 분명하게 하자는 신진 사림의 위세에 선조도 굴복하고 만다.

> 조정의 의논이 이와 같은데 쫓지 않을 수 없으니, 남곤의 관작을 빼앗아 사림의 분노를 풀어 주라.
> –《선조실록》1년 9월 23일

남곤의 처리 문제로 맞선 이후, 이황과 이준경은 문소전文昭殿 문제로 또한 번 대립한다. 문소전은 세종대왕이 할아버지 태조와 아버지 태종을 숭모하는 마음에서 종묘 외에 따로 경복궁 안에 설치한 사당이다. 그런데 24년 전 인종이 죽었을 때 명종의 편에 서서 권세를 잡았던 이들이 인종은 재위 기간이 1년도 넘지 못했다는 이유로 인종의 신주를 문소전에 모시지 않고 위상이 조금 낮은 전각인 연은전延恩殿에 모셨다. 명종의 정통성을 강조하려고 의도적으로 인종을 깎아내린 것이다. 이제 명종이 죽자 이준경이 명종을 문소전에 모시면서 인종의 신주도 함께 문소전으로 옮겨서 모시기로 하고 윤허를 받았다. 한데 인종의 신주를 문소전에 옮겨 모시려고 하자 문제가 생겼다. 신주의 공간 배치가 여의치 않아 전각을 증축하고, 이에 따라 이미 모셔진 위패의 위치를 바꿔야 했던 것이다. 일이 복잡해지면서 사당을 새로 증축해야 할 것인지, 신주를 옮겨 모시는 데 절차상의 문제는 없는지 등 여러 가지 문제가 튀어나왔고, 이것이 뜻밖에 정치 쟁점으로 확대되었다. 이준경은 인종의 위패가 연은전에 모셔진 것은 잘못이었으나 이미 20년이 훨씬 지난 과거의 일로서 그렇게 시급한 일이 아니라고 생각했다. 그러나 이황을 비롯한 신진 사림은 인종의 신주를 어디에 모시는지는 나라의 근본에 관계되는 지극히 시급하고 중요한 문제라고 주장했다.

급기야 이 문제를 둘러싸고 조정에서 격렬한 논쟁이 일어난다. 신진 사림들은 이준경을 인종의 정통성을 부정하는 간신이라고까지 비난하고 나섰다. 많은 신료들이 신진 사림에 동조했고, 이준경을 비난하는 지방 선비들의 상소가 줄을 이었다. 신주를 어디에 두는지의 문제를 가지고 온 나라가 쪼개질 듯한 소동이 벌어졌다.

조광조와 남곤의 문제, 문소전을 둘러싼 논쟁은 중종과 인종·명종 시대의 정통성 문제와, 그 치세에 대한 포괄적 정치 평가로 확대되었다. 인순왕후가 살아 있는 상황에서 특히 인종·명종의 정통성을 언급하는 것은 두려운 일이었다. 바로 이런 문제가 발단이 되어 을사사화가 일어나 많은 사람이 목숨을 빼앗기지 않았던가. 신진 사림이 이렇듯 정치적으로 민감한 문제를 두려움 없이 주도적으로 제기하고 나서니 재야 선비들의 눈에는 그 의논이 장하게 보이고 속이 시원함을 느꼈을 것이다. 그들은 이준경을 향했던 지지를 거두고 이황과 신진 사림에게로 마음을 돌렸다. 문소전 의논을 계기로 이준경은 신진 사림이 오로지 분규만을 힘쓴다고 생각하고 이들과 이준경의 관계는 더 어그러져 간격이 생기게 되었다.

주자학의 나라

"간당비奸黨碑가 세워지자 북송이 망하고, 위학당적僞學黨籍이 만들어지자 남송이 망하였다. 아무리 종말에 이르러 후회한들 또한 미치지 못할 뿐이다" 하니, 강관 등이 이르기를 "전하께서 거기에까지 언급하시니 종사의 복입니다" 하였다.

— 《선조실록》 1년 8월 6일

선조가 왕위에 오른 지 1년 만에 경연에서 한 말이다. 《실록》에는 아무런 배경 설명 없이 이 짧은 문장만 수록되어 있다. 그러나 이 발언은 선조의 사후 묘지문墓誌文에도 인용되었을 만큼 중요한 의미를 가진 정치적 발언이었다. 중국 송나라의 개혁파와 보수파의 대결은 오랜 세월 수많은 비판과 논쟁의 대상이 되었다. '간당비'와 '위학당적'에 관한 선조의 평가가 《실록》에 수록된 것은, 당시 조선에서 개혁과 참된 학문이란 무엇인지를 둘러싸고 치열한 논쟁이 벌어졌음을 간접적으로 드러내고 있다.

'간당비'는 1102년 송나라 휘종이 왕안석王安石의 신법新法에 반대했던 구법당 인물 120명을 간당으로 지목하여 그 명단을 돌에 새겨 세운 비이고, '위학당적'은 1195년 송나라의 한탁주韓侂胄가 주희朱熹(주자)를 중심으로 한 이학가理學家 59명을 가짜 학문(위학僞學)을 하는 자로 규정하여 반포한 당적을 말한다. 왕안석이 추진한 개혁의 내용은 무엇이며, 구법당이 반대하고 나선 이유는 무엇일까? 또 주자의 학문이 가짜 학문으로 몰려 탄압을 받은 이유는 무엇일까? 이 문제는 선조 시대 조선의 상황과 결코 동떨어진 문제가 아니었다.

왕안석이 개혁을 주장할 당시 송은 거란과 서하의 침입으로 위태로운 지경에 처해 있었다. 백성들은 고리채와 힘 있는 자들의 탐욕 앞에 속수무책으로 무너져 내리고 있었고, 국가재정은 바닥이 났다. 재정을 확보하고자 무작정 세금을 높일 수도 없는 상황이었다. 이처럼 어려운 때에 북송의 신종이 왕안석의 주장을 받아들여 개혁을 단행했다. 왕안석은 유학의 실용적 해석과 응용을 강조하며《시경詩經》,《서경書經》,《주례周禮》 등을 독창적으로 해석했다. 그는 유학의 도덕주의적 전통에서 벗어나 '법치法治'를 강조했으며, 당시 정치의 폐단을 지적하고《주례》를 전범으로 개혁을 추진했다.

왕안석이 반포한 개혁법 제1호는 균수법均輸法이다. '균수'란 국가에 물자를 납입할 때 납입자의 부담을 공평하게 하며 각 지방 물가의 균형을 유지한다는 뜻이다. 송나라는 조선의 공납제와 마찬가지로 국가에서 필요한 물자를 각 지방에 할당해 거두었는데 이로 인해 많은 문제가 발생했다. 처음 할당할 당시 그 지방에서 풍성하게 산출되던 물자가 지방 산업의 변화나 자연조건의 변화로 인해 산출되지 않거나, 때로는 중앙에서 그 물자가 더 이상 필요하지 않게 되는 경우도 있었다. 그러다 보니 지방에서 생산되지 않는 물자를 다른 지역 상인에게 비싼 값을 주고 구입하여 국가에 납입하고, 또 중앙에서는 더 이상 필요하지 않은 물자를 납입받으면 상인에게 싼값으로 다시 불하하고 다른 필요한 물자를 비싼 값에 사들였다. 이 과정에서 덕을 보는 것은 대상인들뿐이었다. 왕안석은 각 지역에서 산출되는 물자와 국가에 납입하는 물자의 품목과 수량을 조정하여 이런 폐단을 시정했다.

왕안석이 추진한 두 번째 개혁법은 청묘법靑苗法이다. 추수를 하기 전 봄과 여름은 가난한 농민에게는 참으로 견디기 어려운 시기였다. 양식은 거의 바닥나고 햇곡식은 아직 나오기 전이라 곡물 가격이 비쌌다. 이 시기 농민들은 지주나 부호에게 식량을 빌릴 수밖에 없었는데 연리 10할의 높은 이율을 적용받다 보니 추수를 한 뒤 원리금을 갚고 나면 수중에 남는 것이 없었다. 청묘법은 매년 되풀이되는 악순환에서 빈농을 구제할 목적으로 정부가 2할 이하의 싼 이자로 전곡錢穀을 대부해 주는 제도이다. 각 현에서 설치해 놓은 상평창常平倉의 전곡을 풀어 쌀값을 조정함으로써, 농민의 어려움도 해결해 주고 상평창의 전곡으로 이익을 챙겨 국가재정도 충실해졌다.

청묘법이 농촌을 대상으로 한 것이라면, 도시 중소 상인에게 저리로 자본을 융자한 것이 시역법市易法이다. 호상豪商들이 중소 상인에게 자본을 대여하고 고리를 긁어 내거나 자본을 풀어 물가를 마음대로 조작하여 폭리를 취하는 것을 막고자 시역무市易務를 설치하여 연리 2할의 저리 자금을 융통시켰다. 이로써 물가 안정과 상품의 유통을 도모했다.

왕안석은 또한 요역徭役으로 인한 폐단을 시정하고자 모역법募役法을 시행했다. 모역법은 비용이 많이 발생하는 요역을 모집제로 바꾸어 응모한 자에게 국가에서 적당한 금액을 지급하는 대신, 재산을 가진 자에게는 각각의 등급에 따라 면역전을 납부하도록 한 것이다. 백성의 노동력을 징발하는 요역 자체를 철폐할 수는 없었기에 그 부과 방법을 개선한 것이다. 이렇게 하여 부역의 불공평을 어느 정도 해소하고 빈농에게 일자리를 주는 효과도 얻었다. 그러나 모역법은 재산에 따라 부역을 차등 부담시키는 정책이었으므로 기득권층의 반발이 컸다. 이외에도 왕안석은 모병제募兵制를 근간으로 한 송나라의 병제를 점차 농민병제로 바꾸었다.

왕안석이 추진한 개혁 정책들은 기득권층의 양보를 전제로 한 것이었기 때문에, 이를 둘러싸고 조정의 의논이 비등했고 기득권층과 지식인들 사이에서 맹렬한 비판이 잇따랐다. 원로대신인 한기韓琦·부필富弼·범중엄范仲淹·구양수歐陽脩·사마광司馬光·소식蘇軾은 반대파였고, 한강韓絳·여해경呂惠卿·채확蔡確 등 소장 관료는 왕안석과 뜻을 같이했다. 보수파의 격렬한 반대에 부딪혔지만 왕안석은 신종의 지원 아래 8년간 재상의 자리에 있으면서 군건하게 개혁을 추진했다.

새로운 개혁법이 정착되어 가자 왕안석은 스스로 정계에서 물러나 수도 개봉에서 멀리 떨어진 남경 부근으로 내려가 은거했다. 왕안석의 개혁은 국가재정을 회복하고 백성들의 삶에 희망을 주는 큰 성과를 거두었다. 하지만 대지주와 관료 그리고 그들과 연계된 대상인들의 반대가 집요하게 이어졌다. 그의 개혁 신법을 찬성하는 사람들을 '신법당新法黨', 신법을 반대하는 사람들을 '구법당舊法黨'이라고 했다.

신종 18년, 개혁을 굳게 뒷받침하던 신종이 죽자 철종이 황제의 자리에 올랐다. 철종의 뒤에서 수렴청정을 하던 황태후는 사마광을 재상으로 임명하고 신종이 시행하던 신법을 모조리 철폐해 버렸다. 한순간에 왕안석의 개혁법이 모두 폐지되었다. 왕안석은 신종이 죽은 이듬해 사망했다. 그러나 철종이 8년 후에 친정을 하게 되자 신법당이 조정에 들어와 다시 개혁을 지속시켰고, 철종이 죽고 휘종이 새로 황제가 되자 신법당의 증포曾布와 채경蔡京이 정국을 주도하게 된다. 그때까지도 송 조정에서는 신법당의 우세 속에 구법당과의 정쟁이 끊이지 않았다.

개혁 반대 세력은 신법 시행 후 백성의 삶이 나아지고 국가재정이 흑자로 돌아서는 커다란 성과가 있었음에도 반대를 멈추지 않았다. 그들의 저항은 왕안석과 신종의 사후에도 계속되었고, 개혁 반대파의 움직임은 점점 조직적인 양상을 띠었다. 처음 신법에 대한 찬반 논쟁은 그것이 부국강병과 백성을 구제하는 데 효과가 있는지를 둘러싸고 벌어졌다. 북송의 대학자 범중엄范仲淹은 유학자는 "천하의 근심을 누구보다도 먼저 근심하고先天下之憂而憂 천하의 즐거움은 모든 사람이 즐긴 후에야 즐긴다後天下之樂而樂"고 했다. 처음 신법의 효과와 그 부작용을 걱정해서 반대했던 사람들은 우환의식憂患意識으로 국가와 백성의 근심을 제 근심으로 고민한 때문이었다. 그러나 신법의 효과가 입증된 후에도 개혁에 반대한 이들은 천하의 근심을 제 근심으로 여기지 않고 오직 자신의 이익만 지키려는 자들이었다. 오랜 시간 갈등이 계속되고 점차 첨예해지면서 철종 연간에 오면 신법당도 애초의 사명감을 잊고 권력과 탐욕의 수렁에 빠져들었다. 그들은 반대파의 끈질긴 저항과 치열한 정쟁을 거치면서 자제력을 잃었다.

처음 왕안석의 신법당과 사마광의 구법당이 대립할 당시에는 그래도 정치에 여유와 멋이 있었다. 그들은 정치적으로는 다른 길을 걸었으나 인간적으로 서로 존중하고 우정도 있었다. 그러나 철종이 즉위하고 사마광이 정권을 장악하고부터 구법당이 신법당을 비정상적으로 가혹하게 처벌하면서 그런 정치적 여유는 실종되었다. 이때부터 송나라에서 절제가 없는 치열한 당쟁이 시작되었다. 철종 8년 이후 다시 조정에 들어온 신법당은 구법당에게 지난날의 원한을 갚기 시작했다. 그들은 사마광을 간악한 무리로 지목하여 사마광과 여공저呂公著의 묘를 파헤치고 시신을 참수했으며,

채경이 주동이 되어 황제 휘종에게 상소를 올려 구법당 120명을 간신으로 몰아 그들의 명단을 비석에 새겨 신하가 궁궐을 드나들 때 지나는 문인 단례문端禮門 앞에 세우게 했으니 이것이 바로 '간당비'이다. 간당비에는 사마광을 비롯하여 소식, 황정견黃庭堅 등의 이름이 새겨졌다.

간당비가 세워지고 25년 뒤인 1127년 송나라는 결국 금에게 수도를 점령당하고 왕이 포로로 잡혀 가는 등 수난을 당한 끝에 왕실의 혈통이 끊어졌다. 나라가 망한 것이다. 다행히 남쪽으로 도망한 황제의 동생이 지금의 항주에 도읍을 정하고 나라를 재건하였으니 이 나라가 바로 남송이다.

'위학당적' 문제는 남송 영종 2년 감찰어사 심계조沈繼祖가 주희(주자)를 탄핵하며 그의 학문이 가짜라고 몰아붙이면서 시작되었다. 심계조는 상소에서 주희의 10대 죄상을 고발했다. 그 내용은 '황제에 불경하고, 나라에 불충하고, 조정을 모욕하고, 기강과 풍습 교육을 어지럽히고, 사사로이 인력과 재물을 쓰는 등' 여섯 가지 죄악과 '비구니 2명을 유인하여 첩으로 삼아 매번 관직에 나갈 때마다 데리고 다녔고, 집안의 며느리가 남편이 없는데도 임신을 했는데 시아버지인 주희와 관계했다는 의심이 든다'는 등의 네 가지 악행이었다. 심계조의 탄핵 상소가 올라오자 영종은 기다렸다는 듯 즉시 도학道學(성리학)을 가짜 학문이라고 선언하고 도학을 전파하는 것을 금하였다. 그리고 주희를 비롯하여 도학을 전파한 사람을 역당으로 몰아 조정에서 제거했다. 위학역당偽學逆黨으로 지명된 사람들은 뿔뿔이 흩어져 숨어서 목숨을 보전하거나 다른 사람의 제자가 되었으며, 일부는 형벌을 받아서 죽었다. 주희를 죽이라는 상소도 있었지만 주희에게 벌을 내리지는 않았다. 위학당적이 발표된 얼마 후인 영종 3년, 주희는 71세의 나이로 병사하였다. 탄핵을 받았을 때 주희는 황제에게 글을 올려 사람과 재물을 사사로이 쓰고 비구니를 첩으로 삼았다는 등의 죄를 인정하고, 지난날의 잘못을 깊이 반성하고 바른 길을 찾겠다고 하였다. 심계조의 상소를 사주한 것으로 알려진 한탁주는 《송사宋史》〈간신전奸臣傳〉에 포함되어 후대에 비난을 받았으나, 실제로는 오히려 구차하게 평안함을 구하던 무리들에게 누명을 뒤집어 쓴 지사志士였다. 명말청초明末淸初의 대학자 안원顔元은 한탁주가 간신으로 비방 받은 원인을 '다만 도학을 거짓된 학문이라고 폄하했기 때문'이라고 했다. 왜 주자학은 이때 가짜 학문이라는 오명을 쓰게 되었을까?

남송에서 주희의 학문과 명성은 대단했다. 정교하게 다듬은 주희의 관념철학은 스스로 지식인이라 자부하는 사람들의 지적 호기심을 불러일으키기에 충분했다. 주희의 시대에 송나라는 북방민족의 기세에 눌려 중국 남부로 쪼그라들어 있었다. 황제가 나란히 적국에 붙잡혀 가는 수모를 겪는가 하면, 조공을 바쳐 가며 국가를 근근이 유지했다. 하지만 남쪽으로 내려가면서 경제가 크게 일어났다. 왕조가 남하하면서 그동안 무덥고 습하다는 이유로 버려졌던 남부 지역이 대대적으로 개발됐기 때문이다. 6000만 명 수준을 유지하던 중국 인구가 마침내 1억 명을 넘어선 것도 이때이다. 송나라 이후 중국 경제의 중심은 사실상 남부로 옮겨졌다. 주자성리학은 이때 권위를 잃어버린 황제와 부유해진 지방 유지들 사이에서 자라났다. 기존 권위의 힘이 떨어지고 이민족이란 새로운 권위가 등장한 그때, 성리학은 송나라의 경제적 성장과 함께 사회경제적 지위는 높아졌으나 정치권력은 쥐지 못한 지방 엘리트들을 북돋웠다. 다시 말해 큰 야망을 품고 있지만 실현시킬 전망은 낮았던 남송의 엘리트들에게 주자학이 교육과 사회적 관계, 자기정당화 기제, 지방 리더십의 기회 등을 제공한 것이다.

상당히 까다롭고 추상적이고 관념적인 주자학 이론은, 운이 좋아서 큰 돈을 모은 무식한 사람들과 학문과 교양을 갖춘 지식인을 차별화하는 데 유용했다. 활발한 지적 토론을 통해 지식인들이 서로의 유대감을 확인할 수도 있었다. 사실 그전까지 선비士라 하면 글을 다루는 실무형 하급 관리에 가까웠다. 황제나 제후가 정치적·경제적 결정을 내리면 이를 뒷받침하는 역할 정도에 머물렀다. 주자는 우주만물을 지배하는 하늘의 명령을 받은 황제가 모든 사람을 다스린다는 천명론天命論과 치도론治道論을 내세워 황제를 중심으로 하는 정치 질서를 인정하면서도, 동시에 '역할 분담과 균형'이라는 이론으로 황제의 전제 권력을 제한하고 사대부의 역할을 강조했다. 즉, 황제와 재상과 사대부, 그리고 백성이 각자의 역할을 다하고 서로 협력해야 좋은 정치가 되며, 나아가 황제의 절대 권력이 결국 나라와 백성의 삶을 어렵게 만들 수밖에 없으므로 사대부 지식인들의 견제가 불가피하다는 것이다. 이제 학문을 통해 성리학이란 무기를 갖추게 된 선비들은 마침내 입을 열어 '무릇 왕의 덕'을 논하면서 정치판에 끼어들어 전제 왕권을 통제할 수 있는 길을 찾았다. 그것만으로도 지방 엘리트들을 고무시키기에 충분했다. 또한 주희의 엄격한 명분론은 하늘이 준 분수를 지켜야 한다고 강조하여 신분제를 강력하게 옹호했으므로, 신분제의 상위 계층을 차지한 신흥 지주와 대상인, 관료들의 지지를 받았다. 이들이 모여 당파를 만든다면 황제에 대항하는 정치 세력이 될 수도 있었다. 이들은 당시 황제를 제외하고는 대규모로 사람과 자금을 동원할 수 있는 유일한 여론 주도 세력이었다.

이렇듯 급속도로 영향력을 넓혀 간 주자성리학은 육구연陸九淵의 심학心學, 진량陳亮이 중심이었던 절동의 공리학파功利學派와 함께 송나라 학계를 삼분하였다. 세 학파는 치열한 논쟁을 거듭하며 학문을 다져 나갔다. 특히 주희와 육구연과 진량은 오랜 세월 수많은 편지를 주고받으며 서로의 학문을 비판했다. 육구연과 주희는 모두 공맹을 종주宗主로 하고 유자儒者를 자칭하였으나, 덕과 학문을 닦는 방법이 달랐다. 주자와 육구연은 4차에 걸친 논쟁을 통해 선명한 대조를 보였다.

주희의 이학에서 우주는 하나의 이理이다. 하늘은 이를 얻어 하늘이 되었으며 땅도 이를 얻어 땅이 되었다. 무릇 천지간에 생겨난 만물은 모두 이를 얻어 성性을 이루었다. 성이 신장되어 삼강三綱을 이루고, 성이 세련되어 오상五常을 이루었다. 주희에게 성은 인간과 만물이 천리로부터 품수한 일반적 본질, 본성을 광의적으로 가리킨다. 그러나 인성의 근원이 천리에 있다면 어찌하여 선악의 구별이 생기는가? 악은 어디에서 왔는가? 이 난제를 해결한 것이 바로 '천지의 성과 기질의 성'에 대한 이론이다. 주희는 이理는 근본이고, 기氣는 재료이며 부차적인 것이라고 했다. 만물의 생성에는 반드시 이와 기의 두 가지 요소가 구비되어야 하지만, 그 작용은 서로 다르다. 이는 만물의 본질을 결정하고, 기는 만물의 재질을 부여한다. 천지의 성性은 이를 가리키는 것으로 순수하고 지선至善하지만, 기질의 성은 이와 기가 혼잡하게 섞인 것을 가리킨다. 사람이 선한 자도 있고 선하지 않는 자도 있는 까닭은 기질의 품수에 청탁淸濁의 구별이 있기 때문이다. 주희는 "성은 이理이다. 성은 체體이고 정情은 용用이다. 성정은 모두 마음에서 나오므로 마음은 이것들을 통제할 수 있다"고 했으며, 이런 마음을 구체적으로 도심道心과 인심人心으로 구별했다. 그것은 바로 천리와 인욕의 구별이다. 이렇게 보면 주희의 이와 마음은 서로 연계되고 통일되는 일면이 있는가 하면, 서로 대립되는 일면도 있었다. 그러나 언제나 이가 근본이었다.

주희는 이와 기의 개념으로 우주의 생성과 구조, 인간의 심성 구조, 사회에서 인간의 자세 등을 깊이 사색함으로써 형이상학적·내성적·실천철학적인 새로운 유학 사상을 수립했다. 그런 만큼 그의 학설은 지나치게 사변적이고 현실 문제에서 멀리 떨어진 방향으로 나아갔다.

반면에 육구연은 "마음은 하나이고 이도 하나이다. 결국에는 하나로 귀결되며 뜻을 정밀하게 따져도 둘이 아니다. 마음과 이는 둘로 될 수 없다. 그러므로 본심을 밝히는 것이 곧 이를 밝히는 것이다"라고 했다. 인간의 본심을 밝히는 것이 그 학문의 핵심이었다.

> 우매하고 용렬한 자는 물욕에 가리어져 본심을 잃기 때문에 이에 미치지 못한다. 현자와 지자는 자기 견해에 가리어져 본심을 잃기 때문에 이를 지나치게 된다.
>
> 옛사람들이 사람을 가르치는 방법은 마음을 간직하게 하고, 마음을 기르게 하고, 마음에 있는 본래의 선심을 회복하게 하는 것뿐이다.
>
> – 《상산선생전집象山先生全集》

육구연은 맹자의 성선론性善論을 계승하여 사람은 모두 양지良知 양능良能의 본성이 있으며, 이런 선한 성을 덕성德性이라고 했다. 덕성이 바로 인간의 고유한 양심良心이다. 그러나 인욕과 물욕에 가리게 되면 덕성을 상실하게 되므로 마음의 양지를 보존하려면 해로운 것들을 제거해야 한다. 그는 도덕 수양이 근본이고 학문은 다만 가지나 잎과 같은 부차적인 것에 불과하다고 했다. 성현의 경전도 역시 본심의 흔적을 기록한 것에 불과하므로,

본심을 밝힐 수 있다면 주해서를 볼 필요가 없다는 것이다. 학자들이 주해에 정신을 팔면 팔수록 부담이 커지게 될 뿐이다. 그러므로 육구연은 이理를 밝히려면 물物을 가까이 하지 말고 독서와 사변에 지나치게 의거하지도 말라면서, 주희의 학문이 큰 것을 잃어버리고 지엽적인 것을 세밀하게 분석한다고 비판했다. 둘의 논쟁에 대해 명말 청초의 학자 황종희黃宗羲는 이렇게 지적했다.

> 육학陸學(육구연의 학문)은 덕성을 존중하는 것을 근본으로 하고 주학朱學(주자의 학문)은 묻고 배우는 것을 근본으로 하였다. 그리하여 주학을 근본으로 하는 자들은 육학이 선학禪學에 미쳤다고 비방했고, 육학을 근본으로 하는 자들은 주학을 비속한 학문이라고 비웃었다.
> —〈상산학안象山學案〉

주희가 '예禮는 곧 천리'라고 하여 예와 신분제도의 지상성至上性을 강조한 반면, 육구연은 예는 그 근원이 사람의 마음에 있고 마음을 떠나 외재하는 강제적 법칙이 절대 아니라고 했으며 신분의 차이도 하늘이 내려 준 것이 아니라는 유연한 생각을 가지고 있었다. 이러한 차이가 왕안석에 대한 평가도 달라지게 했다. 육구연은 왕안석의 고상한 인품을 극구 찬양했다.

> 그는 평인을 초월한 뛰어난 재질이 있었고, 세속·여색女色·현달을 초개처럼 보았고, 그런 것에는 조금도 마음을 두지 않았으며 결백한 그 지조는 얼음처럼 차가왔다. 이것이 바로 그의 품질이었다. 속학俗學의 저속함과 옛 법의 폐단을 제거하였고, 도술에는 공맹을 따랐으며 법적인 면에서는 꼭 이윤伊尹과 주공周公에 준했다.
> —〈상산선생전집학안〉

육구연은 나아가 신법에 반대한 자들이 "그를 말로써 헐뜯었다."고 비판했다. 이에 대해 주희는 "이러한 의론은 다 학문이 적고 견식이 짧고 몽매한 데서 기인된다."고 비판하고, "그런 견해가 마음대로 범람하는 것"을 용서하지 않겠다고 했다. 육구연은 주희의 공격에 "성인이 다시 나서도 나의 말은 고치지 않을 것이다."라고 받아쳤다.

한편 주희가 '성패로 인물을 논하고 공리로 시비를 논하는 것'에 반대하며 '왕도와 의리를 역사 평가의 표준으로 삼아야 한다'고 주장한 데 대해, 절동의 공리학파 진량은 왕도와 인의는 인간을 사랑하고 만사에 이롭게 하는 백성을 구제하는 마음에 지나지 않는다고 보고, 인의의 마음은 또 반드시 백성에게 혜택을 베푸는 실제적인 일과 공적을 통하여 표현되어야 한다고 주장했다. 이것이 바로 의義와 이利를 함께하고, 왕도와 패도를 병행시키는 것이다.

진량은 또 "공리功利는 유학에 응당 내포되어야 할 의義이고 군자가 반드시 구비해야 할 품성이다. 송조 황실이 위험에 처한 준엄한 형세에 직면하여 공업功業을 세우는 것이 급선무이다. 그럼에도 불구하고 주희가 도덕, 성명性命을 내세우는 것은 공소空疎한 것일 뿐"이라고 비판했다. 그는 주자학의 위선을 엄하게 질책하였다.

> 20년 동안 도덕, 성명의 설이 흥하여 서로 호응했다. 그리하여 상호 혼돈시키고 상호 기만하면서 천하의 실제적인 일들은 전부 폐기하고 종래는 만사를 아랑곳하지 않았다. …… 이런 사람들은 나라의 위망을 아랑곳하지 않고, 자신을 정심正心 성의誠意를 얻은 학자라고 인정하는데, 기실은 모두가 풍비風痹(마비되는 병)에 걸려 아픔도 가려움도 모르는 사람들이다. ―《용천문집龍川文集》

남송은 위학당적 사건이 있고 얼마 후에 멸망하였다. 간당비는 권력을 가지고 일방적으로 역사를 기록하려는 시도였고, 위학당적은 학문의 마당에 정치를 끌어들여 권력의 힘으로 진리를 재단하려 한 나쁜 전례를 남겼다. 하지만 신법당이 간당비를 세우고, 또 주자학이 위학으로 몰리게 된 데에는 이렇듯 복잡한 학문적·역사적 배경이 얽혀 있었다. 송나라의 개혁정치의 성과와 그 한계에 대한 평가가 간당비와 위학당적 문제에 압축되어 있었던 것이다. 주자가 죽고 500년 후 명나라 말기의 유학자 안원은 당시 송나라 지배층의 부도덕성을 지적하고, 그러한 풍조를 만든 원흉으로 또다시 주자를 지목했다.

> 송나라 유학자에게 변방을 지키는 대책을 내놓으면 일이 번거롭다고 떠들어 대고, 부국책을 내놓으면 세금을 많이 거둬들인다고 떠들어 대며, 마음속 깊은 생각이나 무재武才를 내보이면 증오하면서 소인이라 배척한다. 이러한 기풍이 변하지 않았으니 천하가 하루인들 안녕할 수 있었겠는가.

당시 조선의 상황이 송나라와 다르지 않았다. 곧, '간당비'와 '위학당적'은 즉위한 지 1년밖에 안 된 소년 임금이 단정적으로 평가할 수 있는 간단한 문제가 아니었다.

> 간당비가 세워지자 북송이 망하고, 위학당적이 만들어지자 남송이 망하였다.

선조의 이 말은 중요한 의미를 가진 정치적 발언이었다. 선조의 평가는 당시 조정의 대다수를 장악하고 있던 신진 사림의 생각이기도 했다. 신진 사림들은 주자학의 뿌리를 뽑고자 했던 남송의 반주자학자들을 비판했지만, 주자학 이외의 학문을 뿌리뽑아 주자학을 지키려 했다는 점에서 그들도 크게 다르지 않았다.

또한 신진 사림들은 주자학 이외의 다른 학파의 학문을 위학僞學이라고 평하며, 주자학 이외의 학문을 하는 학자를 속류俗流라고 비하했다. 그들 역시 다수의 힘을 이용하여 정의와 진리를 자신들의 뜻에 따라 재단하고, 자신들이 만든 정의와 진리를 임금과 조선의 모든 사람에게 강요했다. 양명학은 물론 법가, 도가, 불가의 선학까지 넓게 포용하던 조선 유학의 학문적 스펙트럼은 선조 이후 실종되고 만다. 이후 조선은 주자학 유일의 세상이 되었다. 누가 권력을 학문의 세계에 끌어들였는가?

도통론과 문묘종사 운동

신진 사림은 조선을 주자학의 나라로 만들고자 주자의 '도통론道通論'을 전면에 내세웠다. 도통론이란 '도의 전승에 대한 계보학'으로 유학의 정통이 누구인지를 밝히는 이론이다. 선조 즉위 직후인 10월 23일, 기대승이 조선 유학의 도통을 논했다.

고려 말기에 정몽주는 충효의 큰 절의가 있었고, 정程·주朱의 학문을 배워 동방 이학理學의 조종祖宗이 되었는데, 불행하게도 고려가 망하려는 때를 당하여 살신성인했습니다. 우리 왕조에 들어와서 정몽주의 학문을 전수하여 익힌 사람은 김종직으로, 학문은 연원이 있고 행실 또한 방정했으며 후진을 가르치는 데 정성을 쏟았습니다. 성묘成廟(성종)께서 그가 어진 것을 아시고 판서를 삼았으나 오히려 세상과 화합할 수가 없었습니다. 연산조에 이르러 사화가 발생하여 사림이 죄를 받았는데 화禍가 그의 문도에게서 나왔기 때문에 김종직에게까지 미쳤습니다. 또 김굉필이 있는데 바로 김종직의 제자로서 김종직은 대체로 문장을 숭상했으나 김굉필은 힘써 실천을 하던 사람이었습니다. 성묘께서 중하게 여기셔서 좌랑을 삼으셨는데 연산조에 이르러 김종직의 문도로서 화를 당했고, 갑자년에 이르러 끝내 큰 죄를 받았습니다. 중묘中廟(중종)께서 즉위하시어 그의 어진 것을 애석히 여겨 표창하고 우의정에 증직했습니다. 조광조는 또 김굉필의 제자인데 독실한 공부가 있어 세도를 만회, 이욕利慾의 근원을 막으려고 했으나 그렇게 하지 못하고 죽었습니다. …… 지금 조정에서 분명하게 시비를 밝힐 수는 없으나 부득이 옳은 것은 옳고 그른 것은 그르다고 한 뒤에야 인심이 기뻐하며 복종할 것입니다. 이언적은 이미 사유賜宥(사면)를 받았는데 비단 죄가 없었을 뿐만 아니라 그의 학문과 행실은 근래에 없던 인물입니다. …… 이언적은 배운 것이 정주학이었으므로 그 말이 모두 도리에서 나왔습니다.

—《선조실록》 즉위년 10월 23일

조선 유학의 도통이 '정몽주—김종직—김굉필—조광조—이언적'으로 이어졌다는 주장이다. 기대승은 도통의 연원을 중국에서 끌어왔다. '도통론'은 송나라 이학가들이 처음 제기한 것으로, 그 당시에도 파벌을 만들어 세상을 어지럽힌다는 비판을 받았다. 특히 공리파의 학자였던 섭적葉適은 도통론이 아무런 근거가 없는 것이라고 신랄하게 비판했다.

도道는 요순으로부터 전해 와서 공자에 이르기까지는 믿을 수 있지만, 공자로부터 증자曾子·자사子思·맹가孟軻에 이르는 단계는 대부분 후세의 유학자들이 억측한 것이므로 믿기 어렵다.

섭적은 공자 이후의 도道는 믿을 수 없다고 단언했다. 공자의 제자가 한둘이 아니었고, 그 제자들이 접수한 학문이 각기 달랐기 때문이다. 각양각색의 문인門人들이 공자의 사상에 대하여 서로 다른 이해와 깨달음을 가지게 되었으므로, 특정한 한 사람이 유학의 정통을 이었다는 주장은 터무니없다는 비판이다. 나아가 섭적은 '증자가 친히 공자의 도를 전했다'는 전통적인 관점을 부정했다.

증자가 죽은 뒤 그가 남겨 놓은 말이 공자의 정도正道에 이르지 못함을 보면 증자는 자신이 소득한 도를 전달할 수는 있어도 공자의 도를 전달했다고 인정할 수는 없다. …… 증자의 학문은 몸을 근본으로 하였는데 얼굴·기색·언사言辭·기氣 외에는 미처 관계하지 못하였으며, 큰 도에 대해서는 많이 빠뜨렸다. 그러므로 지상至上의 학문이라 말할 수 없다. 증자는 자신의 한 몸을 잘 수양하는 것밖에 몰랐으므로 그 취지가 공자의 제세濟世 취지와는 명백히 구별된다. 그러므로 공자가 증자에게 전하고, 증자가 자사에게 전했다는 말은 오류이다.

섭적은 자사·맹가도 비판하면서, 특히 맹자가 공자의 본 전통을 완전히 위반했다며 맹자의 심성학설을 집중적으로 비판했다.

안연顔淵·중자를 거쳐 자사·맹가에 이르기까지 그들이 밝힌 의리義理는 천만 갈래나 되지만 역상易象(음양오행설에서 역의 괘卦에 나타난 현상)이 나타난 것처럼 그렇게 간단하고 확실하고 행하기 쉽지 않다.……마음의 기능에 관한 말은 공자 이후에 나오고, 본성이 선하다는 설은 맹자로부터 시작되었다. 그 후부터 학자들은 옛사람들의 품성과 수양에 관한 조목을 전부 폐지하고 전문심성傳聞心性을 근본으로 하였다. 그 결과 빈 뜻이 많아지고 실제적인 것이 적어졌으며, 억측이 많아지고 모으는 힘이 부족해졌다. 그리하여 요순 이래로 내외로 교체되어 형성된 도가 폐지되었다.

섭적은 도통론의 '홀로 전수받고, 마음으로 전수받는다'는 신비한 학설을 신랄하게 비판했다. 공자의 도는 책에 보존되어 있고, 성인의 마음도 그의 말에서 얻을 수 있으므로 절대 신비로운 점이 없으며 한두 사람이 독차지하여 전할 필요도 없다고 하였다.

성인의 도가 참말로 개별적인 사람들이 몸으로 전달하고 귓속말로 전달하는 신비로운 물건으로 변한다면 이 도가 천하, 국가에 대하여 무슨 의의가 있다는 말인가.

그러나 기대승은 송나라에서 많은 비판을 받았던 낡은 도통론을 조선에 끌어와 정치투쟁의 수단으로 활용했다. 기대승은 같은 자리에서 이항·조식·성운을 이황의 학문과 비교하여 평하면서, 특히 조식의 학문은 법도를 따르지 않았다고 비판했다.

이황과 이항은 신이 보아서 알고 있고 조식은 신이 보지 않아 모르지만 일찍이 벗들을 통해 그 사람에 대해서 들은 바가 있습니다. 이황의 의논을 보면, 자질이 매우 고명하고 정자程子와 주자를 조술祖述했기 때문에 그 저술이 정자·주자에 근사하여 근래 우리나라에서는 이러한 인물이 드문데 그의 성품이 염퇴恬退(이익에 뜻이 없어 벼슬에서 물러남)하기를 좋아하여 젊어서부터 벼슬살이를 싫어하며 고향에서 사느라 고생이 많다고 합니다.

이항은 당초 무예를 일삼으며 멋대로 행동하던 인물이었으나 크게 깨달아 학문을 알고는 공부에 뜻을 두었으니 그 용기는 옛날 사람과 비교해서 무엇이 다르겠습니까. 두문불출하고 글을 읽었고 덕행과 기국器局 또한 성숙되어 외모로 볼 때 근엄합니다. 다만 무인으로서 처음에는 과거 보는 학문을 하지 않다가 만년에야 학문을 알았기 때문에 해박하게 통하지 못하였습니다.

조식은 기질이 꼿꼿하여 천 길 절벽이 우뚝 서 있는 것 같다고 했으니 무딘 자를 흥시키고 나약한 자를 일으켜 세울 만하나 학문은 법도를 따르지 않는 병통이 있습니다. 성운成運 역시 유일遺佚(유능한 사람이 등용되지 않음)의 선비로서 선 왕조에 소명을 받들고 올라왔다가 병으로 사직하고 물러갔는데 나이가 이미 70여 세가 되었습니다. 이 사람에 대해서는 들은 것이 없으나 대개 명리名利를 탐내지 않고 스스로의 절조를 지키는 자입니다. 한 시대의 어진 이는 한 사람만이 아니나 이황 같은 사람은 우뚝하게 뛰어난 자입니다.

- 《선조실록》 즉위년 11월 17일

30대 젊은 선비의 입에서 나온 말이라고는 믿기지 않을 만큼 거침없는 평론이다. 기대승의 발언으로 시작된 '도통론'은 신진 사림이 권력을 완전히 장악한 선조 3년 '문묘종사文廟從祀' 운동으로 이어진다.

관학 유생 등이 대궐에 엎드려 상소를 올려 진유眞儒를 높여 장려할 것을 빌면서 김굉필·정여창·조광조·이언적을 문묘에 종사하여 선비의 추향을 밝히고 원기를 배양하는 곳으로 만들기를 청하였다. —《선조실록》 3년 4월 23일

문묘종사 운동은 곧 조선 유학의 도통을 공식적으로 확인하려는 시도였다. 공자의 위패를 모시는 문묘에 모셔진다는 것은 곧 조선 유학의 정통으로 인정받았음을 뜻하는 것이기 때문이다. 이후 선조 6년 8월에는 드디어 이황을 문묘에 종사하자는 주장이 나온다. 선조는 문묘에 종사하는 것은 일이 가볍지 않으므로 쉽사리 거행할 수 없으니 청한 것을 윤허하지 않겠다고 거부했지만, 이황을 문묘에 종사하자는 청은 끈질기게 이어졌다.

아, 사도에 공이 있는 사람이 이 네 신하뿐만이 아닙니다. 전인前人에 견주어 부끄럽지 않은 또 하나의 현인이 있습니다. 삼가 상고하건대, 영의정 문순공 이황은 타고난 천품이 빼어났고 의도儀度가 단아하고도 근엄하였습니다. 타고난 총명과 드러난 충신에다 학문은 넓으면서도 요점이 있고 행실은 온전하면서도 도타웠으며, 외적인 욕망을 끊고 자신을 다스리기에만 전념하였고, 이학을 궁구하여 미묘한 이치를 환히 알았습니다. —《선조실록》 9년 4월 24일

부사과副司果 임기가 상소를 올려 도통과 문묘종사 논의를 비판하고 나서자, 사헌부가 나서서 임기를 강력하게 탄핵했다.

부사과 임기는 음험하고 흉악한 사람으로 간악한 마음을 품고 못하는 짓이 없습니다. …… 송유宋儒(송나라 유학자)들이 성학聖學(성인이 가르친 학문. 특히

서울 문묘 대성전大成殿. 문묘는 제사를 지내는 공간인 대성전 구역과 교육을 위한 공간인 명륜당 구역으로 나뉘어 있다. 대성전은 선조 34~35년에 지은 건물로, 공자를 비롯한 4대 성인과 공자의 제자들, 그리고 우리나라 명현 18인의 위패를 모시고 있다. 문묘에 위패를 모신다는 것은 조선 유학의 정통으로 인정한다는 의미였다.

유학)을 강명講明(연구하여 밝힘)하여 공맹孔孟의 도통을 계승함으로써 온 천하가 모두 스승으로 받들고 있는데, 임기는 위학僞學이라 지명된 것은 모두 스스로 취한 것이라고 하였습니다. …… 그가 학문을 원수처럼 본 죄를 말하자니 통심痛心함을 견딜 수가 없습니다. 임기를 잡아다가 추국하여 죄를 정하소서.

- 《선조실록》 9년 7월 21일

선조는 임기의 일이 무엇이 그리 대단하냐며 무리한 말은 받아들이지 않으면 될 뿐이라고 일축하고 임기를 처벌하라는 요구를 윤허하지 않았다. 이후에도 이황의 문묘종사 요구는 끊임없이 제기되었다. 결국 광해군 대에 김굉필·정여창·조광조·이언적·이황 등 이른바 5현五賢이 문묘에 종사됨으로써 사림파의 이념적·정치적 승리가 완결되었다.

7장
죽어나는 백성들

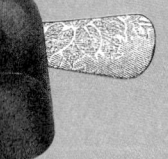

"지금 사세는 기강이 서 있지 않아 모든 법도가 허물어지고 해이하여 손을 쓸 곳이 없다. …… 유능한 목수도 없이 느닷없이 구옥舊屋을 헐어 놓기만 하고, 마침내 새 집을 못 만든다면 빈터만 남게 될 것이다. 지금 조정 신하 가운데 이 일을 감당할 만한 사람이 누구이겠소?"

– 김계휘

정치가 이황

  이황은 상경해서 8개월 동안 조정에 머물렀다. 그 짧은 기간 동안 이황은 조광조의 학문과 정신을 계승한 적자로서 자신을 자리매김했으며, 문소전 문제를 둘러싼 정치투쟁에서 이준경을 꺾어 사림의 새로운 구심점으로 우뚝 섰다. 이황은 기대승, 이이, 정철, 윤두수 등 조정의 신진 사림은 물론이고 선택을 망설이고 있던 재야 사림을 하나로 묶어 내는 역할을 함으로써 조선 사림의 새로운 주류가 되었다. 이렇게 이황의 상경은 그 자체로 세상을 엄청나게 변화시켰다. 단 한 번의 짧은 상경으로 이황의 정치적 위상은 인순왕후와 척신들을 능가하게 되었다. 이황을 구심점으로 세가 불어나기 시작한 사림은 한 번 구를 때마다 몇 배의 크기로 불어나는 눈덩이 같았다. 향촌에서 눈치를 보고 있던 대부분의 사림 세력이 모두 이황의 영향력 속으로 휩쓸려 들이갔다. 이황은 명실공히 사림의 종장으로 우뚝 섰다. 조선 정치사에 일어난 거대한 태풍이었다. 이제는 어느 누구도 이 거대한 바람을 잠재울 수 없었다. 바야흐로 조선은 사림의 나라가 된 것이다.

  조선이 개국한 이래 200년간 사림은 소수 세력이었다. 견제와 균형이라는 정치 원리가 통하지 않던 시대에 사림 세력은 언제나 탄압의 대상이었다. 조정의 권력을 쥔 훈구 공신과 왕은 사림 세력을 자신들의 필요에 따라 이용하기도 하고 제 마음대로 버리기도 했다. 사림 세력은 늘 위태로운 줄타기를 할 수밖에 없었다. 힘의 균형이 깨지고 권력이 자제력을 잃으면 사림은 어김없이 큰 희생을 당했다. 그런 어려움 속에서도 사림은 성종, 중종 연간에 착실하게 지방을 장악해 갔다. 만만찮은 경제력과 학문적 소양을 바탕으로 힘을 키웠고, 또다시 권력에 도전한 끝에 이황의 상경으로 드디어 꿈을 이뤘다. 이제 이황은 산림에 묻혀 학문을 하는 단순한 지식인이 아니라, 조선의 사림 세력을 한 몸에 짊어진 힘 있는 정치가였다. 이황이 사직을 청하면서 선조와 나눈 대화를 보면, 그가 세상 사람들이 자신에게 바라는 역할이 무엇인지 정확히 알고 있었음을 확인할 수 있다.

> 판중추부사 이황이 병을 이유로 귀향하였다. 이황 자신이 노병을 들어 시골로 돌아가게 해줄 것을 간곡히 청하면서 계속 장소를 올리니 상이 인견引見(불러서 만나 봄)하고 두세 번 간곡히 만류하였으나, 이황은 더욱 강력히 물러가기를 청하였다. 상이 이르기를,
> "경은 지금 돌아갈 것인데 무슨 하고 싶은 말이 있는가?"
> 하였다. 이황이 대답하기를,
> "우리나라에 사림의 화가 중엽부터 일어났는데, 폐조廢朝의 무오사화와 갑자사화는 말할 것도 없거니와 중종조의 기묘사화는 현인, 군자가 모조리 큰 죄를 당하였습니다. 그때부터 사邪와 정正이 뒤섞이게 되었고 간사한 무리들이 득세하였는데, 그들이 개인적으로 원한을 갚기 위해서는 반드시 기묘의 여습餘習(아직 남아 있는 버릇)이라고 하였으므로 사림의 화가 연속되어 왔던 것입니다. 당시 명종은 어렸으므로 권간들이 득세하여 한 사람이 패하고 나면 또 한 사람이 나와 뒤를 이어 용사用事(권세를 부림)했기 때문에, 사화가 차마 말할 수 없게 되었던 것입니다. 바라건대 이 지난 일들을 앞으로의 경계로 삼으소서."
> 하니, 상이 이르기를,

"아뢴 바를 내 마땅히 경계로 삼으리라."

하였다. 또 묻기를,

"경은 조신朝臣들 중에 추천할 만한 자가 없겠는가?"

하니, 대답하기를

"오늘날 대신의 지위에 있는 이들이 모두 청신하고 육경도 사특한 사람이 없습니다. 그리고 수상首相에 있어서는 위의危疑(마음이 편치 않고 의심스러움)스러운 즈음에 당해서도 음성이나 안색을 동요하지 않고 나라 형세를 태산처럼 안전한 자리에 올려놓았으니, 참으로 주석柱石 같은 신하로서 의중倚重(무겁게 의지함)할 만한 사람으로는 그 사람보다 훌륭한 이가 없을 듯싶습니다."

하였다. 상이 또 학문의 선비로 누가 있느냐고 묻자, 대답하기를,

"그 점에 대해서는 말하기 어렵습니다. …… 그러나 기대승 같은 사람은 문자를 많이 보았고 또 이학에 있어서는 소견이 초월한 경지에 도달하여 통유通儒라고 할 수 있습니다. 다만 수렴收斂의 공부가 좀 부족합니다."

하였다.
― 《선조수정실록》 2년 3월 1일

이황은 결국 왕의 만류를 뿌리치고 귀향길에 올랐다. 그가 귀향할 때 명사名士들이 서울을 비우다시피 모두 나와 전송을 하면서 시를 읊어 작별의 정을 나누었으며, 이황은 전송 나온 수많은 사람들을 차마 뿌리치지 못하여 한강 가에서 사흘 밤을 보낸 후에 고향으로 돌아갔다. 그러나 이처럼 이황의 낙향을 아쉬워하면서도 막상 그가 떠난다고 했을 때 적극적으로 말리는 사람은 없었다. 집의 권덕여權德興는 상소를 올려 "그(이황)를 만류한 사람이 있다는 말을 듣지 못했고 도리어 말을 내주자는 청만 있었던 이유가 무엇이냐"고 물었다. 승정원에서 왕에게 이황을 만류할 것은 청하지 않고

지레 인견引見(임금이 불러서 봄)할 것을 청하고, 또 이황이 물러가는 것을 허락하기도 전에 지레 역말을 주어 보낼 것을 청했던 것이다. 이는 이황의 정치적 역할이 여기까지였음을 의미한다.

이황은 늘 자신은 경세제민經世濟民의 재주가 없다고 말해 왔다. 정치는 스스로 자신없다고 여겼으며, 그렇다고 권력이나 재물에 욕심이 있는 것도 아니었다. 오직 성리학에 대한 탐구만이 그의 관심사이자 즐거움이었다. 그런 이황이 일흔이 다 된 나이에 왜 정치 현장에 뛰어들어 투사로 변신했을까? 그 해답은 선조와 이황의 마지막 대화에서 찾을 수 있다. 이황은 임금이 하고 싶은 말이 있으면 하라고 했을 때, 사와 정이 뒤섞인 것을 바로잡는 것이 무엇보다 중요하다고 했다. 그가 정치에 참여한 이유가 자신의 학문과 정치적 견해가 '정正'이라는 것을 세상에 보여 주기 위해서였음을 알 수 있다.

명종 연간은 다양한 학자들이 자유롭게 자신의 학문적 견해를 밝히고 논하는 백가쟁명百家爭鳴의 시기였다. 당시 우주와 인성에 대하여 정미하게 탐구해야 도에 이를 수 있다는 견해에 비해, 세세한 탐구보다 실천을 중요시하는 흐름이 더 강했고, 이런 분위기에서 이기논변과 같이 지나치게 사변적으로 흐르고 있던 이황의 주자학은 위학僞學 논란에서 자유롭지 못했다.

이러한 논란을 불식시키고자 이황은 주자학을 정학正學으로 공인받으려고 평생 노력했다. 그는 일찍이 자신이 학문을 하는 목적이 '파사현정破邪顯正'하려는 데 있다고 밝혔다. '현정顯正'이라 함은, 조광조가 이일원론理一元論적 세계관에 입각하여 지치주의 정치 이념을 구현하려다 실패한 뒤 위축된 성리학의 정통 학풍을 다시 진작시키겠다는 의미였다.

이황은 송나라 진덕수眞德秀의 《심경心經》을 읽고 "나는 평생 이 책을 믿기를 신명과 같이 알았고, 이 책을 공경하기를 엄한 아버지같이 했다."고 말했다. 자신의 학문에 대한 믿음과 신념을 단적으로 보여 주는 대목이다. 이황이 생각한 바람직한 정치는 《춘추》의 세계였다. 춘추대의를 분명하게 밝히고 준엄한 정명론正名論에 입각하여 정치를 해야 한다고 했다. '반드시 명분을 바로 세워야 한다. 명분이 바로 서지 못하면 말이 올바르지 못하고, 말이 올바르지 못하면 일이 성사되지 않는다'는 견해였다. 이황은 정치가 효과를 보려면 먼저 본말本末, 선후先後, 완급緩急의 차이를 밝혀 이에 따라 대응해야 한다고 했다.

> 임금이 몸소 행하고 마음으로 얻은 것에 근본하여 백성의 일용, 인륜의 가르침을 행하는 것이 정치의 본本이요, 법제를 추종하고 문물을 답습하고 현실을 개혁하고 옛것을 스승삼고 모방하고 비교하는 것은 말末입니다. 본은 먼저 하고 급히 해야 하며, 말은 나중에 하고 늦게 하는 것입니다. ―《퇴계선생문집》

그는 '본말'과 '선후'의 차이가 잘못되면 결과는 하늘과 땅만큼 큰 차이가 난다면서, '본'이 이루어지면 '말'은 저절로 해결된다고 했다. 이와 같은 정치적 지향에 조응하여 이황은 법과 제도 개혁에 소극적인 입장을 취했으며 국가를 개혁하는 변법變法에 협력하지 않았다. 그런 점에서 이황은 절박한 상황에서 신음하던 백성을 외면했다고 할 수 있다.

이러한 이황의 학문관과 정치관은 이준경의 실용주의적 정치 성향과 많은 차이가 있었다. 이황은 남곤의 처벌과 문소전 투쟁을 통해 천하의 명분을 앞세워 이준경을 공격했다. 왕이 요순과 같은 성인이 되고 백성이 요순시대의 백성같이 순해야 태평성대를 열 수 있다고 생각한 이황에게, 정치의 핵심은 수양과 교육이었다. 그의 눈에 개혁과 변법을 추구하는 이준경 등은 '진정한 유학자'가 아니었다. 진정한 유학자가 아닌 자의 '잘못된 정치'를 바로잡는 것이 나라와 백성을 위한 자신의 길이라고 생각했던 것이다.

이황이 낙향한 후 정치를 주도한 사람은 심의겸과 이이였다. 이황이 "이학에 있어서는 소견이 초월한 경지에 도달하여 통유通儒"라고 했던 기대승도 얼마 되지 않아 조정에서 밀려나게 된다.

쫓겨나는 원로대신들

신진 사림과 원로대신들의 대립은 점점 더 날카로워졌다. 상대의 학문을 가짜 학문이라 비난하고, 상대를 거짓 선비라고 욕보이면서 갈등의 골은 점점 깊어져 갔다. 이런 불안한 정치 상황이 오래갈 수는 없었다. 이이가 17년간 자신이 경연에서 강론한 내용을 기록한 《석담일기石潭日記》의 선조 2년 7월 기록을 보면, 정철이 이준경과 홍담 등 대신들을 제거하자고 주장한다.

마땅히 선비들이 먼저 터뜨려야 할 것 같은데, 앉아서 망하기를 기다리느니 차라리 먼저 처버리는 것이 낫지 않겠는가?

이이는 정철을 말렸다.

옳지 않다. 먼저 터뜨리면 반드시 위태할 것이다. 그가 탐욕스럽고 비루한 소인이 아니요, 착한 사람을 시기하는 마음도 아직 실제의 일에는 드러나지 않아 상하가 모두 그 죄악을 알지 못하는데, 별안간 공격하면 남에게 믿음도 받지 못하고 오히려 화만 도발하게 되는 것이다. 선비 된 이들은 스스로 언행에 조심하고 몸을 신칙申飭(타일러 경계함)하여 성의를 쌓아 임금의 마음을 얻도록 하는 것보다 더 좋은 것은 없다. 그도 역시 먼저 터뜨리지 못하고 있으니, 지금 사세는 먼저 터뜨리는 편이 반드시 불리할 것이다. 　　－《석담일기》

상대를 거꾸러뜨릴 방안을 논의하면서 오간 대화 내용을 이이는 일기에 구체적으로 기록하였다. 이때부터 당파싸움의 서막이 열린 것이다. 신진사림과 원로대신의 싸움은 선조 2년 4월 19일 경연에서 기대승이 김개를 비판하고 나서면서 이미 시작됐다. 기대승이 지목한 김개의 발언 요지는 이렇다.

조광조의 처사에는 잘못이 있다. 자기에게 붙은 자는 진출시키고, 자기와 달리하는 자는 배척하였다고 하였고, 또 남곤을 추삭追削(죽은 사람의 벼슬을 깎음)할 수 없다고 하였으며, 또 이행李荇을 정광필에게 비길 수 있다고 하였다.

조광조의 당파적 행태를 비판한 김개의 발언은 곧 신진 사림의 당파적 행태를 비판한 것으로 받아들여질 수 있었다. 기대승은 김개를 비판하고 나섰다.

김개는 소신小臣이 나이 어려 미처 알지는 못합니다만, 그 사람은 몸가짐은 청근▨▨하나 식견에 그릇된 곳이 있어 망발한 것입니다. 위에서 혹시나 편치 않은 마음이 있으시다면 옳지 않으므로 감히 계달합니다.

선조는 남곤의 처리 문제, 문소전 시비 등이 겨우 진정된 마당에 또 다시 격렬한 시비가 벌어질까 봐 서둘러 봉합에 나섰다.

조광조의 일은 내가 15세경까지 여염에서 자라 외간 일을 모르는 것이 없으니, 조광조가 현인이라는 것을 일찍이 들었다. 공론도 분명하므로 그 시비에 대해서는 조금도 의심이 없다.
－《선조실록》 2년 4월 19일

임금의 간곡한 만류에 기대승 등은 일단 뒤로 물러섰다. 그러나 두 달 후인 선조 2년 6월 9일, 이번에는 김개가 또다시 이 문제를 공론화시킨다. 이때 김개는 자신의 말이 어떠한 결과를 불러올지 충분히 예측한 듯 "지금 이 자리를 나가면 다시는 임금 앞에서 소신의 생각을 말할 기회가 없을 것"이라면서 직설적으로 신진 사림의 행태를 문제 삼았다. 김개는 명종 시대 이준경, 이황 등과 함께 청백리에 뽑혔던 청렴한 인물이다. 중종 20년 진사시에 장원하고 식년문과에 급제하여 사헌부, 홍문관, 승정원에서 요직을 두루 거쳤으며 선조가 즉위할 때에는 호조판서를 거쳐 형조판서로 있었다. 이때의 직위는 대사헌이었다.

선비 된 이는 마땅히 제 몸이나 신칙하고 남의 과실은 말하지 않는 것인데 지금의 소위 선비란 자들은 제 행실은 부족하면서도 함부로 남의 옳고 그름을 말하고, 대신을 훼방하니 이런 풍조를 길러서는 되지 않을 것입니다. 기묘사화 때 조정에 부박한 선비들이 많아서 동류를 끌어 올려 이의異議하는 사람을 배척했으니 조광조가 죄를 얻는 것도 모두 부박한 자들이 빚어 낸 일인 것입니다. －《선조수정실록》 2년 6월 1일

김개는 우선 조광조와 부박한 무리들을 구별하고, 지금의 신진 사림들이 그때의 부박한 무리들과 다르지 않다고 일갈하였다.

조광조의 학문과 마음 씀씀이는 진정 범상치 않았으나 다만, 다른 사람을 지나치게 믿어서 실제로는 그렇지 않았음에도 불구하고 말만 능하게 하는 자를 끌어들여 …… 자기에게 붙는 자는 진출시키고 자기와 다른 자는 배척함으로써 그때도 조정이 화평하지 못하였습니다. …… 젊은 사람들이 조정을 장악하여 무차별적으로 원로 중신들을 비판하여 불화를 초래하고 가정에서 사의私議를 해서 민심의 동요가 없지 않으니 이를 중지함이 옳습니다.
기묘년에도 사람이 역시 많았는데 어찌 모두가 선인이겠으며, 선인 가운데서도 그릇 생각하여 실수한 자가 어찌 없겠습니까. 후세에서 기묘년 사람을 잊지 못하는 것은 단지 그 대강만이 옳았기 때문입니다. …… 다만 조광조가 국사를 하려다가 비명에 죽은지라 이를 지금까지 인심이 애통하게 여겨 잊지 않고 있을 뿐이라. －《선조실록》 2년 6월 9일

조광조에 대한 김개의 평가는 이황이 쓴 조광조의 행장과 크게 다르지 않았다. 다만 김개는 신진 사림들이 파당을 지어 사사로이 집에서 사적인 의논을 하여 민심을 동요시키고 조정의 불화를 초래하여 나라를 혼란으로 이끌고 있다고 비판한 것이다. 그는 특히 "조정의 삼공三公을 두루 비방하

고, 그중에서도 특히 영상 이준경을 비방하는 것은 더욱 잘못된 것"이라고 지적했다. 김개의 발언이 전해지자 신진 사림이 장악하고 있던 양사兩司(사헌부와 사간원)는 그날로 즉각 김개의 삭탈관작과 문외송출門外送黜을 주장하고 나섰다. 승정원까지 집단행동에 돌입하여 좌승지 기대승·우승지 심의겸을 비롯해 거의 모든 승지들이 임금에게 몰려갔다.

> 김개의 말은 존망存亡과 관계되는 일입니다. 필찰筆札로는 아뢸 수 없어 신하들이 전원 면대하기를 청합니다.

심의겸과 기대승이 누구인가? 척신 세력과 신진 사림을 이끌고 있는 실세 중의 실세였다. 그들이 승지들을 이끌고 힘을 과시하며 선조를 압박하고 나섰다. 임금을 가장 가까이에서 모시는 신하들이 단체로 몰려가 임금을 위협하다시피 하였으니 선조는 몹시 당황스러웠을 것이다.

> 노신이 어찌 다른 뜻이야 있겠는가, 진정하면 조정이 화평할 것이니 이보다 더 좋은 일이 있겠는가.

선조가 좋은 말로 타일렀다. 그러나 승지들은 집요하게 선조의 인견을 요구했다. 선조는 결국 분노에 찬 그들의 목소리를 들어야 했다.

> 오늘날의 계사啓辭(신하가 올리는 글이나 말)를 보니 기묘년의 일만을 말하는 것이 아닙니다. 근래 나이 젊은 사람들이 그 시비를 분명히 가리려 하므로, 이와 같이 그르다고 한 것이며, 구함驅陷하여 바른말을 못하게 한 것이고, 기묘의

일을 들어서 슬그머니 위의 뜻을 탐시해 보려고 한 짓이니 어찌 이와 같이 남을 해칠 마음을 품을 수 있습니까. …… 김개의 아룀이 이와 같으니 그의 정은 비록 소인과 다르다 하더라고 그 죄는 전고의 간사한 악이 모두 그에게 모인 것입니다.

임금은 승지들을 타이르고 조정을 동요케 하지 말라고 당부한 다음, 승지들의 집단행동을 나무랐다. 국왕의 비서실인 승정원이 대신의 발언을 직접 탄핵하는 것은 월권을 넘어 임금을 압박하는 쿠데타적 사건이었다. 승정원은 왕명의 출납기관이면서 대궐의 문을 열고 닫는 등 임금의 신변을 보호하는 역할을 맡고 있었다. 그런 기관에 소속된 관리들이 무리를 지어 임금 앞에서 세를 과시하고 언성을 높이며 임금을 압박하는 것은 상상하기 어려운 행태였다.

비록 문제가 있는 그릇된 일이 있다고 하더라도 승지가 나서 나라의 시비를 가리는 것은 옳지 않다. 대간과 대신이 있으니 위에서 대신과 의논하여 처리함이 옳다.

그러자 심의겸이 감히 임금에게 맞섰다.

김개가 조정을 동요시킨 것이지 신들이 어찌 감히 조정을 동요시키겠습니까.

기대승은 한 발 더 나아갔다.

예로부터 시비는 없을 수 없는 것입니다. 세속에서 혹은 너그럽게 포용하는 것이 옳다고 하고 혹은 조용히 진정시키는 것이 옳다고 하나, 이는 모두 그렇지 않습니다. 시비是非와 사정邪正은 서로 용납될 수 없습니다. 음과 양, 낮과 밤의 상반됨과 같아서 저것이 이기면 이것은 쇠하고 이것이 이기면 저것은 쇠하기 마련입니다. 그러니 위에서 부득이 그 시비를 결정하셔야 합니다. 물과 불, 얼음과 숯이 한 그릇에 있게 되면 마침내는 해가 있습니다. 한두 사람의 허물을 말하는 것도 오히려 옳지 않은데, 다구나 온 세상 사람을 무함하려는 것이야 더 말할 게 있습니까.

저것이 이기면 이것은 쇠하고 이것이 이기면 저것은 쇠한다. 오직 승패만 있을 뿐이니 지금 시비를 결정하라는 요구였다. 기대승이 다시 나섰다.

지난번 문소전의 일을 기화로 간사한 사람들이 헛된 말을 날조하여 기대승이 "영상은 마땅히 파직되어야 하고, 좌상은 마땅히 뺨을 맞아야 한다."고 했다는 말을 날조하여 퍼뜨렸습니다. 어찌 이와 같은 놀라운 말이 있을 수 있겠습니까.

당시 영상은 이준경, 좌상은 권철이었다. 기대승은 정3품 승지였다. 40대 초반의 승지가 일흔이 다 된 정승의 뺨을 때려야 한다고 말했다는 소문이 시중에 파다하게 퍼져 있었다는 것이다. 기대승은 자신도 들은 소문이라며 김개의 이야기는 결국 젊은 선비 여섯 명을 모함하기 위한 것이라고 주장했다. 선조가 깜짝 놀라 그 여섯 명이 누구냐고 묻자, 심의겸이 답하기를 이탁, 박순, 기대승, 윤두수, 윤근수, 정철이라고 했다. 김개는 제대로 변명 한 번 하지 못하는 상황에서 삼사의 탄핵이 계속 이어졌다. 사헌부 5품 관 지평 정철이 임금을 대면하고 집요하게 김개를 탄핵했다.

"김개가 지금 성청^{聖聽}을 현혹시켜 화를 사람에게 돌리려고 하고 있는데, 성상께서는 그것을 잘 살피서야 할 것입니다."
하니, 상이 큰 소리로 이르기를,
"정철이 지나치다. 김개가 어디 그렇게까지 할 사람이던가?"
하였다. 정철이 아뢰기를,
"우레와 같은 위엄이 아무리 무서워도 신은 할 말을 다 해야 하겠습니다."
-《선조수정실록》2년 6월 1일

결국 김개는 소인으로 몰려서 도성을 떠났고, 이조판서 홍담도 뒤이어 쫓겨났다. 이이는 홍담을 이렇게 평했다.

홍담 같은 사람은 집에서는 효도와 우애의 행실이 있고, 조정에 시시는 청렴결백하다는 명성이 드러났으며, 일을 처리하는 데는 재간이 많았으니 유속배 流俗輩들이 누가 어진 사람이라 하지 않겠는가. 그러나 그 속심을 살펴보면 고집스럽고 편벽하며 자신만을 믿어 어진 이를 좋아하는 도량이 없었다. 만일 임금이 홍담 같은 사람을 신용하다가는 어진 사람을 방해하고 나라를 병들게 하여 결국은 대란에 이르고 말 것이다.   -《석담일기》

홍담은 우애 있고, 청렴결백하고, 업무 처리 능력이 우수하며 행실이 곧은 사람이지만 '어진 이를 좋아하는 도량'이 없으므로 쫓겨나야 한다는 말이다. 이이가 말한 어진 사람이란 이황, 박순, 기대승, 정철, 그리고 자신 같은 사람이다. 결국 홍담이 자신들의 의견에 동조하지 않은 죄로 쫓겨나게 되었다는 뜻이다.

> 홍담이 이조판서가 되고서는 이탁(李鐸)이 하던 일(과거를 거치지 않은 사람을 관직에 임명하는 낭천제)을 모조리 뒤엎었으므로 낭관들과 알력이 생겨 사류를 몰아낼 생각을 하였다. 이에 홍담은 스스로 불안을 느껴 병을 이유로 면직됐다.
> ―《선조수정실록》 2년 6월 1일

이렇게 해서 원로대신 홍담도 쫓겨났다. 김개와 홍담이 쫓겨나자 신진 사림과 척신의 압력은 더욱 노골화되었다. 판서 송순도 물러났고 우의정 홍섬도 함께 사직원을 냈다. 이준경은 이때 유희춘에게 보낸 편지에서 "근래 구상(舊世)들이 조정을 계속 떠나고 있다."며 아쉬운 마음을 토로하였다. 선조가 즉위한 지 겨우 2년이 된 여름의 일이었다. 김개와 홍담은 이황을 폄하하는 발언을 해 이미 신진 사림의 표적이 되어 있었다. 김개는 선조 2년에 이황이 고향으로 물러가자 "경호(景浩, 이황의 자)는 이번 걸음에 소득이 적지 않았다. 잠깐 서울에 들렀다가 1품의 고신(告身)을 손에 넣어 향리의 영화거리가 되었으니 그 얼마나 만족할 것인가"라고 했고, 홍담은 "진유(眞儒)가 어찌 지금 세상에 나오겠는가. 지금 학문을 한다고 자칭하는 사람은 가짜다."라고 한탄한 바 있다. 홍담이 누구를 특정하지는 않았지만 이황을 지칭한 것이 틀림없다. 결국 이들은 신진 사림의 집중 공격을 받아 가장 먼저 쫓겨났다. 이때의 일을 두고 정철은 당시 김개와 이준경이 사전에 모의하고 일으킨 사건이라고 문집에 기록했다.

이 일은 사실 김개가 당시 영의정이던 이준경의 뜻을 받아 장차 박순·박응남·기대승 등 연배가 앞선 이들은 물론 송강·율곡 등까지를 포함한 사림계 인물 17인을 논죄하고, 그 여파를 퇴계에까지 미치려 한 것이었다. 퇴계도 이 일을 두고 고봉高峰(기대승의 호)에게 보낸 편지에서 말했다.

"우리 무리가 오늘날 실로 국사를 뜯어고치고, 정치의 법을 변란시키며, 나이 많은 옛사람들을 장차 쫓아내고, 이쪽 당만을 끌어들이려 한 일이 없는데 저들이 터무니없는 말로 죄를 꾸미며 지난날 잘못된 일들을 끌어다 오늘의 일을 지탄하는 데 증거를 삼아 우리를 반드시 그물과 함정에 밀어 넣고야 말려고 한다."

정철은 김개와 이준경이 모의하였다고 주장했지만, 그렇게 볼 만한 근거는 없다. 오히려 이황이 편지에서 '우리 무리' '이쪽 당'이란 표현을 서슴없이 사용하는 것으로 보아 파당적 인식이 상당히 깊이 뿌리내리고 있었음을 알 수 있다.

이상과 현실, 그 머나먼 거리

선조 즉위 초 조정에서 사림들의 권력투쟁이 한창이던 그때, 궁궐 밖 백성들의 삶은 곤두박질치고 있었다. 백성들을 가장 힘들게 한 것은 고리채와 방납防納의 폐해였다. 관청에 진 빚을 탕감하여 노비로 전락할 위기에 처한 백성들을 구해 주고, 탐관오리와 권문 토호들이 관여하고 있는 공납의 대납(방납)을 강력하게 단속하는 개혁이 하루빨리 단행되어야 했다.

중종 대만 해도 국가가 삼창三倉(사창, 의창, 상평창)에 비축한 곡식이 200만 석을 넘었으며, 연산군 재위 초반까지는 외적의 침략에 대비하여 군자곡軍資穀 100만 섬과 사섬시司贍寺(저화楮貨의 발행과 보급, 노비로부터 공납되는 면포를 관리하던 관청)에 면포 20만 동을 확보하고 있었다. 삼창은 날씨가 순조롭지 못해 수확이 모자라면 백성에게 곡식을 대여해 주고, 곡물 가격이 너무 높으면 곡물을 풀어 가격을 조절할 목적으로 국가에서 관리하던 창고이다. 세종이 흉년이 오면 위기에 내몰리는 백성의 삶을 보살피고 경제적 위험에 대처할 수 없는 백성들을 구제하고자 설치한 기관이다. 그러나 선조가 즉위할 당시에는 비축한 곡식이 여유가 없었고, 관리들의 부패로 그마저도 적절한 시기에 백성들에게 배분되지 않았다. 흉년이 들면 백성은 고리채에 의존할 수밖에 없어 결국엔 가지고 있던 손바닥만 한 전토를 힘 있는 자에게 빼앗기고 말았다. 외적의 침략에 대비하여 비축해 놓은 군자곡도 중종 25년에는 50만 섬으로, 명종 6년에는 10만 섬과 면포 6만 동으로 줄어들었다. 백성들의 부담을 덜고 조세 누수를 막아 국가재정을 튼튼히 할 수 있는 대책 마련이 시급했다. 이러한 상황에서 조정에서 구폐책救弊策을 시행하려 하자 기대승이 반대하고 나섰다.

임금은 하늘처럼 지공무사至公無私해야 합니다. 만일 한쪽으로 치우치게 신임하는 마음을 갖는다면 간사한 소인들이 기회를 노려 그 해는 이루 말할 수 없는 것입니다. 혹 일이 뜻대로 되지 않으므로 범상한 상태로 되돌아가 잘 종결짓지 못하면 지치至治를 이룩하지 못하는 것입니다. …… 들자니 경연에서 올린 구폐책을 상께서 쾌히 시행하시려고 결심하셨다고 합니다. 그러나 한 사람의 소견은 한계가 있게 마련이고, 천하의 사변이란 무궁한 것인데 만약 한 사람의 오견(誤見)으로 이미 왕명을 내린 뒤에는 나중에 개정한다 하더라고 미안한 것입니다. …… 요즘 누적된 폐단이 매우 많으니 변혁하는 것 역시 아름다운 일이나, 신의 생각으로는 우선 매우 심한 폐단만 들어 없애고 상의 학문이 차츰 높아지고 경력이 오래 쌓여 아래 신하들도 착수할 때 신중을 가하도록 경계한 연후에야 하는 일들이 견고하게 될 것이라 여깁니다. 이러한 말이 매우 퇴폐적이고 무력한 것 같지만 조종조 때부터 누적된 폐단이 너무나 많아 지금 인심을 복종시킬 수 없는데 갑자기 법령으로 그 폐단을 구제하려고 한다면 혹시 다른 병통이 발생하여 뒤 폐단이 없지 않을 것입니다. …… 요즘 인정을 살펴보건데 그 근본을 다스리려는 자는 적고 우선 목전에 당한 일만을 힘쓰는 자가 많습니다. …… 인심이 함닉된 지 이미 오래여서 형륙(刑戮)(형벌로 죽임)도 두려워하지 않는데 어떻게 호령만으로 다스릴 수 있겠습니까. 저마다 그런 마음을 갖지 못하게 해야 합니다. 공자는 말씀하시기를 '빨리 하고자 하지 말며 소리(小利)를 구하지 말라. 빨리 하고자 하면 달성하지 못하고 소리를 구하면 대사(大事)를 이루지 못한다' 하였으니 이 말씀은 나라를 다스리는 데 지당한 논설입니다.

-《선조실록》2년 1월 16일

구폐책은 선조가 즉위한 지 1년 반이 넘은 뒤에야 비로소 나온 때늦은 조치였다. 그러나 기대승은 민생 현안을 보살피는 시급한 대책을 오히려 미루자고 했다. 반대 이유는 이준경에게 구폐책 시행을 맡긴다면 임금의 신임이 한쪽으로 치우치게 되어 정치적으로 불공평하다는 것, 그리고 성공 가능성이 크지 않다는 것이었다. 더구나 "조종조로부터 누적된 폐단이 너무도 많아 인심을 복종시킬 수 없다"는 말로 은근히 임금을 협박하기까지 했다. 또한 기대승은 백성을 보살피는 것을 '소리小利'라고 폄하하였다. '소리를 구하면 대사大事를 이루지 못한다'고 하였으니, 그가 말하는 '대사'란 무엇을 말하는 것인가? 여기에는 어김없이 공자의 말씀이 등장했다.

> 하늘이 만민을 내었으나 스스로 다스릴 수 없기에 임금을 대신 세워 만민의 주인이 되게 하셨고, 임금은 또 혼자서 다스릴 수 없기에 수령과 근심을 나누어 가지게 되었습니다. 따라서 수령이 백성을 잘 다스리지 못하여 백성에게 원망이 있게 되면 임금은 반드시 벌을 주게 되는데, 이와 마찬가지로 임금이 백성을 사랑하는 마음이 성실하지 못하여 유리(집 없이 떠돎)하여 살 곳이 없게 만든다면 하늘의 마음이 어찌 진노하지 않겠습니까. 억조 창생 위에 군림하고 있는 인주人主로서는 다른 것을 두려워할 것이 없으나 황천이 환히 살펴보고 계시니, 한 생각이라고 잘못될 때마다 상제가 진노할 것을 두려워하시면 하늘이 기뻐할 것입니다.
> – 《선조실록》 2년 윤6월 7일

이 말대로라면 기대승은 먼저 구폐책을 만들어 시행하자고 했어야 옳다. 그러나 결국 구폐책은 신진 사림의 반대로 시행되지 못하고 폐기되었다. 이때는 이황이 조정에 올라와 신진 사림을 직접 이끌고 있던 시기였다. 하지만 이황도 구폐책 시행에 힘을 실어 주지 않았다. 구폐책이 무산된 뒤 이준경은 민생 구제를 위해 공납 개혁안을 제안했다. 정공도감正供都監을 만들어 백성들에게 가장 큰 부담이었던 공물 납부의 폐단을 개선해 보자는 것이었다. 공납이란 지방의 토산물과 특산물을 현물로 내는 세제이다. 공물은 조정이 필요를 참작하여 수량을 정했는데, 조선 개국 초에 정해진 품목과 수량이 날이 갈수록 늘어나 백성의 부담이 점점 가중되었다. 공납이 백성에게 큰 부담이 된 데에는 그 부담 방법에도 문제가 있었다. 지방 관부 단위로 정한 공물의 품목과 총수량을 지방 수령이 부담 능력을 고려하지 않고 힘없는 백성들에게 떠넘긴 것이다. 가진 것 없는 백성들에게 공납은 너무 버거운 짐이었다. 또한 원래 공납은 경지 면적에 따라 부과하도록 되어 있었는데, 세력 있는 자들은 제대로 납부하지 않았다.

> 지금 밭둑을 잇대어 많은 전지田地를 차지하고 있는 자는 대부분 세력이 강하여 공부貢賦를 내지 않는 무리이고, 소민小民이 소유하고 있으면서 공부를 바치고 있는 전지는 매우 적습니다.　　　　　　　　　－《선조실록》6년 3월 17일

그러나 공납제의 더 큰 문제는 중렴重斂과 방납의 폐단이었다. '중렴'이란 생산되지 않는 공물을 부담시키는 것, 전년도의 공물을 미리 부과시키는 것(인납引納), 공물의 물종 수를 더 부과시키는 것 등을 말한다. 방납은 그야말로 농민들의 피땀을 쥐어짜는 주범으로, '놓을 방放'이 아닌 '마을 방防'자를 쓰는 이유가 글자 그대로 공납을 막는 제도였기 때문이다. 농민들이 공물을 마련하여 바치면 점퇴點退라는 심사 과정을 거쳐야 했는데, 점퇴를 맡은 관리들이 공물을 대납하는 방납업자들과 짜고 농민들이 준비해 온 공물들을 기준 품질에 미달한다거나 납기가 맞지 않는다는 등의 트집을 잡아 퇴짜를 놓았다. 공납을 납부하지 않으면 처벌을 받기 때문에 농민들은 울며 겨자 먹기로 방납업자들의 물품을 사서 납부할 수밖에 없었다. 방납업자의 물품을 사서 납부하면 별 탈 없이 납품할 수 있었다. 이때 방납업자들이 챙기는 중간 수수료가 엄청났다. 선조 대에 오면 조선에서 힘 있고 수완

있는 사람들은 모두 방납의 이권에 개입하여 나름대로 이득을 챙겼다. 방납의 이권에 권신과 왕실이 개입하면 정상 공물 값의 2~3배를 올려 받는 것도 예사였다.

공납은 부자이건 아니건 예외 없이 부과되기 때문에, 동일한 부담이라 해도 가난한 백성에게 더 큰 고통을 안겨 주었다. 중렴과 방납의 폐단이 더해지면서 백성들은 더욱 벼랑 끝으로 몰리고 있었다. 더구나 공납이 군현 단위로 부과되다 보니, 일부 백성들이 권세가의 노비가 되거나 부담을 견디지 못해 도망을 하게 되면 남아 있던 백성들이 이들의 공납까지 추가로 부담해야 했다. 이렇게 되면 일반 백성이 방납을 감당하는 것은 사실상 불가능해져 도망 외에는 다른 선택의 여지가 없었다. 이 문제를 해결하고자 만든 것이 바로 '정공도감'이었다. 그러나 이 또한 신진 사림의 반대에 막혀 시행되지 못하였다. 이이는 《석담일기》에서 이러한 상황을 조롱하였다.

> 임금의 뜻은 다만 옛 조례만을 따르려고 하고, 대신들도 개혁하기를 꺼려 단지 문부文簿에만 기입하고 삭제했을 뿐 별반 폐단을 혁신하는 일이 없으니 식자들이 웃었다.
> —《석담일기》

당시 이준경이 추진하고자 했던 구폐책과 정공도감을 만들어 바로잡고자 했던 공납 개혁의 자세한 내용은 전하지 않는다. 《실록》에도 그가 추진하고자 했던 개혁의 구체적인 내용은 없고 신진 사림들의 반대 논리만 기록되어 있다. 그렇다면 사림 세력의 대안은 무엇이었을까? 그들은 '수신과 교화가 우선이며 법규와 제도는 나중의 일'이라고 했다. 법제만으로 흐트

러진 인심과 허물어진 풍속을 바로 세울 수 없으며, 아무리 좋은 제도라도 사람들이 따르지 않으면 소용이 없다는 것이다. 참으로 공허한 대안이었다. 일찍이 기대승은 '국가에 3년 먹을 식량이 없으면 나라가 나라 구실을 못 한다'고 했고, 이런 생각은 이이 또한 같았다. 그러나 이들은 정작 구체적인 대안은 내놓지 않았다.

김계휘金繼輝가 이이에게 물었다.

지금 사세는 기강이 서 있지 않아 모든 법도가 허물어지고 해이하여 손을 쓸 곳이 없다. …… 유능한 목수도 없이 느닷없이 구옥舊屋을 헐어 놓기만 하고, 마침내 새 집을 못 만든다면 빈터만 남게 될 것이다. 지금 조정 신하 가운데 이 일을 감당할 만한 사람이 누구이겠소?
― 《석담일기》

비겁한 임금

이산보李山甫는 이산해李山海의 종제宗弟(사촌 아우)이다. 이산해가 친구 허봉許 등과 함께 한강에서 뱃놀이를 하는데 선비 한 사람이 나루터에 당도했다. 이산보였다. 이산해가 기뻐하며 말하기를 "나의 종제인데 과거보러 가는 길에 이른 것이다." 하고 맞이하여 배 위에 올라오게 하였다. 산보가 인사를 마치자마자 옷소매에서 맹자를 꺼내 읽으니, 하곡荷谷 허봉이 비웃었다. 산해가 읽지 말라고 하니 산보가 말하기를 "토정土亭(이지함) 숙부의 명이오." 하였다.

선조 1년 이산보가 과거에 급제하여 이윽고 정언이 되었다. 당시에 하곡 허봉이 같은 대관으로서 이산보가 말을 해도 피하고 배척하면서 같은 반열에 있기를 부끄럽다고 했다. 산보가 이르기를 "내 형의 친구마저 이렇다면 나는 장차 어디로 가야 한단 말인가." 하고 드디어 심씨의 당에 몸을 붙이니 이산해가 항상 이 점을 안쓰럽게 여겼다.

－《동곽잡록》

과도한 정쟁은 사람들 사이의 신뢰를 무너뜨렸다. 정치가 점차 저급으로 흘렀다. 증거도 없고 실체도 없는 풍문만으로 조정의 관리들을 탄핵하는 일이 비일비재했다. 선조가 근거도 없이 남을 탄핵하는 풍조에 대해 문제를 제기하자 기대승은 이렇게 답했다.

요즘 대간들이 풍문만으로 일을 말함에 있어서 착오가 전혀 없다고 할 수는 없습니다. 원래 풍문의 법은 당나라 무후武后 시대의 밀고하던 때에 나온 것인데, 송나라에서는 언관을 우대하는 뜻에서 풍문법을 그대로 허락하였던 것입니다. 이것으로 보면 풍문을 포악한 방법으로 쓰면 허위가 되고 공정하게 쓰면 정당한 것이 되는 것입니다. 우리 조종조祖宗朝에서도 풍문으로 안핵按覈(자세히 조사하여 살핌)하는 제도를 인정해 왔습니다. 그러나 탐오貪汚한 사람을 풍문에 의하여 논한 것에 대해서 법의 한도까지 죄를 정한 것이 아니고 파직시키는 데 불과했습니다. 만약 부실했다 하여 말한 자를 죄 주기로 하면 겁 많은 사람이야 누가 감히 탄핵하겠습니까? 들은 것이 있으면 다 말을 하게 해야 할 것입니다.

－《선조수정실록》2년 6월 1일

그전에도 정치적 갈등이 극에 달하면 서로가 서로를 죽이는 비극적인 사태가 없지 않았으나, 그래도 죽이는 사람이나 죽는 사람이나, 정치적 승자나 패자 사이에 서로를 인간적으로는 존중해 주는 최소한의 절제가 있었다. 이러한 신뢰마저 무너진 사회에서 살아남으려면 힘에 의존하는 수밖에 없다. 사람들은 은밀하게 손을 잡고 파당을 만들었다. 무리의 힘이 없으면 자신을 보호할 수 없기 때문이다. 몇몇이 모여서 파당을 만들자, 남은 사람들이 모여서 또 다른 파당을 만들어 냈다. 적극적으로 자신을 보호하기 위해서라도 파당을 만들고, 파당을 선택하지 않을 수 없는 상태로 몰리고 있었다. 파당은 출세를 위한 수단이 아니라 살아남기 위한 불가피한 선택이 되어 갔다. 지리산에 우거하고 있던 조식이 이런 세태를 비판하는 상소를 올렸다.

지금을 두고 말하면 임금의 위령威令이 거행되지 않고, 정치는 관용을 베푸는 일이 많아 명령이 나가면 반대에 부딪히고 기강이 서지 않은 지가 여러 대가 되었습니다. 헤아릴 수 없는 위력으로 떨치지 않으면 흩어진 죽 같은 형세를 모을 수 없고, 장맛비로 흠뻑 적시지 않으면 큰 가뭄에 메마른 풀을 살릴 수 없으니 일세의 뛰어난 보좌관을 얻어서 위아래가 한 마음으로 삼가고 협력하기를 같은 배를 탄 사람처럼 한 뒤에야 무너져 흩어지고 가뭄에 목마른 형세를 구제할 수 있을 것입니다. …… 도적이 총애를 받으면 물리칠 수가 없습니다. …… 그러니 전하께서는 '여러 가지 길을 만든 자는 누구이며 그들의 방패가 된 자에게 어찌 벌이 없겠느냐' 하시고 크게 노하셔서 한 번 대권을 휘둘러 재상과 직접 의논하여 그 까닭을 궁구하여 임금의 뜻으로 결단하시되 …… 순임금이 사흉四凶을 물리치듯, 공자가 소정묘少正卯를 죽이듯이 한다면 악을 미워하는 도리를 다하게 되어 크게 민심을 회복시킬 것입니다. …… 망할 나라의 세상이라도 이런 적은 없었습니다.

나라는 한갓 텅 빈 그릇처럼 앙상하게 서 있으니 온 조정 사람들은 마땅히 마음을 가다듬어 쳐야 할 것이고, 힘이 모자라면 사방 사람들을 불러서라도 분주히 임금을 돕기에 잠시의 경황도 없어야 할 것입니다. -《선조실록》1년 5월 26일

조식은 당시의 정세가 지극히 위태로운 상황임을 강조했다. 왕이 헤아릴 수 없이 큰 위력을 떨쳐 장맛비로 흠뻑 적시듯이 일대 혁신하지 않으면 나라가 다시 살아날 수 없다고 했다. 새로운 정치를 따르지 않는 자를 모조리 쫓아내고, 위아래를 한마음으로 만들어야 사태를 수습할 수 있으니 '순임금이 사흉을 물리치듯, 공자가 소정묘를 죽이듯' 과단성을 가지고 비상한 수단으로 정국을 수습하라고 주문했다.

소정묘가 누구인가? 공자가 노나라 사구司寇(일종의 형조판서)가 되어 나랏일을 맡게 되어 조정에 나간 지 7일 만에 소정묘를 처형하려 하자, 제자가 "소정묘는 노나라에서 유명한 사람입니다. 선생께서 정치를 맡으면서 맨 먼저 그를 처형한 것은 실수가 되지 않겠습니까"라고 물었다. 공자는 이렇게 말했다.

거기 앉아라. 내 네게 그 까닭을 설명해 주마. 사람에게 악한 것이 다섯 가지가 있는데 도둑질도 그 속에 끼지 않는다. 첫째는 마음이 만사에 통달하면서도 음험한 것, 둘째는 행실이 편벽되면서 완고한 것, 셋째는 거짓말을 일삼으면서도 말을 잘 하는 것, 넷째는 아는 것이 추잡하면서도 광범한 것, 다섯째는 그릇된 일을 일삼으면서도 겉으로는 윤택해 보이는 것이다. 어떤 사람이 이상 다섯 가지 것들 중에 한 가지만 가지고 있다고 하더라도 군자의 처형을 면

할 수 없을 것인데, 소정묘는 이를 다 갖추고 있다.　　－《순자》〈유좌편宥坐篇〉

공자는 지식인의 그릇된 행태가 도둑질보다 훨씬 나쁘다고 말했다. 그렇다면 조식이 가리킨 당시의 소정묘는 누구일까? 조식은 임금 혼자 힘으로 부친다면 사방에서 사람을 불러 모으라고 했다. 조정이 간신들의 소굴이 되었다면 천하의 충신열사를 도성으로 불러 모아 그들을 쓸어 버리라는 것이다. 참으로 엄청난 주장을 담은 상소였다.

그러나 선조는 아무런 조치도 취하지 않았다. 후궁의 손자로서 왕위에 올랐으니 쉽지 않은 상황이었음을 감안하더라도 선조는 너무나 무력했다. 선조는 왕으로서 감당해야 할 엄청난 책무를 스스로 저버렸다. 국왕으로서 결단이 필요한 결정적 순간에 도피를 선택했다. 한 마디로, 비겁한 임금이었다.

8장

사림의 나라

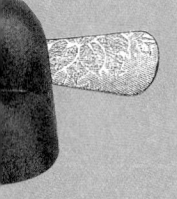

20년 동안 도덕, 성명의 설이 흥하여 서로 호응했다. 그리하여 상호 혼돈시키고 상호 기만하면서 천하의 실제적인 일들은 전부 폐기하고 종래는 만사를 아랑곳하지 않았다.

- 진량陳亮

조광조의 효용가치

신진 사림의 세상이 열린 선조 2년 여름, 사림은 조선을 어디로 끌고 갈 것인지 고민하기 시작했다. 권력을 장악하기 전 신진 사림이 세상 사람들에게 제시한 이상적인 나라의 모습은 바로 조광조가 만들고자 한 나라였다. 그러나 막상 권력을 쥐게 되자 조광조가 추구했던 국가의 구체적 모습을 정치 목표로 삼기가 어려워졌다. 조광조가 제시한 정치 모델은 그대로 실천하기에는 너무나 부담스러웠다. 이제 그들이 세상을 어디로 끌고 갈 것인가란 물음에 답을 내놓아야 했다.

사림은 이제 조선에서 가장 강력한 힘을 가진 기득권 세력이었다. 그들은 훈구척신이 물러난 자리를 속속 차지했다. 나라의 부富도 그들의 차지가 되어 갔다. 향촌에 자리 잡은 사림들은 조선의 방방곡곡을 실효적으로 지배하고 있었다. 사림들은 국가의 간섭을 반기지 않았다. 자신들의 노력으로 재산을 축적하고 사회적·정치적 지위를 쟁취한 것에 자부심을 갖고 있었기에 국가 주도 개혁에 기본적으로 반대하였다.

지난날 조광조 세력은 왕실과 권력자, 향촌 사림들에 경제력이 집중되는 것을 막으려고 토지제도와 노비제도의 개혁을 검토한 바 있다. 백성의 삶은 연산군과 중종의 치세에 이미 무너져 있었고, 지방에서는 한 읍에 한두 사람이 만 석에 이르는 부를 축적하여 토지를 독점하는 통에 백성들이 경작할 땅이 없었다. 이 문제를 근본적으로 해결하지 못한다면 개혁은 무의미했다. 조광조 등은 조선 개국 당시의 왕토王土사상과 왕민王民사상을 바탕으로 개인 토지 소유의 상한선을 정하는 한전법限田法과, 노비제도를 근본적으로 개혁하는 방안들을 논의하였다. 공전과 공민을 확보하여 국가재정을 튼튼히 하고 백성의 삶을 개선시키기 위한 핵심 개혁 과제였다. 조광조가 이 개혁안을 실행하려 했다면 향촌의 사림 세력이 변함없는 지지를 보내 주었을까?

선조 연간 백성들의 처지는 기묘년 당시에 비해 나아진 것이 없었다. 훈구 공신의 특권은 다소 억제했다 하더라도, 향촌 토착 사림에 의한 수탈과 부의 불균형은 중종 대보다 오히려 더 심해졌다. 향촌의 사림 세력을 정치적 배경으로 하고 있던 신진 사림이 그들의 이익을 배반하고 조광조의 개혁 정책을 추진할 수는 없었다.

> 우리나라는 땅덩어리가 작아 인물이 본래 적은 데다가 또 서얼과 사천私賤(개인이 부리는 종)을 분별하여 쓰지 않습니다. 중원(중국)에서는 귀천을 가리지 않고 오직 골고루 쓰지 못함을 걱정하거늘 하물며 작은 우리나라이겠습니까?
> – 《중종실록》 13년 3월 11일

조광조는 한 걸음 더 나아가 신분제의 근본적 문제점을 제기했다. 그러나 사람의 귀천은 하늘이 정해 준 것이며 정해진 분수를 지키는 것이야말로 대의명분이라고 생각한 사림들로서는, 신분의 차별을 완화하자는 조광조의 주장은 도저히 받아들일 수 없는 것이었다. 훈구 세력과의 권력투쟁에서 신진 사림은 조광조의 정당성을 소리 높여 주장하고, 조광조를 반대한 이들을 악이라고 단호하게 규정했다. 그렇다면 그들은 조광조의 개혁 과제를 다른 무엇보다 먼저 시행했어야 한다. 그러나 사림이 정치를 주도한 이후, 조광조가 그토록 고민하고 추구했던 개혁 과제를 진지하게 논의한 적이 없다. 그들은 백성들의 처지나 조선이 처한 곤란, 국가 개혁의 필요성과 시급성을 모두 잊은 듯했다. 사림이 권력을 장악한 뒤 조광조에 관한 논의는 조정에서 슬그머니 자취를 감춘다. 50년 전에 죽은 조광조를 불러내 권력투쟁에 활용하고는 그 목적이 달성되자 미련 없이 버린 것이다. 조광조의 용도는 여기까지였다.

《주례》의 세계관에서 《춘추》의 세계관으로

신진 사림은 현실 정치가였던 조광조보다는 관념적 철학자 주자에 의존하였다. 주자의 철학은 구체적이고 현실적인 개혁이 아니었다. 오히려 모호하고 복잡하기 짝이 없는 지극히 추상적인 철학이었다. 주자학을 선택한다고 해서 현실정치에서 적을 만들 위험은 없었다. 주자학이란 학문 자체가 중국의 강남 지방이 개발되고 대외무역이 번창하면서 새롭게 등장한 부유한 지방 지주와 상인의 지지 아래 발전한 학문이다. 그들은 주자학이 말하는 하늘의 이치를 가지고 무분별하게 권력을 행사하던 황제와 조정의 횡포를 어느 정도 견제하면서, 다른 한편으로는 하늘이 정해 준 신분제를 적극 옹호하는 주자학을 통해서 자신들의 사회적·경제적 지위를 보호했다. 오랜 세월 권력에서 소외되었다가 경제적 성공을 배경으로 정치적 성공을 열망하고 있던 조선의 사림 세력이 '주자학의 나라' 건설을 내세운 것은 너무나 자연스러운 결과였다. 선조 2년 5월, 신응시가 아뢰었다.

> 예로부터 어진 재상이라 일컬어 오던 이로 당나라에는 방현령, 두여회, 요숭, 송경이 있었고, 송나라에는 한기, 범중엄, 부필, 구양수가 있었는데 그들의 기질과 사업은 범상하지 않았습니다. 그런데 이들은 한 시대를 구제한 재상이나, 유자儒者의 학문은 몰랐던 사람들입니다. 학문을 한 사람이면 의리로 나라를 다스렸을 것이니, 그 정치의 덕화德化가 어찌 한 시대를 구제하는 정도에 그칠 뿐이겠습니까.
> 다만, 예로부터 유자는 당시의 임금에게 임용되지 못하였습니다. 한나라 때에는 동중서 같은 이가 있었으나 무제가 임용하지 못하였고, 송나라 때에는 정程(정호·정이), 주朱(주희)와 같은 여러 현인이 배출되었고, 인종, 효종 역시 범상치 않은 임금이었으나 의리로 임금을 보좌하고 치화를 이루려 하였으므로 임금과 불합하였던 것입니다. 예로부터 유자로서 마침내 재상의 지위에 이른 이는 한 사람도 없습니다. 사마광은 유자였으나 정, 주에 비기어 본다면 어찌 거리가 없겠습니까. 그러나 그도 역시 장구하게 일을 하지 못하였습니다. 학문한 사람으로 재상을 시킨다면 국가에 도움이 되는 일이 클 것입니다.
>
> - 《선조실록》 2년 5월 21일

조광조의 자리에 이제 주자를 올려놓자는 말이었다. 기대승은 신응시의 주장에 적극적으로 동조하고 나섰다. 이는 개혁의 압박에서 벗어나는 좋은 방법이었다. 이제 막 권력을 장악한 사림들은 나라의 법을 바꾸고, 제도를 개혁하고, 시스템을 바꾸는 것이 너무 부담스러웠다. 또한 그들이 조광조와 같은 수도자적 삶을 살 수 있는 것도 아니었다. 신진 사림의 정치적 기반인 향촌 사림들은 개혁에 대하여 거부감을 가지고 있었다. 그러나 그때까지 대의명분을 큰 소리로 외쳐 왔으니 드러내놓고 개혁을 거부할 수도 없었다. 주자학의 의리로 법과 제도를 대신하여 나라를 다스리자는 신응시의 주장은 참으로 시의적절했다. 옛 성현이 말하는 천하의 의리에 비추어 보면 조선의 개혁은 세상의 근본적 문제와는 거리가 먼 지엽적이고 사소한 문제일 뿐이다. 나라의 근본은 천하의 의리를 분명하게 밝히는 것이라는 논설은 크고 통쾌했다. 정치의 가장 중요한 과제는 바로 교화라는 것도 세상을 가르치기 좋아하는 그들에게 딱 맞는 주장이었다. 또한 현실적으로 조광조와 같은 강력한 지도자가 없는 상황에서, 온갖 저항에 맞서 도학정치를 실현하고 개혁을 추진하는 것은 불가능한 일이었다. 이황과 기대승을 비롯한 어느 누구도 그 일을 감당할 수 없다는 것을 이이도 《석담일기》에서 고백한 바 있다. 그들은 결국 현실의 정치가였던 조광조가 아닌 관념적 철학자인 주자에게 의지하였다.

선조 2년 8월, 김개와 홍담 등 원로대신들이 물러나고 두 달 뒤 홍문관 교리로서 경연에 참석한 이이는 그 자리에서 국정의 방향과 시대정신을 논했다.

세대마다 각기 숭상한 바가 있었습니다. 전국시대에 숭상한 것은 부국강병에 있었으므로 전쟁에 이기고 공략하여 탈취하는 데 그쳤습니다. 서한 때의 순후한 풍조라든가 동한 때의 절의節義, 서진 때의 청담淸談 등이 모두 한 시대의 사조였습니다.

임금으로서는 한 시대의 사조가 어떠한지를 살펴서 그 사조가 잘못되었으면 마땅히 그 폐단을 바로잡아야 하는 것입니다. 오늘날은 권간이 국정을 전단

한 뒤를 이어받아 사습이 쇠약하고 나태해져 한갓 녹을 받아먹고 자기 한 몸 살찌울 줄만 알지 충군 애국하는 마음은 없습니다. 설령 한두 사람 뜻을 가진 이가 있어도 모두 시속에 구애되어 감히 기력을 발휘하여 국세를 떨치지 못하고 있습니다. 시속의 풍조가 이러하니 성상께서는 마땅히 크게 일을 성취시키겠다는 뜻을 분발하시어 선비의 기풍을 진작시킨 뒤에야 세도를 변화시킬 수 있을 것입니다.

이이가 하고자 하는 말이 무엇인지 정확히 알 수 없다. 이이는 선비의 기풍을 진작시킨 뒤 세도를 변화시키라고 할 뿐, 당시의 시대정신이 무엇이어야 하는지는 밝히지 않았다. 이이의 말은 계속된다.

옛적에 맹자는 필부의 힘으로 다만 언어言論로써 사람들을 가르쳤는데도 오히려 사론邪論을 종식시키고 바른 도道를 넓혀 우禹임금과 같은 공을 이루었습니다. 더구나 임금은 치세治世의 책임을 맡고 있으니 도로써 제대로 백성들을 가르치기만 하면 후세에 교화를 드리울 뿐만 아니라 당대에 교화를 일으킬 수 있을 것이니 그 공이 어찌 비단 맹자에 그치고 말겠습니까.
오늘날 인심人心의 함닉됨이 홍수의 재해와 양묵楊墨의 피해보다 심하니, 성상께서는 다만 몸소 실천하고 마음으로 터득하여 교화를 세상에 포시布施하시어 군사君師의 책임을 다하시기를 바랄 뿐입니다. ─《선조실록》 2년 8월 16일

한 마디로 '도'로써 백성을 교화하라는 말이었다. 이 말이 썩 와 닿지 않았는지 선조는 얼마 뒤 이이에게 정치의 방향에 대해 다시 물었다.

요순의 덕이 없고도 요순의 정치를 행한 자가 있는가?

이 말은 곧 '내가 요순이 아닌데 요순의 정치를 행할 수 있느냐?'는 물음이었다. 이제 18세에 불과한 어린 임금이 어찌 도를 알겠는가. 그런 자신에게 요순과 같은 성군이 되어 백성을 교화하라 하니 선조도 답답했을 것이다. 이이는 이 물음에 이렇게 답했다.

> 정자程子는 '후세의 왕들이 《춘추春秋》의 뜻을 분명히 이해한다면 비록 순舜과 우禹의 덕이 없을지라도 삼대의 정치를 재현할 수 있을 것이다.' 하였으니 이것이 명훈明訓입니다. 덕이 비록 순과 우에 미치지 못하더라도 큰 뜻을 분발하고 어진 신하를 신임하여 모든 일에 있어 요순을 본받는다면, 순과 우의 정치를 거의 실현할 수 있는 것입니다.
> —《선조수정실록》 2년 9월 1일

한 나라를 이끌어 가는 국왕과 신하의 대화라고 보기에는 무책임해 보일 만큼 비현실적인 내용이다. 이이는 요순시대를 본받아 아무도 시도하지 못했던 정치 실험을 한다면 큰 성과가 있을 것이라고 했다. 이이의 이러한 견해는 당시 주자학자들의 공통된 생각이었다.

> 주나라가 쇠망한 이래로 성현의 도는 한때도 정치적으로 행해지지 아니하였으나 학문적으로는 영구히 행하게 되었으니 대저 공자, 맹자, 정자, 주자의 덕과 재주를 쓰면 왕도王道를 일으키기가 손바닥을 뒤엎는 것 같이 쉽다.
> —《퇴계집退溪集》

이러한 견해가 당시 사림들의 광범위한 지지를 얻고 있었다. 사림들은 이미 350년에 전에 만들어진 주자의 이념을 가져와서, 그 이념에 따라서 새로운 조선을 만들고자 했다. 그러나 주자학이 일어났던 송나라는 이미 멸망하여 존재하지도 않았고, 당시 명나라에서는 주자학이 이미 낡은 사상으로 치부되어 실천을 강조하는 양명학이 사상계의 주류를 이루고 있었다. 그런데도 조선의 신진 사림들은 주자학을 가장 폐쇄적인 방법으로 정치에 적용하겠다고 나섰다. 그때부터 조선은 주자학의 이념이 지배하는 나라가 된다. 학문과 정치의 영역에서 다양성은 사라지고 주자학 유일사상이 지배하는 세상이 되었다.

이러한 정치사상의 변화는 조선사의 중대한 분수령이 된다. 조선 왕조 창업 당시 '부국강병'과 '국리민복國利民福'의 실용적 정치사상은 폐기되고, 주자학의 명분과 의리를 중심으로 한 추상적이고 관념적인 이데올로기 중심의 정치로 대전환을 이루게 된다. '가난은 나랏님도 구제할 수 없다'면서, 개국 초 백성의 삶을 직접 보살피려던 적극적인 국가관도《주례》의 세계관과 함께 폐기하고, 주자의 관점에서 재구성한《춘추》의 세계관을 중심으로 조선을 이끌어 가게 된다. 이러한 패러다임의 변화는 조선을 그 이전의 국가와는 전혀 다른 국가로 이끌었다. 군사를 키우고 국방을 튼튼히 하는 일에 관심을 두지 않았으며, 백성의 삶을 보살피는 일은 정치의 주요 과제에서 멀어져 갔다.

신진 사림들은 또한 요순시대의 태평성대가 바람직한 조선의 모습이라는 태평성대론太平聖代論을 내걸었다. '태평성대'란 모든 백성이 나라가 있는지 없는지도 모르고, 임금이 있는지 없는지도 모르는 나라이다. 그런 나라의 전형적인 모습이 바로 요순시대였다. 요순시대의 정치는 조선 정치의 가장 이상적인 모델이 되었다.

> 해 뜨면 일하고 해 지면 쉬고
> 우물 파 물 마시고 밭 갈아 내 먹으니
> 임금의 혜택이 내게 무엇이 있다더냐

요순시대가 어떤 세상인지를 상징적으로 보여 주는 노래〈격양가擊壤歌〉이다. '임금은 백성들에게 강요하는 일 없이 다스려야 하고, 백성들은 정부가 있는지 없는지조차 알지 못하게 정치를 해야 성군이 된다.' 사람들은 이런 요순시대를 이상 사회로 그리워했다. 그러나 이런 세상은 현실 세계에서는 불가능하다. 선조 시대의 조선은 요순시대로부터 5000년의 세월이 흐른 문명화된 사회였다. 사회적 갈등은 폭발적이었고, 세상은 그때와 비교조차 할 수 없을 정도로 복잡해졌다. 조선은 강력한 중앙집권적 관료 체제를 기반으로 통치하는 발전된 나라였다. 이렇게 문명화된 조선이 5000년 전 원시공동체 사회였던 요순시대를 이상적인 정치, 이상적 국가의 모습으로 설정한 것이다.

물론 선조 이전에도 요순시대의 태평성대를 이상 사회로 여겼지만, 그것은 어디까지나 상징적인 의미였다. 그러나 선조 대에 '요순시대의 태평성대'는 국가의 구체적 지도 이념이자 강력한 이데올로기로 작동하게 된다. 주자학은 조선을 지배하는 유일한 이념이 되고, 요순시대의 태평성대는 이상적 국가의 모델이 되었다.

주자성리학의 세계관은 지극히 중국 중심적이었다. 천리에 따라 하늘과 땅이 생기고 또한 사람이 나왔으며, 사람을 온전하게 다스리기 위해 황제에게 천명天命을 내렸으니, 천하의 모든 사람이 황제의 다스림에 복종하는 것이 바로 천하의 이치라 했다. 천명을 받은 이는 조선의 왕이 아니라 중국의 황제이다.

> 하늘에는 두 해가 없고, 백성은 두 임금이 없으니 《춘추》의 대일통大一統이라는 것은 천지의 상경常經(사람이 마땅히 지켜야 할 도리)이요 고금의 통의通義(세상에 널리 통하는 정의와 도리)이다. 대명大明은 천하의 종주로서 해우일출海隅日出이면 신하로서 복종하지 않음이 없다.
> — 《퇴계전서退溪全書》

> (우리나라가) 비록 이름은 외국外國이지만 실은 동방의 한 제帝, 노魯일 따름이니 화하華夏(중국)와 동방東邦(조선)은 합하여 일가一家를 이루었다.
> — 《율곡전서栗谷全書》

이처럼 조선의 왕과 백성이 스스로 황제의 신하임을 자처하니, 중국을 포함한 이민족과 치열한 투쟁을 통해 지켜 온 조선이라는 국가에 대한 자각은 희미해질 수밖에 없었다. 또한 주자성리학은 충忠과 효孝가 둘이 아니라고 보았다. 효는 이기심성에 근거한 하늘의 이치이자 우주의 원리이며 도덕의 근원이다. 주자학은 국가를 커다란 가정으로 보고 군주는 부모와 같다는 논리로 충효를 하나로 만들어 버렸고, 이렇게 함으로써 충은 개인적인 수양 차원의 문제로 환원되었다.

이제 조선에서 최고의 가치는 주자학적 의리였다. 임금이라도 이를 위반하고는 살아남기 어려웠다. 천하대의가 임금의 권위 위에 놓였고, 왕은 천리인 예禮에 복종해야 했다. '천하동례天下同禮', 곧 임금도 사대부와 똑같이 예를 따라야 한다는 것이다. 천하동례 아래에서 국왕의 권위는 자연히 제한을 받게 되었고, 예가 최고의 통치 규범이 되었다.

공자는 예를 '만사를 다스리며, 모든 제도의 기본'이라고 했다. 즉 예라는 것은 '천시天時에 합하고 지재地財를 베풀고 귀신鬼神을 따르고 인심人心에 합하고 만물을 다스리는 그릇'이다. 이처럼 공자의 예는 형이상학적인 것이 아니라 사회 질서와 인간의 도덕을 말하는 실질적인 것이었다. 이에 비해 주자는 유가의 통치 규범인 예를 천리로 설명하고, 나아가 그 천리를 만물의 규율로, 인간이 추구해야 할 최고 가치와 목표로 규정했다. 이처럼 주자는 제도였던 예를 인간 본성에 내재한 천리로 설명함으로써 예를 철학화하고 이념화했다.

이후 조선 조정에서는 무엇이 주자가 말한 의리인지를 놓고 논쟁이 그치지 않았다. 국가와 백성이 위태한 지경에도 주자학적 의리에서 벗어난 정책은 죄악시되었다. 절의와 충성도 주자학의 진리 안에서만 의미가 있었다. 천명을 받은 중국 황제에 대한 충성이 조선의 국왕에 대한 충성보다 더욱 중요하게 여겨진 것도 이런 이유 때문이다. 훗날 임진왜란으로 나라가 패망지경에 이른 뒤에도 치열한 반성을 하기보다는 '명나라 황제에 대한 의를 지키다 난을 만나'는 위험을 감수했음을 자랑하며 변명했다. 이렇게 조선은 그 이전과 전혀 다른 길을 걸어갔다.

천하는 신진사림의 손으로

조정은 30대 초반의 이이, 정철, 심의겸의 세상이었다. 젊은 선비들이 방 안에 모여 앉아 조정 중신을 마음껏 조롱하고 비평했다.

> 이조판서 박충원이 사임하다. 박충원은 원래 재주와 행실이 없고, 그럭저럭 처세하며 육경에 이르렀다. 이조판서를 배수하자 공론이 매우 불쾌하게 여겼다. 정철, 신응시, 오건吳健이 모여 앉아 이야기하다 조보朝報를 보고 말하기를 "이 사람이 어찌 이조판서에 합당한가" 했다. 어떤 객군이 이 말을 듣고 대사헌 백인걸에게 말했다. 백인걸이 그의 조카 백유온白惟溫에게 말하기를 "정철 신응시가 너더러 충원을 논박하라 하나 내가 참는다." 하였다. 유온이 이 말을 충원에게 누설시키니 충원이 스스로 청의淸議에 용납되지 못함을 알고 병을 칭탁하고 사직하였다.
>
> —《석담일기》

박충원의 자리는 신진 사림의 선배 격인 박순에게 돌아갔다. 그러나 그도 젊은 사림들의 눈치를 보지 않을 수 없었다. 박순이 이이에게 이조판서 자리를 맡아도 좋은지를 의논하자 이이가 박순을 격려했다.

> 지금의 형편은 청류淸流(명분과 절의를 지키는 깨끗한 사람들)를 모아서 안정하게 일들을 진압시키고 성의를 쌓아 임금의 마음을 감동시켜야 할 것이요. 이조판서의 책임을 유속에게 맡길 수 없으니, 공이 만일 굳이 사양하여 맡지 않

고 소인들로 하여금 권병을 잡게 한다면 이것은 나라를 그르치는 것이오.

《연려실기술》에는 박순과 이이의 또 다른 대화가 실려 있다. 박순이 이이에게 물었다.

홍태허洪太虛(홍담)가 분한 마음을 품은 지 오래이니 이조판서를 시켜서 위로하는 것이 어떠할까? 그자가 국량局量이 얕아서 만일 좋은 벼슬을 얻으면 반드시 기뻐하며 감정을 풀 것이다.

이이가 대답했다.

며칠 동안은 반드시 기뻐할 것이지만 며칠 지나면 제 마음대로 하려고 하다가 사류들이 듣지 아니하고 서로 버틴다면 오히려 노할 것이니, 어찌 며칠 동안의 기뻐함으로 그 평생의 노여움을 풀 수 있겠습니까. 또 자고로 사람의 노여워함을 두려워해서 큰 권력을 주었다는 말을 듣지 못하였소. －《연려실기술》

박순은 34세의 당하관에 불과한 이이에게 이조판서의 자리를 누구에게 줄 것인지를 의논하였다. 이런 일도 있었다. 박점朴漸이라는 자가 있었다. 그는 심의겸의 사람이었는데 배운 것도 없으면서 나라 걱정하는 말을 입버릇처럼 하였고, 벼슬길에 나가기를 바라는 자가 있으면 반드시 힘 있는 자에게 적극 천거했다. '박점은 백의이면서도 권세가 있어 그의 편지 한 장이면 주군을 진동시킬 수 있다'는 말이 퍼져 있었다. 그런 박점이 대사헌 백인걸의 천거로 사간원의 6품직 정언正言에 임명되었다. 이준경이 대사간 김난상을 보고 박점이 청요직淸要職(관료를 감찰·탄핵하는 대관)에 걸맞지 않다고 말했고, 김난상 역시 박점의 잘못을 아는 터라 그를 탄핵했다. 그런데 대간은 오히려 박점을 탄핵한 사간원의 수장 김난상을 탄핵하고 나섰다. 조직 내부의 반란이었다. 그 결과 신참 박점은 자리를 지켰고, 대사간 김난상이 오히려 해임되었다. 이준경이 경연에 입시하여 선조에게 박점의 죄과를 극구 말하자 임금이 백인걸에게 물었다.

무슨 까닭으로 박점을 천거하였는가.

백인걸이 선조에게 엎드려 사죄하며 말했다.

신이 잘못 알고 망발을 하였습니다. 준경의 말이 옳습니다.

박점은 일단 정언에서 물러났으나 불과 며칠 지나지 않아 다시 정언에 복직되었고, 박점을 탄핵한 김난상이 끝내 조정에서 쫓겨났다. 이에 관한 사신史臣의 기록이다.

김난상은 을사년의 명류名流(널리 세상에 알려진 사람)로서 곧기만 하고 굽힐 줄 몰라 죄를 입었다. 그가 돌아오게 되자 사람들은 그의 풍절風節을 높였는데, 금방 박점을 논한 일로 하여서 사류와 맞지 않고 파직되자 논자들이 애석하게 여겼다.

임금과 영의정이 협의하고, 조직의 수장이 부적격한 자라고 판단하여 결정한 인사가 며칠 만에 뒤집어졌다. 간쟁을 책임진 대신이 제 책임을 다하고자 할 말을 했음에도 대사간 김난상은 그 때문에 조정에서 쫓겨났다. 그는 명종 초 바른말을 했다는 이유로 20년을 절해고도에 버려져 있다가, 선조의 즉위로 백발이 되어서 조정에 올라온 지 겨우 몇 개월 만에 또다시 바른말을 했다는 이유로 조정에서 쫓겨났다. 박점은 심의겸의 사람이었다. 당시 임금과 대신의 의지를 꺾고 무리하게 박점의 인사를 좌우할 수 있는 힘을 가진 사람은 대비 인순왕후 외에는 없었다. 이렇듯 권력을 손에 쥔 젊은 선비 몇 사람이 사랑에 모여서 소위 '공론公論'이란 것을 만들어 내고, 척신과의 협의 아래 중요한 국가정책과 인사를 검토하고 결정했다. 그들에게 아부하는 선비들 중에 김난상의 논의를 잘못된 것이라고 비난하는 자가 많았다. 이에 대해 난상은 이렇게 말했다.

> 내가 20년 귀양 끝에 다행히 성은을 입고 살아 돌아왔으므로 이 한 몸도 아끼지 않는 처지인데 그 밖에 무엇을 돌아보겠는가. 그 일은 오직 나라를 위해 한 일이다.
> —《선조수정실록》 3년 4월 1일

한비자韓非子는 '신하들이 패거리를 지어 서로 뭉쳐서 신하들이 하고 싶은 대로 할 수 있게 되면 군주는 고립된다.'고 했다. 당시 선조의 처지가 그러했다.

이이의 불안감

　권력투쟁은 신진 사림 내부에서도 치열하게 진행되었다. 신진 사림의 지도자로 인정받으며 투쟁의 선봉에서 빛나는 공을 세운 기대승이 별다른 이유도 없이 돌연 좌승지의 자리에서 밀려났다. 김개, 홍섬, 송순, 오겸 등 대신들이 줄줄이 쫓겨난 지 얼마 되지 않은 선조 2년 7월의 일이다. 기대승은 한 달 동안 아무런 보직 없이 대기하고 있다가 8월에야 성균관 대사성으로 발령을 받았다. 성균관 대사성은 최고 교육기관의 책임자였지만, 권력과는 거리가 먼 자리였다. 기대승은 9월에 대사성 자리마저 사임하고, 선조 3년 2월 고향으로 돌아갔다. 기록에는 대신과의 갈등 때문에 물러난 것이라 했지만, 그 시대에 대신과의 투쟁에 앞장선 신진 사림의 지도자들 중에 대신과 갈등을 겪지 않은 사람은 한 사람도 없었다. 유독 기대승만이 대신과의 갈등으로 물러났다고 보기 어렵다. 그보다는 기대승이 너무나 크고 빛이 났다.

　당시 사림과 권력을 분점하고 있던 대비 인순왕후와 심의겸에게 기대승은 너무 부담스러운 존재였다. 또, 기대승의 독주를 곱지 않은 시선으로 보고 있던 이이·정철의 견제도 작용했을 것이다. 이이가 쓴 《석담일기》에는 기대승에 대한 불편한 감정이 고스란히 담겨 있다. 선조 2년 이황이 조정에서 물러나 고향으로 낙향할 때 선조가 학문하는 사람 중에 아뢸 만 한 자가 있으면 추천하라고 하자, 이황은 기대승이 문자를 많이 보았고 이학에도 조예가 가장 높으니 통유通儒라고 하였다. 이 대화를 전해 들은 이이는

《석담일기》에서 이렇게 썼다.

> 기대승으로 말하자면 재주는 호매豪邁하나 기질은 엉성하여 학문이 정밀하지 못하고 자신은 아주 높아 선비들을 경시하며, 자기와 의견이 다른 사람은 미워하고 같은 사람은 좋아해 만약 임금의 뜻을 얻은 것 같으면 그 집요의 병통으로 인하여 나라를 그르칠 것이다. 이황 같은 현명함을 가지고서도 그 추천하는 바가 이와 같으니 사람을 안다는 것이 어찌 어려운 일이 아니겠는가.
>
> –《석담일기》

기대승에 대한 불쾌한 감정이 곳곳에 스며들어 있다. 이 시기를 전후하여 기대승과 함께 선조 즉위 초 신진 사림의 투쟁을 이끌던 신응시도 정치의 핵심에서 밀려났다. 이후 기대승이 주도하던 경연은 새로 홍문관 교리가 된 이이가 주도하게 된다. 이이가 신진 사림을 이끄는 영수가 된 것이다. 이 무렵, 고향으로 낙향하여 다시 은거한 이황 역시 정치에서 완전히 손을 뗀다. 선조 2년 8월부터 경연에서는 기대승을 대신하여 이이의 도도한 논설이 시작된다.

> 인군(임금)이 세상을 다스리려 하지 않는다면 모르지만 다스리고자 한다면 반드시 먼저 학문에 힘을 들여야 할 것입니다. 이른바 학문이라는 것은 경연에 부지런히 거동하여 옛날 전적典籍을 많이 읽는 것만이 아니라 반드시 격물치지格物致知와 성의정심誠意正心의 공부를 게을리 하지 않아 실효가 있도록 한 뒤라야 학문이라 할 수 있는 것입니다. …… 지금 민생은 곤란하고 풍속은 박하여 기강은 땅에 떨어지고 사습士習은 바르지 못합니다. 전하께서 즉위하신 지

수년이 되었으나 치국의 실효를 아직 보지 못하고 있으니 아마 전하의 격물치지 성의정심의 공력이 지극하지 못한가 하나이다. ─《선조실록》 2년 8월 16일

그러나 선조는 이이의 말에 일절 대답이 없었다. 이이가 경연에서 진강進講(임금 앞에서 학문을 강의함)하며 학문하는 것과 정치하는 것에 대하여 열심히 말을 했으나 임금은 한 마디도 하지 않았다. 선조의 침묵은 오래 계속되었다. 당시 선조가 무슨 생각을 하고 있었는지는 알 수 없다. 그러나 이이가 민생은 곤란하고 풍속은 박하여 기강은 땅에 떨어지고 사습이 바르지 못하다면서 그 책임을 임금인 자신에게 돌리는 것이 은근히 불쾌했을 것이다. 선조가 아무런 반응이 없자 이이는 더욱 직설적으로 다그쳤다.

옛날부터 일을 하고자 하는 군주가 지상의 정치를 일으키려면 반드시 성의를 베풀어 어진 사람을 대접하여 주고받는 것이 마치 메아리와 같아 흉회를 터놓고 허심탄회하게 말을 받아들이는 것입니다. 그러므로 상하가 믿음을 주고받아 좋은 정치가 이루어지는 것입니다. …… 우리 조선의 세종대왕 같은 분도 뭇 신하들과 친밀하심이 마치 한집 부자 같았습니다. 그래서 신하들이 은혜에 감복되고 덕을 사모하여 각기 죽을힘을 다한 것입니다. 지금 신은 여러 번 입시하여 전하를 뵈오매 전하께서는 신하들의 말에 답변이 없으십니다. ─《선조실록》 2년 9월 25일

그러나 이이가 아무리 열변을 토해도 선조는 아무 대답 없이 다만 듣고만 있었다. 선조의 차가운 반응에 이이는 불안함을 느꼈다.

임금께서 비록 마음을 터놓고 주고받으신다 하더라도 오히려 아랫사람의 마음이 통하지 못할까 염려이온데, 하물며 침묵하여 말씀하지 않으시어 그것으로 아랫사람의 기를 죽이시는 것이오니까. ―《석담일기》

이이의 불안은 차츰 신진 사림 전체로 번져 갔다.

을사위훈 삭제운동

  이준경의 동료들이 조정에서 쫓겨난 지 1년 뒤인 선조 3년 5월에 신진 사림은 을사위훈乙巳僞勳 삭제 문제를 들고 나왔다. 명종 즉위 때 공신으로 책봉된 자 중에서 일부 거짓 공훈이 있어 바로잡아야 한다는 주장이었다. 이는 선왕 명종의 정통성 문제와 대비 인순왕후의 권위에 도전하는 것으로 비쳐질 수 있는 민감한 사안이었다. 신진 사림은 왜 이렇게 민감한 문제를 서둘러 제기했을까?

  이준경의 세력을 밀어내고 난 뒤 조정은 척신 세력과 신진 사림이 나누어 차지하고 있었다. 신진 사림은 선조 즉위 후 일사불란한 단결력을 과시하며 위기를 넘겨 왔지만, 이제 권력의 한 자락을 잡는 데 성공했을 뿐이었다. 또한 그때까지 신진 사림의 정치적 성공 뒤에는 인순왕후와 척신 세력의 도움이 적지 않았다. 사림들은 지난날 조광조의 기묘사림이 허무하게 무너져 버린 것을 잊지 않고 있었다. 여기에 기대승의 실각도 이들의 불안감을 가중시켰을 것이다.

　신진 사림은 인순왕후를 중심으로 한 척신세력에 비해 많은 약점을 가지고 있었다. 우선 재야 사림을 하나의 정치 세력으로 묶을 수 있는 확고한 구심점이 없었다. 이황과 기대승이 모두 낙향한 상태에서 다양한 지역적·학문적 배경 아래 느슨하게 연결되어 있는 사림 세력이, 혈연과 이해관계를 중심으로 굳게 뭉친 척신을 상대하는 것은 버거운 일이었다. 척신 세력은 노련한 정치가인 인순왕후를 중심으로 일사분란하게 움직이고 있었다. 신진 사림으로서는 인순왕후와 심문과의 대결이 불가피했다. 권력은 그 속성 상 나누어 가지는 것이 불가능하다. 그러므로 언제 싸움을 시작할 것인가의 문제만 남아 있었을 뿐이다. 결단은 빠를수록 좋았다. 선조의 나이 19세, 아직은 겁 많고 내성적인 청년이기는 하지만, 한해 두해 나이를 먹으면 점점 더 다루기 힘든 버거운 존재가 될 것이 분명했다.

　그렇다 해도 이는 쉽지 않은 도전이었다. 과거 조광조도 중종반정의 훈공이 불합리하다며 위훈삭제 문제를 제기했다가 끝내 좌절한 바 있다. 당시 중종은 조광조의 기묘사림이 당파를 만들어 조정을 장악하려는 것을 왕권에 대한 커다란 위협으로 여겼다. 을사위훈 삭제 요구도 그때와 마찬가지로 왕권에 대한 도전으로 비쳐질 수 있었다. 더욱이 1000명이 넘는 을사년 위사공신衛社功臣(을사사화)은 조선의 실세를 모두 포함하고 있어 기득권 세력 대부분을 적으로 돌릴 수 있는 위험마저 있었다.

　선조 3년 여름, 조정은 온통 을사위훈 삭제 문제로 들끓기 시작했다. 잘못된 공신 책록을 삭제하라는 상소가 선조 3년 5월부터 그해 11월까지 7개월간 이어졌다. 이 기간 동안 신진 사림은 모든 역량을 위훈 삭제에 집중한다. 사헌부와 사간원은 하루에도 다섯 번 상소를 올리고, 홍문관은 하루에

세 번씩 차자를 올렸다.

> 백사百司가 직무를 폐하고 합문에서 부르짖은 지 일곱 달이 되었다. 그러나 위훈은 끝까지 삭제하지 못하고 말았다.   －《선조수정실록》 3년 11월 1일

조정의 공론으로 삼정승, 육경, 삼사의 장관이 모두 합문에 모여 을사위훈의 삭제를 요청했다. 이뿐만이 아니었다. 삼사, 예문관, 의정부 사인, 육조 낭관과 각시各寺의 정正에서 주부는 물론, 무록관無祿官까지 거느리고 상소하였다. 하급 관료까지 포함하여 조선에서 힘 좀 있는 이들을 총동원한 시위였다. 종친도 동원했으며, 임금을 보좌하는 승정원도 나섰다.

> 삼가 살피건대 대신·삼사 및 백료들이 진심을 피력하고 정성을 다하여 복합한 지 이미 넉 달이 되었고 장차章箚가 수백 편에 이르렀습니다. 날마다 윤허하는 말씀만 기다리고 있지만 천청天聽은 막연하니 군정群情의 민망스럽고 답답함이 오랠수록 더욱 심합니다. 삼가 바라건대 일이 선조조先祖朝에 있었다고 미루지 마시고 선왕의 뜻을 계승하여 신원하고 토죄하는 대의를 밝혀 여망에 부응하소서.   －《선조실록》 3년 8월 8일

그러나 선조는 선왕의 일을 재평가하는 것은 끝내 불가하다고 했다.

> 선조조의 훈적을 내가 어떻게 감히 고칠 수 있겠는가. 이것이 논계論啓(신하가 임금의 잘못을 따져 아룀)가 이 정도에 이르렀어도 결단코 따르지 않는 이유인 것이다.

위훈 삭제 투쟁의 최선봉에는 홍문관 교리 이이가 있었다. 처음 이 문제를 제기한 사람도 이이였고, 홍문관에서 작성하여 올린 상소 41편도 모두 이이가 썼다. 그러나 을사위훈은 끝내 삭제되지 않았다. 표면적으로는 아무런 성과도 거두지 못했다. 그러나 위훈 삭제 투쟁의 정치적 효과는 참으로 컸다. 사림들은 일치단결해 대비와 임금에게 힘을 과시하였다. 중앙과 지방이, 대신과 최하위 공직자가 하나가 되어 단단한 정치적 결속을 보여 주었다. 무엇보다 큰 성과는 을사위훈 삭제운동을 통해서 조선의 사림이 하나의 거대한 힘으로 뭉쳤다는 것이었다. 조정의 사림과 재야의 사림이 같은 목적을 가지고 하나의 세력으로 뭉쳐서 함께 투쟁했다.

오랜 세월 향촌에서 힘을 길러 온 엄청난 세력이 을사위훈 삭제운동을 통해 비로소 그 모습을 온전히 세상에 드러냈다. 사림 스스로도 자신들의 엄청난 힘에 놀라고 고무되었다. 대비와 척신 세력은 거대한 힘으로 용트림하는 사림 세력의 분출되는 힘을 보고 공포와 전율을 느꼈을 것이다. 이제 조선 정치의 주역이 사림이라는 것을 인정하지 않을 수 없었다. 그것은 명종 말 이준경으로 시작된 사림에 의한 정치혁명의 종착역이었다. 이제 조선은 사림의 나라였다. 세조 이후 조선을 지배해 오던 훈구 공신도 척신도 이미 사림의 상대는 아니었다.

인순왕후의 나이 당시 38세, 정치적 수완이 한창 성숙할 때였지만 이제 그녀가 정치력을 발휘할 영역은 없었다. 이후 그녀는 대궐 안에서 급속하게 늙어 갔다. 척신 세력의 중심 심의겸도 압도적인 세력으로 성장해 버린 사림 세력에 대항할 의지를 잃었다. 그는 스스로 변신하여 사림의 일원이라고 자칭했다. 이준경도 정공도감이 실패로 끝이 난 뒤 더 이상 조정에서 자신이 할 일이 없음을 알고 스스로 물러났다. 선조 3년 겨울이었다. 뒤이어 오겸戌謙이 우의정에 올랐으나 신진 사림이 인망이 없다고 격멸하게 논박하여 사퇴하였고, 박충원이 우찬성에 올랐으나 그 또한 양사의 젊은 관료들의 반대로 면직되었다. 이후 신진 사림을 후원하던 이탁이 우의정이 되고, 박순이 우찬성에 임명되면서 명실공히 사림이 정권을 장악하게 된다. 이제 조선에서 신진 사림에 대항할 수 있는 정치 세력은 사라지고 없었다.

9장

정치가
이이

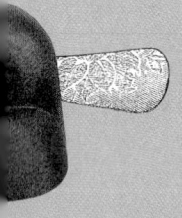

"나는 이이를 오활하고 경솔하다 하였는데도 당시 좌우의 측근이 그를 추천하더니, 하루 아침에 매우 배척하였다."
　　　　　　　　　　　　　　　　　　　　　　　　　　　　　　－선조

성리학의 큰 별들이 지다

격동의 시기가 지나고 신진 사림이 조선의 주류 세력으로 떠오른 선조 3년 12월, 이황은 향년 70세의 나이로 고향 안동에서 세상을 떴다. 이황이 선조 초 상경하여 조정에 머무른 것은 8개월에 불과했지만, 그 짧은 시간에 그는 조선을 이전과는 전혀 다른 나라로 바꾸어 놓았다. 정치를 떠나 20년을 초야에 묻혔던 그는 왜 고령의 나이에 정치 일선에 복귀했을까? 그는 주자학을 비판한 명나라 유학자 진헌장陳獻章이 불선不善으로 흐른 것과 왕수인의 양명학을 통렬히 비판하고, 서경덕 계열의 주기론자를 공박해 마지 않았다. 그는 정치와 학문에서 철저하게 주자의 견해를 진리로 믿었고, 조선을 주자의 나라로 만들고자 최선을 다했다. 그의 학문은 조선의 도통道統을 홀로 계승한 것으로 인정받았고, 그는 국왕 못지않은 권위를 얻었다.

이황은 법과 제도를 개혁하는 일에는 소극적인 입장을 취했고 그런 의미에서 그는 절박한 상황에서 신음하던 백성을 외면했다. 이황은 조선이라는 나라를 어떻게 이끌어 갈 것인지의 문제보다는 '천리와 인성' '천하대의'와 같은 보편적 가치를 지키는 일을 더 중요시했다. 이로써 국가에 대한 지식인의 공적 책무는 희미해지고 개인적 수양 차원으로 끌어 내려졌다. 정치와 학문을 뒤섞은 이황의 행보 이후 조선은 자유롭고 분방하던 학문적 기풍은 사라지고 독선적인 주자학 유일의 나라가 되었다. 그리고 주자학 유일의 나라 조선은 허약하고 무기력한 조정, 세상을 적과 동지로 나누어 당쟁의 소용돌이에 빠지게 된 정치, 백성들을 끊임없이 절망하게 만든 엄격한 신분제의 굴레, 현실과 실용을 외면한 이데올로기 투쟁 속에서 외적의 침입에 힘없이 무너지는 나라가 되었다. 이것이 정말 이황이 꿈꾸었던 주자학의 나라 조선의 모습이었을까? 이황은 주자학의 나라를 이 땅에 세우는 것이 조선이라는 나라와 백성에게 큰 덕이 될 것이라고 확신했던 것일까?

이황이 죽은 지 2년 후인 선조 5년 1월, 또 한 사람의 큰 스승 남명 조식이 지리산 밑에서 세상을 떠났다. 향년 72세였다. 그는 죽음을 앞두고 학문을 묻는 제자에게 말했다.

"모든 것은 너희들이 알고 있다. 다만 실천하라."

그의 수양론은 간단하고 명쾌하다. 관건은 지적 깊이가 아니고 실천적 깊이였다. 조식은 명종 말 선조 초 조정에 나아간 이황을 비판하고, 추상적이고 허황된 담론으로 선조 초의 개혁을 방해하는 신진 사림을 비판했다.

> 성性과 천도天道는 공자 문하에서 드물게 말하던 것이다. 화정和靖이 이에 대해 학설을 내자, 정자程子께서 경박한 학설을 함부로 내지 말라고 막았다. 그대는 요즈음 선비들을 살펴보지 않았는가. 손으로 물 뿌리고 비질하는 절도도 모르면서 입으로는 천상의 이치를 말하는데, 그들의 행실을 공평히 살펴보면 도리어 무지한 사람만도 못하다.

조식이 제자 오건吳健에게 보낸 편지이다. '성리에 대한 담론'이 크게 유행하면서 그 시대의 기풍이 되어 가고 있었다. 조식은 이러한 세태를 도학의 타락이자 세속화라고 크게 우려하였고, 그 중심에 이황이 있다고 비판했다.

지금의 습속은 투폐해져서 이욕이 무성할 뿐 의리는 망실되어 버렸다. 밖으로 도학을 내걸고 있으되 안으로 이를 품고 있다. 시속에 나아가 이름을 취하는 것이 거세동류擧世同流, 온 세상이 똑같다. 심술을 무너뜨리고 세도世道를 그르치는 것이 어찌 홍수와 이단에 그치겠는가.

남명은 지리산 밑에 우거하면서 세상 무엇에도 흔들림 없이 도학을 실천한다는 크나큰 자부심이 있었다.

請看千石鐘　천 석들이 저 큰 종을 보게나
非大扣無聲　크게 치지 않으면 두드려도 소리가 없네
爭似頭流山　어찌하면 두류산처럼 되어
天鳴猶不鳴　하늘이 울어도 울지 않을 수 있을까.

조식은 가난과 병마에 시달리면서도 세상의 유혹에 꺾이지 않았다. 그의 삶을 들여다보면 그 병마와 가난이 눈물겹게 드러난다. 망해 가는 집안을 두고 보는 마음에 차라리 죽고 싶다고 말하기도 했다. 하루하루가 말 그대로 치열한 전투였다. 그는 항상 '경의검敬義劒'이라는 칼을 차고 허리에는 '성성자惺惺子'라는 방울을 달고 마음이 흩어지는 것을 경계했다. 평생을 교유한 친구가 그의 가난을 근심하여 죽으면서 매년 곡식을 보내 주라고 유언했다는 말을 듣고는 이를 조용히 거절했다. 끼니를 거르는 가난 속에서도 그는 주고받는 데 엄격한 절도를 지켰다. 그러면서도 조식은 끝까지 여유를 잃지 않았다.

조식의 초라한 띳집은 시냇가에 있었는데, 부엌에서 일하는 아이가 때때

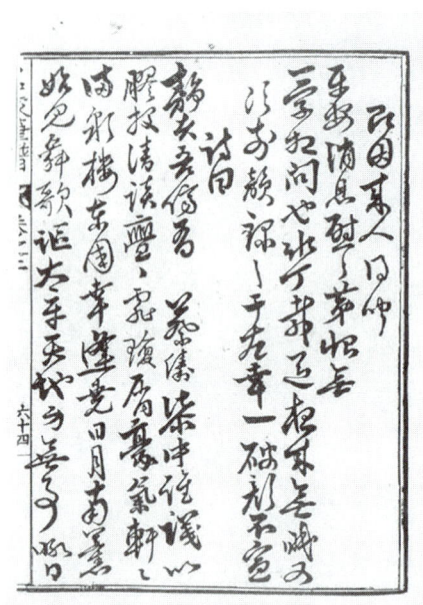

《명가필보名家筆譜》 중 남명 조식의 글씨(위)와 남명이 머물며 30년간 강학했던 경남 김해의 산해정山海亭. 선조 21년(1539) 김해부사가 정자 동쪽에 서원을 착공했으나 왜란으로 중지되었다가 광해군 원년에 준공되어 신산서원이라고 사액되었다.

로 송사리를 잡아왔다. 그런데 그물이 없으니 하루 종일 애를 쓰고도 소득은 많지 않았다.

"명주실이 있어야 그물을 짜서 고기를 잡지요."

아이의 말을 전하면서 조식은 편지에서 이렇게 마무리한다.

"잡곡밥도 제대로 못 먹는데, 고기 먹을 생각을 했으니 분수에 넘치는 것이 아니겠습니까."

학문으로 그 이름을 천하에 떨친 뒤에도 조식은 항상 백성들의 어려움에 이야기가 미치면 눈물을 비 오듯이 흘렸다. 선조 4년 5월, 조식은 나라가 온통 무너지는 상황을 한없이 안타까워하면서 마지막으로 상소를 올렸다.

삼가 살피건대 전하의 국사는 이미 그릇되어 한 가닥이라도 손 쓸 곳이 없어, 여러 신료들과 백공들이 둘러서서 바라보기만 할 뿐 구하지를 못하고 있습니다. 왕년에 신이 두 번이나 상소하여 '헤아릴 수 없는 위엄을 떨치지 않고는 수백 갈래로 흐트러진 형세를 바로잡을 수 없고, 큰 비를 내려 적셔 주지 않고는 7년 가뭄이 시든 풀에 도움을 줄 수 없다'고 하였는데, 많은 세월이 지난 지금까지 전하께서 급히 은위恩威를 내려 기강을 확립했다는 말을 듣지 못하였습니다.

위복이 당신에게 있는데도 이를 총람하지 못하고 오히려 신하들이 강하다는 분부를 내려 함부로 말을 하지 못하게 하니, 아래 사람들은 만사에 해이되어 그저 방관만 하고 있을 뿐이어서 나라가 망할 지경에 이르렀습니다.

-《선조실록》 5년 2월 8일

선조 5년 7월에는 이준경이 세상을 등졌다. 향년 74세, 벼슬길에 있으면서도 아는 것을 그대로 실천하는 도학자적 삶을 살았던 그였다. 선조가 임금의 자리에 올랐을 때 사람들은 이준경을 '사직지신社稷之臣'이라고 불렀다. 사직이 오직 그의 양 어깨에 달려 있을 때 그 임무를 다했다는 뜻이었다. 백성들을 고통에 빠뜨리는 고리채 문제를 해결하기 위해 내놓은 구폐책과 공납의 폐해를 시정하고자 제안했던 정공도감이 실패로 끝나자, 이준경은 더 이상 조정에서 자신이 할 일이 없음을 알고 선조 3년 겨울에 스스로 물러났다. 이준경은 죽음을 앞두고 선조에게 네 가지 조목을 들어 달라고 청하는 차자를 올렸다. 첫째는 학문에 힘쓰라는 것이고, 둘째는 아랫사람을 대할 때 위의威儀를 갖추라는 것, 셋째는 군자와 소인을 분별하라는 것이고, 넷째는 다음과 같았다.

> 붕당의 사론私論을 없애야 합니다. 당나라 문종과 송나라 인종도 군자와 소인을 모른 것은 아니었습니다. 다만 사당에 견제되어 어쩔 수 없이 분간하여 등용하지 못했기 때문에 마침내 시비에 현혹되어 나라가 어지럽게 된 것입니다. 지금 사람들은 잘못한 과실이 없고 또 법에 어긋난 일이 없더라도 자기와 한 마디만 서로 맞지 않으면 배척하여 서로 용납하지 않고, 자신의 행동을 돌아보거나 힘써 공부하지도 않으면서 고담대언으로 당파를 짓는 자를 훌륭하게 여기고 있습니다. 이런 허위의 폐단을 제거하는 데 힘쓰셔야 합니다. 그렇지 않으면 나라의 근심이 될 것입니다.
> – 《선조실록》 5년 7월 7일

이준경의 유차遺箚가 알려지자 삼사를 위시한 조정이 모두 들고 일어났다. 이준경의 관작을 추탈하고 사림을 모함한 죄를 다스리자는 주장이 조정에서 또 지방에서 어지러이 올라왔다. 특히 이이는 격렬한 상소를 올려

준경을 비난했다.

> 준경이 머리를 감추고 형상을 숨기고 귀역鬼蜮(귀신과 물여우)처럼 지껄였습니다. …… 준경의 말은 시기와 질투의 앞잡이요 음해하는 표본입니다. …… 옛사람은 죽을 때에는 그 말이 선했지만, 오늘 날은 죽을 때에도 그 말이 악합니다.
> - 《연려실기술》

이이는 이준경을 여우와 쥐 같은 무리에 비유하고, 이준경이 근거도 없이 붕당이란 말을 지어내어 임금의 마음을 현혹시켰다고 주장하였다. 이이를 비롯한 신진 사림 세력의 목숨을 건 반발에 선조는 한 발짝 뒤로 물러섰다. 그리고 이준경의 유차는 쏟아지는 비난에 묻혀 버리고 말았다. 판서 오상吳祥이 북경으로 가면서 소식을 듣고 시를 지었다.

功在宗祊澤在民	공적은 국가에 있고 혜택은 백성에게 있는데
能全終始獨斯人	능히 시종을 온전히 한 분은 이 사람뿐일세
不待十年公議定	십 년도 못 가서 공론이 정하여질 것을
是非何累地中身	오늘에 옳다 그르다 하는 것이 어찌 땅속 사람에게 상관이랴

그리고 선조 5년 11월, 이준경의 뒤를 이어 기대승이 향년 46세의 젊은 나이에 세상을 떴다. 조선을 주자학의 나라로 만드는 데 최선봉에 섰던 투사 기대승을 이이는 이렇게 평하였다.

그 학식이 다만 변박辨駁(옳고 그름을 논박함)하여 크게 늘어놓을 뿐이요 실상은 굳게 잡고 실천하는 공부가 없었고, 또 남에게 이기기를 좋아하는 병통이 있어 사람들이 자기에게 따르는 것을 기뻐하였으므로 개결介潔(성품이 깨끗하고 굳음)한 선비들과는 합하지 아니하고 아첨하는 자가 많이 따랐다.

-《석담일기》

때 늦은 개혁론

선조 3년부터 선조 5년 사이에 사림정치를 이끌던 큰 별들이 차례로 사라졌다. 이로써 선조 초 정치를 주도하던 이들이 모두 조정에서 사라지고, 이이가 조선 정치의 명실상부한 실력자가 된다. 신진 사림의 선배 격인 이탁, 박순 등도 이이의 견해를 따랐다. 이이는 신진 사림을 이끄는 전략가이자 이론가였고, 투쟁의 지휘자였다. 이이의 사랑방은 늘 수많은 선비들로 붐볐고, 정치적 논의의 중심에 언제나 이이가 있었다. 정철 같은 싸움꾼도 이이에게는 언제나 승복했으며, 성혼 같은 학자도 평생 이이를 지지하고 감싸 주었다. 조광조의 제자로 사심 없고 꾸밈이 없어 이준경과 친구로 지내고 선조의 신임도 두터웠던 백인걸 역시 이이의 재주를 높이 칭찬하고 인정했다. 이이는 정치의 고비마다 예리한 판단력과 대담한 결단력으로 혼란스러운 정국을 정리하는 솜씨를 보였다.

선조 10년 가을, 조정에서는 텅 빈 국가재정을 개선하고자 양전사업量田

事業을 시행했다. 토지세를 부과하기 전에 토지의 면적과 생산성·소유자 등을 조사하는 사업으로, 이 작업이 제대로 이루어져야 세금이 공평하게 부과되고 국가재정도 충실해진다. 그러나 이때의 양전사업은 아무런 성과도 없이 실패로 돌아갔다. 이이는 《석담일기》에 선조 10년에 시행된 양전사업의 전말을 이렇게 기록했다.

> 이때에 전지를 측량한 지가 여러 해가 되어 많은 전적田籍이 사실과 달랐다. 이리하여 측량을 명하였으나 그 법이 측량을 감독할 경차관으로 한산조사閑散朝士로 보했으나 조관들이 모이지 않았다. 조관들이 모이지 않아 세 번이나 명령하고 다섯 번이나 독촉하였으나 오는 사람은 겨우 5, 6인에 불과했다. 아무리 엄하게 책하고 죄까지 주려고 하였으나 끝까지 나오지 않았다. 이리하여 충찬위忠贊衛(휴직한 군관), 녹사錄事(말단 관직으로 관방 주사를 맡아 정승에 소속된 관속)들을 차정差定하고 군읍에 명하여 생원이나 진사를 측량감관을 시키라고 하니, 고을 선비들이 말하기를 "측량감관이란 경차관들에 통솔되어 감관이 잘못이 있으면 경차관이 벌을 주어 매질까지 할 수 있는데, 우리 사족士族들이 녹사배에게 무릎을 꿇고 매질까지 당한단 말인가. 죽을지언정 이것은 할 수 없다." 하고는 모두 집을 옮기어 그 일을 피하였다. 또 수령이 토지 측량으로 인하여 민간의 쌀을 많이 거두고 더러는 사리로 삼기도 하자 민심이 소요하게 되고 "흉년에 토지를 측량하여 백성들을 소요시킬 것이 아니라" 하여 이에 중지하고 말았다.
> ―《석담일기》

국가의 핵심 사업이 조정 신하들의 불복종으로 한 발짝도 앞으로 나아가지 못했다. 자신들에게 이익이 되지 않는다는 이유였다. 중앙집권 국가로서 상명하복의 위계질서가 엄정했던 조선의 관료 조직이 붕괴되고 있었던 것이다. 이는 곧 국정을 이끄는 리더십이 무너졌음을 뜻하는 것이기도 했다. 양전사업만 그런 것이 아니었다.

"지금 민생이 곤궁한 것은 어디를 막론하고 다 마찬가지입니다. 군적을 작성하는 본뜻은 군액軍額(군인의 수)이 결원이 많은 때문만이 아니라, 내실이 없는 허위 장부로 인하여 친족과 거린(그 이웃)이 고통을 당하여 백성들이 도탄에 허덕이기 때문에 허위 숫자를 삭제하고 실수로 메워 민생의 폐단을 조금이나마 구제하려고 하는 것일 뿐입니다. 계축년(명종 8년)에 군적을 작성할 때에는 일을 맡은 사람들이 국가가 백성을 사랑하는 본뜻을 알지 못하고 철저히 하고 엄중히 하는 것만으로 능사를 삼았으므로, 각 주현에서 그 뜻을 받들어 수효를 헛되이 불려서 빌어먹는 사람도 전부 포함시키고 가축의 이름까지도 액수에 메워 넣었습니다. 그래서 군적을 작성한 지 얼마 안 되어 태반이 결원이 생겨서 거린과 친족을 침해하여 사방이 시끄러웠습니다. 이제 다시 그전의 방식을 답습한다면 이름은 군적을 작성한다고 하지만 사실은 백성에게 피해를 주는 일이 되고 말 것입니다. ……" 하였는데 그 의논을 병조에 내렸으나 끝내 시행하지 못하였다. ―《선조수정실록》6년 9월 1일

병력을 동원하는 데 꼭 필요한 군적軍籍 정비 작업도 제대로 이루어지지 않아 결국 포기했다.

선조 6년 9월, 이이는 임금에게 국정 개혁을 건의하였다. 이때 이이의 나이 38세, 조정에서 정사를 주도한 지 4~5년, 벼슬은 홍문관 직제학이었다.

요즈음 보건대 천시天時와 인사가 날이 갈수록 어긋나 천변이 거듭 나타나는데도 태연히 두려워하지 않으며, 기강은 해이해지고 인심은 흩어지고 있으니 장차 나라를 지탱하지 못할 상황입니다. 상께서 만일 큰 뜻을 분발하여 무너진 기강을 정돈하지 않으시면 토붕와해의 형세가 불원간에 닥칠 것입니다.

- 《선조실록》 6년 10월 12일

수령들이 한 사람도 국사를 책임지는 자가 없는데, 나라 살림과 민생의 상황에 대해서는 상께서도 이미 아시는 바입니다. 이런 상태로 나간다면 앞으로 10년이 못 가서 위망危亡의 화가 닥치고 말 것입니다. 조정의 명령은 막혀서 행해지지 않고 상하의 형세는 흩어져 계통이 없으므로, 경연 석상에서 비록 한두 가지 건백建白(관청이나 윗사람에게 의견을 말함)한 일이 있더라도 한 조목이 겨우 시행되면 또 다른 폐단이 따라서 생기니, 이러고서도 제대로 그 나라를 다스린 경우는 없습니다. 전하께서 마음을 올바르게 하여 기본 행실을 닦지 않으시면 일국의 인심을 어떻게 복종시킬 수 있겠습니까?

《선조수정실록》 6년 11월 1일

국정 운영의 책임자가 된 뒤에야 이이는 상황의 심각성을 깨달았다. 모든 문제의 근원에 신뢰 상실과 그로 인한 기강의 붕괴가 자리 잡고 있었다. 허물어진 신뢰와 기강을 다시 세우는 작업은 처음 시작하는 것보다 더욱 어려운 일이었다. 이이는 이대로 가다가는 나라가 망하고 말 것이라고 했다. 그러나 선조는 이이의 건의를 받아들이지 않았다. 선조는 오히려 비아냥거리는 투로 마치 남의 일을 말하듯 비판했다.

조정에 현인들이 많이 모여 경연에서 큰 말이 다투어 나오고, 새로운 칙례則例를 행하기를 좋아하니 의당 풍속이 순후해지고 정치가 잘 되어야 할 텐데, 기강이 무너지고 백성이 곤핍하여 인심이 좋지 못하여 큰 소리의 효력은 털끝만큼도 없어, 도리어 전일 권간權奸들이 용사用事(권세를 부림)할 때보다도 못하니 이것은 내가 알 수 없는 일이다.　　　　　　　　　　－《선조수정실록》 6년 11월 1일

선조는 자신이 개혁을 추진하려고 해도 천심이 개혁을 좋아하지 않고, 아래로는 인사가 우려되는 일이 많다고 했다. '천심'과 '인사'란 곧 사림 세력을 지칭하는 것이다. 자신의 힘과 능력으로는 그들의 저항을 극복하고 개혁을 추진할 수 없다는 말이었다.

올린 차자를 보건대 뜻이 직방直方하고 의논이 통쾌하여 보는 이로 하여금 숙연해지니 재학의 우수함을 볼 수 있어 매우 가상하고 기쁘다. 다만 나는 참으로 불민하여 심신을 가다듬지 못해서 모든 시행하는 일이 항상 어긋나 위로는 천심이 좋아하지 않고 아래로는 인사가 우려되는 일이 많다. 이와 같은 임금이 무슨 일을 이루겠는가. 나의 몸으로 지금 세상과 견주어 볼 때 너무도 맞지 않다. 이는 스스로를 매우 분명하게 알기 때문에 하는 말이며 일부러 겸손해 하는 것은 아니다.　　　　　　　　　－《선조수정실록》 6년 9월 1일

완곡한 거절이었다. 사가에서 자라나 16세에 대궐에 들어와 대비의 눈치만 보고 있던 어린 임금이, 어느덧 성장해 권력의 실세와 대립각을 세웠다. 선조는 후궁의 손자인 자신을 임금으로 만들어 준 대비의 뜻을 거역할 수 없었다. 그러나 을사위훈 삭제운동 이후 인순왕후가 정치 일선에서 물

러 난 뒤부터 상황이 달라졌다. 대비의 정치적 간섭에서 자유로워진 선조는 이때부터 서서히 군왕으로서 정치의 한가운데에 서게 된다. 이후 조선의 정치는 조정의 숨은 실력자 이이와 선조의 대립 및 협력을 중심으로 전개된다. 이이는 선조 7년 3월 개혁을 요구하는 〈만언봉사萬言封事〉를 올렸지만 자신의 건의가 받아들여지지 않자 우부승지 직을 사임하고 향리로 물러났다. 이때 이이의 나이 39세였다.

동서분당의 시작

선조 8년 1월, 인순왕후가 44세의 나이로 죽었다. 그녀의 죽음은 구시대의 종언을 뜻하는 상징적인 사건이었다. 인순왕후는 조용하고 어질었다는 짧은 평가로 기록에 남아 있지만, 그녀가 조선 정치사에 남긴 해악은 시어머니인 문정왕후 못지않았다. 인순왕후는 이황과 기대승을 내세워 이준경 등 원로대신을 내치는 과정에서 사림을 분열시키고 심문을 중심으로 한 척신 세력의 정치적 영향력을 유지했다. 이 과정에서 왕권을 무력화시키고 파당에 의한 정치 싸움을 격화시켰다. 이는 이후 조선이 극심한 당파싸움에 휘말리는 원인이 되었다. 인순왕후의 죽음으로 그때까지 심의겸을 중심으로 모여 있던 척신 세력은 급속하게 위축되었고, 심의겸과 이이에 동조하지 않아 조정에서 소외되어 있던 이들이 하나의 세력으로 뭉치는 계기가 되었다. 그리고 이러한 정계 개편 바람은 심의겸과 김효원의 갈등으로 폭발했다. 흔히 말하는 '동서분당東西分黨'의 시작이었다.

갈등은 사소한 데서 비롯되었다. 이조전랑 자리에 있던 오건吳健이 그 자리를 떠나면서 후임으로 김효원을 추천하였는데 심의겸이 반대하고 나섰다. 김효원이 전에 윤원형의 집에 머무른 일이 있던 사실을 들어, 그런 자를 전랑과 같은 요직에 임명해서는 안 된다는 이유였다. 그러나 얼마 후 김효원은 전랑에 임명되었다. 김효원이 전랑 자리를 떠날 때 사람들이 심의겸의 아우 심충겸沈忠謙을 천거했으나 이번에는 김효원이 반대하고 나섰다. 전임 전랑이 후임을 천거하는 것이 일반적인 관례였으므로 김효원의 반대는 심충겸이 전랑 자리에 임명되는 데 큰 장애가 되었다. 왕실의 외척이 조정의 인사를 처리하는 막중한 전랑의 직책을 맡아서는 안 된다는 것이 김효원의 주장이었다.

이 두 차례 논쟁으로 조정의 반목이 격화되었고, 사류 사이에 분열이 일어나 일파는 김효원을 지지하고 다른 일파는 심의겸을 지지하게 되었다. 이때 김효원의 집이 서울의 동쪽에 있었기 때문에 그를 지지하는 파를 '동인東人'이라 하였고, 심의겸의 집은 서울의 서쪽에 있었기 때문에 그를 지지하는 파를 '서인西人'으로 부르게 되었다.《당의통략黨議通略》에 의하면 서인은 박순·김계휘·정철·윤두수·구사맹·홍성민·신응시·송익필·조헌·이귀·이산보·정엽·황정욱·이해수·윤근수·이이였고, 동인은 이산해·유성룡·허엽·정인홍·김우옹·이발·정유길·정지연·우성전·김성일·남이공·송응개·허봉·이광정·이원익·홍가신·이덕형 등이었다.

인순왕후의 죽음 이후 터져 나온 심의겸과 김효원의 갈등은, 지난날 문정왕후 사후 윤원형을 축출하는 과정을 연상하게 한다. 그때까지 심의겸과 이이가 정국을 주도하면서 소외되어 있던 이들이, 인순왕후가 세상을 뜨자 선조의 지지 아래 심의겸을 공격하고 나선 것이다. 두 세력의 갈등이 극에 달하여 정상적인 국정 운영이 불가능한 상태가 되자, 벼슬에서 물러나 시골에 머무르고 있던 이이가 나섰다.

　이이는 선조의 신임을 받고 있던 우의정 노수신을 찾아가 임금에게 당쟁의 실상을 알리고 당쟁의 중심에 있는 심의겸과 김효원을 도성에서 추방하자고 제안했다. 노수신의 건의를 받은 선조는 즉각 이를 수락했다. 심의겸을 제거하는 것만으로도 선조에게는 큰 정치적 승리였다. 심의겸이 누구인가. 지난 10년간 조정과 왕실을 좌지우지했던 권력의 실세였다. 그를 지방으로 내쫓아 세력을 꺾어 놓으면 이이의 세력도 약화될 수밖에 없고, 임금의 위상은 더욱 확고해질 것이었다. 그렇게 한줄기 회오리바람이 정리되자 선조는 곧바로 이이를 버린다. "교격矯激스러운 사람이니 인격이 성숙한 뒤에 쓰겠다." 이이를 버리면서 선조가 한 말이다. 이렇게 선조는 심의겸과 이이를 모두 조정에서 내쫓고 자신의 뜻대로 정계를 개편했다.

　이 싸움에서 승리자는 선조였다. 선조는 이이를 쫓아낸 뒤 홍문관 전한典翰으로 있던 정철을 의정부 사인舍人으로 보내 기를 꺾어 놓았다. 신응시는 사소한 일로 탄핵을 받아 죽은 듯이 엎드려 있어야 했다. 신진 사림의 명목상 구심점이었던 박순도 이때 좌의정에서 물러나 명예직인 영중추부사로 옮겨 앉았다. 이렇게 하여 선조는 즉위 초부터 8년 간 조선을 움직이던 핵심 세력을 모두 권력에서 밀어내는 데 성공했다. 이제 세상은 선조의 것이었다. 이 과정에서 선조는 당파를 자신의 권력 장악에 이용했다. 선조 즉위 초 인순왕후가 사림을 분열시켜 힘의 균형을 맞춘 것과 비슷한 방법이었다.

　후배 사림들은 이황·이이·기대승·정철이 이준경 등의 선배 사림을 공격했던 것과 마찬가지로, 그들의 선배인 이이와 정철·심의겸을 공격했다. 이제 당파의 힘에 의지하지 않고는 누구도 조정에서 살아남기 어려워졌다. 임금이 오히려 앞장서서 파벌을 조정하고 나서니 새롭게 등장하는 젊은 선비들도 당파에 몸을 의탁할 수밖에 없었던 것이다.

선조 8년 일어난 심의겸과 김효원의 다툼으로 당파가 나뉘었다고 보는 것이 일반적인 인식이지만, 사실 그 시작은 선조 즉위년 기대승이 이준경을 공격하고 인순왕후가 이황을 명소하는 시점, 더 올려 잡는다면 명종의 명소를 받고 이황이 상경하는 때부터였다고 보아야 한다.

이때 상이 신정新政 초기라서 잘 다스려 보려는 생각이 매우 절실하였다. 그런데 등용된 신진의 선비들이 모두 이황을 종주宗主로 삼고, 떼지어 서로 교유하며, 학문을 강론하면서 그들 스스로 한 무리가 되었다. 세도를 만회하고 부정한 것을 제거하고 깨끗한 것을 드러내는 것을 제일로 삼았는데, 당시 사람들이 소기묘小己卯라고 지목하였다. …… 이준경은 기묘사화를 징계 삼아 과격한 처사를 억제하려는 뜻을 지니고 있었다. 그러나 성품이 원래 고집스럽고 완강하였으므로 자기는 중립을 지킨다고 자신하면서 유자儒者를 조롱하고 비평하여 심지어 이황을 산새山禽에다 비유하였기 때문에 사뭇 신진들과 사이가 좋지 않았다. 그런데 김개는 자신이 촉망을 받고 있는 것을 이용하여 소요를 일으켜 볼 생각으로 기대승 이하 5~6명을 탄핵함으로써 준경에게 붙으려고 하였다. 그리하여 우선 기묘 사람들의 득실을 논평하면서 은근히 이황을 배척하는 것으로 주상의 뜻을 떠보려고 하였던 것이다. 그러나 주상의 마음이 굳게 정해져 있고 준경도 원래 사류를 해칠 뜻이 없었기 때문에 변은 일어나지 않았는데, 이황은 이 소문을 듣고는 더욱 두려워하였고 대승에게 퇴피

할 것을 애써 권하였다. 그리고 구신들도 각자 모두 안정을 되찾았다. 그러나 이때부터 당파의 형색이 뚜렷이 갈라졌으므로 여염에서는 노당老黨 소당少黨으로 지목하여 부르게 되었다.　　　　　　　　　　　－《선조수정실록》 2년 6월 1일

《선조수정실록》은 서인들이 광해군을 몰아낸 인조반정(1623)이 있은 후 서인의 입장에서 다시 기술한 《실록》의 수정본이다. 그러한 기록에도 이미 선조 초기부터 당파의 형색이 뚜렷이 갈라졌음을 밝히고 있다. 그럼에도 이후 심의겸과 김효원이 당파 형성의 원인으로 지목된 것은, 사림의 종장인 이황이나 이이로부터 당쟁이 시작되었다고 하는 것은 너무 송구스러운 일이었기 때문이다. 이황의 제자인 유성룡柳成龍도 저서 《운암잡록雲巖雜錄》에서 이렇게 말했다.

선조 초에 등용된 사람들은 대개 말과 행동이 서로 맞지 않은 이가 많으며, 그중에는 혹 선비라는 이름을 가탁하여 시속의 좋아하는 것만 따라 하는 자가 있기도 하였다. 그래서 공도公道를 버리고 당파를 위해서 죽는 폐습이 점차로 이루어지고, 직분을 지키고 위를 받드는 의리는 점점 쇠퇴해져서 서로서로 추기고 추천하여 당이 성한 자는 중요한 지위에 오르고 세가 외로운 자는 낮은 벼슬에 억눌려 있게 되었다. 고故 상공相公 이준경이 이것을 근심하여 고치고자 하였는데 한때의 사류士類라고 이름하는 자들이 떼를 지어 일어나 공격하여 착한 이를 질시하는 것이라 하였다. 준경은 불쾌한 마음으로 죽었다. 이때부터 조정은 둘로 나뉘어 당黨의 화禍가 비로소 일어나더니 이이, 정철 등이 일어남에 이르러 더욱 분열하게 되었다.　　　　　　　　　　－《운암잡록》

이준경에 관한 기술로 보아서 여기서 '선조 초'라 함은 선조 8년의 일이 아니라 그보다 훨씬 앞의 상황을 지칭하는 것이 분명하다. 이렇게 보면 유성룡의 견해도 《선조수정실록》의 기록과 일치한다. 그러므로 이황, 기대승, 이이로부터 당쟁이 시작되었다고 보는 것이 옳다. 선조에게 버림받았던 이이는 선조의 동서 균형정책으로 다시 조정으로 복귀하게 된다. 동인들의 세력이 지나치게 커지자 선조가 서인들을 다시 기용하기 시작한 것이다. 선조 8년 인순왕후가 죽고 난 뒤 인사권을 뜻대로 행사할 수 있게 된 선조는, 심의겸·이이·정철을 배제하고 동인 계열의 젊은 관료들을 육성해 왔다. 우의정 노수신도 심의겸의 세력이 일방적으로 강하다는 생각에 선조의 의지를 뒷받침해 주었다. 그리고 5~6년의 시간이 흐르면서 조정의 권력 구조에는 많은 변화가 있었다. 조정은 이산해·유성룡·이발·허봉 등 젊은 동인들의 세상이 되었다. 선조 12년, 선조는 자신이 키운 동인 세력이 지나치게 커지자 서둘러 서인들을 조정에 불러들였다. 자칫 시기를 놓쳐 세력 균형을 이루지 못하면 또다시 신하들에게 휘둘릴 수도 있었다. 선조 13년 9월 이이가 조정으로 복귀했고, 선조 14년 초에는 이러한 세력 균형의 노력이 잠시 효과를 발휘하여 조정에 화합의 분위기가 만들어졌다. 참으로 오랜만에 무언가 해 보자는 말들이 나왔다. 위로는 임금이 마음을 비우고 아래로는 조정을 깨끗이 하면 잘될 수 있다는 의견이었다. 이이는 다시 개혁을 주장하며 임금의 분발을 촉구했다.

아조我朝가 개국한 지 200년이 지났으니 이때가 바로 중엽기의 쇠퇴기에 이르러 마치 노인의 원기가 쇠진하여 다시 떨치고 일어날 수 없는 것과 같은 상황입니다. 만일 이때에 분발하여 진작시키지 않으면 무너져 소멸되는 지경에

이르게 될 것입니다.　　　　　　　　　　　－《선조실록》 14년 10월 16일

그러나 사람들은 개혁의 필요성을 인정하면서도 이이를 개혁의 주도자로 받아들이지 않았다.

왕안석이 교만하고 임금을 업신여겼던 것을 지금 이이가 지니고 있고, 말하는 자를 물리쳐 버렸던 왕안석의 버릇을 이이가 지니고 있습니다.

　　　　　　　　　　　　　　　　　　－《선조실록》 16년 6월 19일

이이를 송나라의 개혁가 왕안석에 비유하면서 이이가 임금을 이용하여 다른 사람들을 배척하려고 한다는 것이었다. 개혁에 반대하는 세력들은 왕안석의 개혁정책의 효과를 폄하하고 그 위험성을 과장하며 이이를 공격했다.

이이는 진정한 개혁가였나?

이른바 '공안貢案을 개혁함으로써 포악하게 거둬들이는 폐해를 없앤다'는 것은 이런 뜻입니다. 조종祖宗들의 조정에서 쓰는 것을 매우 절약하고 백성들에게 거두는 것도 매우 적었는데, 연산군 중년에 쓰는 것이 사치스럽게 늘어나서 일상적인 공물貢物로는 그 수요를 충당하기에 부족하게 되었습니다. 이

에 공물을 더 늘이도록 정함으로써 그 욕망을 충족시켰던 것입니다. 신은 지난날 노인들에게 그러한 사실을 들었으나 감히 그대로 믿지는 못하고 있었는데, 전에 승정원에 있을 적에(선조 7년) 호조(戶曹)의 공안을 가져다가 보니 여러 가지 공물이 모두 홍치(弘治) 신유(辛酉)년에 늘여 정한 것인데 지금까지 그대로 쓰이고 있으며, 그때를 상고해 보니 바로 연산군 때였습니다.

신은 공문서를 덮고 긴 한숨을 쉬면서 "이럴 수가 있나! 홍치 신유년(연산군 7년)이면 지금부터 74년 전이니, 성군(聖君)이 왕위에 있지 않았던 것도 아닐 테고, 현명한 선비가 조정에 전혀 없었던 것도 아닐 터인데, 이런 법이 무엇 때문에 개혁되지 않은 채로 있는가." 하고 뇌까렸습니다. – 〈만언봉사〉

이이가 선조에게 올린 〈만언봉사〉 중 '공안 개혁'의 일부이다. 여기서 이이는 선조 7년 공납의 폐해를 구체적으로 알고 매우 놀랐다고 밝히고 있다. 공납 문제는 개혁이 논의될 때마나 거론된 중요한 문제였다. 선조 3년에도 이준경이 정공도감을 설치하여 공납의 폐단을 고치려고 했으나, 당시 권력의 실세이던 심의겸과 신진 사림의 방해로 성과를 거두지 못하고 실패한 일이 있다. 이때 이이는 정공도감의 실패와 관련해 《석담일기》에 "임금의 뜻은 다만 옛 조례만을 따르려고 하고, 대신들도 개혁하기를 꺼려 단지 문부(文簿)에만 기입하고 삭제했을 뿐 별반 폐단을 혁신하는 일이 없으니 식자들이 웃었다."며 강 건너 불구경하듯 논평을 남겼을 뿐이다. 그리고 3년 뒤 이이는 〈만언봉사〉를 올리며 공납의 폐해를 이제야 알게 되었다며 뒤늦게 탄식하였다.

이이는 선조 6년에 소리 높여 개혁을 요구하며 10년이 못 가 나라가 망하는 위태한 상황이 올 것이라고 경고했으나, 막상 백성의 가장 큰 고통이었던 공납제도의 폐해에 대하여 구체적으로 파악하지 못하고 있었던 것이다. 그는 이렇게 말이 앞섰다.

이이가 개혁의 필요성을 주장하며 현인을 기용하여 맡겨야 한다고 주장하자, 선조는 이렇게 대답했다.

"이 일(개혁)이 사실 옳고 현인을 쓰는 것도 좋다. 그러나 일을 처리해 본 경력이 없는 사람은 하는 일이 과격할까 염려스럽다."
하였다. 이이가 아뢰기를
"전하께서는 항상 그 과격한 것은 걱정하시면서 오늘날 전혀 일을 못하고 있는 현실은 걱정하지 않으시니 무슨 이유입니까?"
하니, 상이 이르기를
"고집이 있는 사람이 제재를 받아들이지 않고 반드시 자기 뜻을 행하려고 하면 어찌할 것인가?" -《선조수정실록》6년 9월 1일

자신을 믿고 개혁을 맡기라고 청하는 이이에게 선조는 '나는 그대를 믿을 수 없다'고 한 것이다. 당시 이이만 개혁을 주장한 것은 아니다. 당파가 다른 김우옹金宇顯(1540~1603)도 이이와 함께 줄기차게 개혁을 주장했고, 최영경崔永慶(1529~1590)과 성혼成渾(1535~1598)은 물론이고 개혁에 대해서 보수적 입장을 견지한 것으로 알려진 유성룡柳成龍(1542~1607)과 김성일金誠一(1538~1593)까지도 앞 다투어 개혁의 필요성을 말했다. 당시 깨어 있는 선비를 자부하는 이들 중에 개혁을 이야기하지 않는 사람이 없을 만큼, 조선은 개혁이 절실한 상황이었다.

이이는 죽기 1년 전인 선조 15년에 또다시 개혁을 요구하는 강력한 상소

를 올렸다. 부제학 유성룡이 이이의 상소를 듣고 이이의 논의가 시의에 적합하지 않다고 극론했다. 장령 홍가신洪可臣이 유성룡에게 말했다.

"공은 과연 경장更張(개혁)하는 것을 그르다고 여기는가?"
하니, 성룡이 말하기를,
"경장하는 것은 진실로 옳은 것이다. 하지만 그의 재주로 그 일을 해내지 못할까 염려될 뿐이다."   –《선조수정실록》15년 9월 1일

유성룡은 개혁은 필요하지만, 그 주도자가 이이가 되어서는 안 된다고 했다. 모든 이들이 개혁을 소리 높여 외칠 만큼 당시 조선의 상황은 피폐했다. 조선을 그런 지경으로 몰아넣은 책임이 이이에게도 분명 있었다. 그러나 어디서도 통렬한 반성의 목소리는 찾아보기 어려웠다.

언제나 이이의 편에 서서 그의 개혁을 지지하던 성혼도 선조 6년 이이의 병통을 지적한 바 있다. 선조가 이이에게 개혁을 맡길 수 없다는 뜻을 밝혔음에도 이이가 계속 자신이 개혁을 주도하겠다고 하자, 성혼이 이렇게 충고했다.

"상의 마음을 돌리기 어려우면 마땅히 인퇴引退(직무를 그만두고 물러남)해야 한다. 상의 마음을 얻지 못하고 먼저 사업에 힘쓰면 이는 한 자를 굽혀 한 길을 펴는 효과를 추구하는 패자의 길이지 유자의 길이 아니다."
라고 하자 이이가 대답하기를
"이 말이 진정 옳기는 하다. 그러나 상의 마음을 어찌 갑자기 돌이킬 수 있겠는가. 마땅히 정성을 쌓아 감동하며 깨닫기를 기대해야 한다. 지금 얕은 정성

을 가지고 몇 달 사이에 효과가 나타나기를 바라다가 뜻대로 되지 않으면 곧장 인퇴하려고 하는 것도 신하된 도리가 아니다." ─《선조수정실록》6년 11월 1일

자신이 아니면 안 된다는 고집이었다. 선조는 이이의 진정성을 의심하며 이이가 명예에 집착하는 것 같다고 했다.

행하는 바가 아무리 선하더라도 명예를 구하는 마음이 있다면 천리天理라 할 수 없을 것이다. …… 명예를 좋아하는 사람은 천승千乘(제후)의 나라는 사양할 수 있으나, 하찮은 한 그릇의 밥과 한 그릇의 국에서는 불쾌한 기색을 얼굴에 드러내니 그의 근본이 없음이 이와 같다. 또 이익을 좋아하는 자는 남을 속이지 못하지만 명예를 좋아하는 자는 남을 잘 속이니 그 폐해가 더 크다. 옛사람이 '삼 대 이하에서 선비를 구하는 데는 오히려 그가 명예를 좋아하는 사람이 아닐까 두려워하였다'고 한 말은 이유가 있어서 한 말이었으나 온당하다고 볼 수는 없다. ─《선조실록》8년 11월 28일

이이는 끊임없이 개혁의 필요성을 주장했지만, 무엇을 어떻게 개혁하자는 구체적인 방도는 말하지 않았다. 허물어진 기강과 힘겨운 백성의 처지, 위태로운 나라의 사정을 수없이 말하였지만, 그런 문제를 해결하기 위해 법과 제도를 어떻게 손봐야 할지는 이야기하지 않았다. 이이는 선조 8년에 쓴《성학집요聖學輯要》에서 정전론井田論을 언급하고 대동大同과 소강사회小康社會를 말했지만 지극히 추상적인 수준에 그쳤을 따름이다. 또한 이이가 임진왜란 전에 10만 군사를 양성하자고 주장했다는 것도 사실이라고 보기 어렵다. 이이의 '10만 양병설'은 인조반정으로 서인이 권력을 장악한 뒤 이

이를 높이기 위해 없던 사실을 지어내《선조수정실록》말미에 사관의 논평으로 끼워 넣었다는 주장이 유력하다.

군사 10만 명을 상비군으로 유지하려면 1년에 100만 석에 가까운 양곡이 필요했다. 그러나 당시 조정에는 재정의 여유가 거의 없었다. 예산도 없이 군대를 양성하자는 것은 하나 마나 한 이야기다.

군사를 기르려면 우선 조세 수입을 올려야 했다. 조세는 누가 부담하는가? 일반 백성들은 이미 공납과 군포만으로도 한계 상황에 도달해 있었다. 세수를 늘릴 수 있는 부분은 토지 면적에 따라 부과되는 전세田稅밖에 없었다. 전세는 땅을 가진 자가 내는 세금이다. 조선 초 전력을 다해 확보했던 공민과 공전은 이미 힘 있는 자들에게 잠식돼 무너진 상태였다. 다시 토지를 조사하여 조세를 공정하게 부과해야 하는데, 관료와 사림은 토지조사사업에 반대하고 나섰다. 전세를 증액할 경우 그들의 극심한 반발은 불을 보듯 뻔했다. 선조는 사림의 반발을 극복해 낼 자신이 없었다.

국가가 만성적인 재정적자에 시달리면 할 수 있는 일이 없다. 신진 사림은 국가의 역할을 축소하는 정치사상과, 태평성대론에 근거한 작은 정부론을 내세워 국가를 이끌어 왔다. 그런 상황에서 외적의 동향이 심상치 않으니 세금을 올려 군대를 양성하자고 주장하기는 어려웠다.

북방의 정세가 심상치 않은 움직임을 보이던 선조 16년 1월, 선조는 이이를 병조판서에 기용했다. 더 이상 국방개혁을 미룰 수 없다는 판단이었다. 국방에 대한 선조의 관심이 비상한 때였기에 병조판서 자리에 무게가 실리고 있었다.

아조我朝의 병력이 전조前朝에 못 미치고 있는데 오랫동안 승평昇平을 누린 나머지 병정 또한 해이된 지 오래이다. 나는 가끔 그것을 생각하고 남몰래 걱정하였으며, 실로 적당한 인재를 얻지 못한 것을 한탄하였다.

경은 경장更張과 개기改紀를 부단히 주장해 왔으니 이것은 바로 경의 평소 생각인 것이다. 지금 경이 참으로 기발한 계책을 세워 전래의 폐습을 모조리 혁파하고 이어 양병養兵의 계획을 세운다면 국가에 있어서 다행일 것이다.

- 《선조실록》 16년 1월 22일

당시 소수파였던 서인의 지도자 이이에게 개혁의 대임을 맡긴 것은 동인의 입장에서는 예사로운 일이 아니었다. 이이가 자신은 '병사에는 문외한'이라며 사양했으나, 선조는 '국방 강화의 핵심은 양민을 확대하고, 국고를 튼튼히 하는 데서 출발하는 것이니 호조판서를 지낸 그대가 적격'이라며 그대로 맡겼다. 선조가 이이에게 병조를 맡긴 것은 국방개혁을 시작으로 전반적인 개혁의 대임을 이이에게 맡기려는 것이 아닌가라는 의구심을 불러 일으켰다. 선조의 말대로 '전래의 폐습을 혁파'하지 않고 '양병의 개혁'은 불가능한 일이었기 때문이다. 선조가 무엇을 더 강조히고자 했는지는 알 수 없으나, 서인과 동인의 반목이 극심하던 당시 이이에게 힘을 실어 주는 선조의 조치는 동인들을 불안하게 만들기에 충분했다. 결국 이이는 동인의 방해 속에 병조판서로서 아무런 성과를 거두지 못하고 6개월 만인 선조 16년 6월 삼사의 탄핵으로 사임하였다.

이이는 선조 17년 1월에 죽었다. 향년 49세의 한창 나이였다. 이이는 살아서 항상 정치의 중심, 논쟁의 중심에 있었다. 30대 초반에 정승을 능가하는 권세를 얻었고, 정세를 판단하는 능력이 뛰어났으며 정치적 추진력 또한 남달랐다. 예사롭지 않은 재능을 갖고 있었으나 세상 사람들의 마음을 얻는 데는 실패했다.

그는 새 시대의 창조자가 되기를 바랐지만, 역사는 그에게 구 질서의 파괴자 역할을 맡겼다. 치열한 권력투쟁을 통해 권력을 차지한 이이는 결국 당쟁으로 인해 꿈을 접어야 했다. 이이의 죽음으로 신진 사림의 시대는 막을 내렸다. 그러나 이들이 열어 놓은 사림 정치는 조선이 멸망할 때까지 지속되었고, 그들이 의지한 주자학은 이후 300년 동안 조선의 정치·사회는 물론이고 조선 사람들의 정신까지 지배하게 된다.

이이는 늘 모든 일에는 '천시天時'가 있다고 강조했다. 때를 놓치면 아무리 좋은 계책도 성과를 거두기 어렵다는 말이다. 그렇게 본다면 개혁은 선조 즉위와 함께 추진됐어야 했다. 그때가 바로 이이가 늘 말하던 '천시'였다. 물론 이이가 당시 개혁을 거부하는 세력에 맞서 비난을 무릅쓰고 홀로 개혁의 필요성을 줄기차게 주장했던 것은 사실이다. 많은 아쉬움이 있음에도 이런 점에서 그를 개혁가라 부를 수 있을까?.

이이가 죽은 후에 가난으로 그의 처자가 의지할 곳이 없었다. 조정 대신들이 그의 애국우군하는 마음을 기려 그를 추숭하는 은전이 있어야 한다고 하자 선조가 답했다.

"이이는 내가 그 위인을 잘 아니 아래에서 다시 아뢸 것이 없다. 벼슬이 찬성에 이르렀으니 그 품이 이미 높은지라 추증이 무슨 관계이랴."

10장

선조의
외교 전략

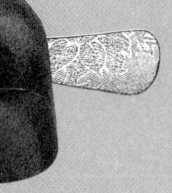

'오늘날 국사가 안으로는 기강이 무너져서 백관이 맡은 직무를 수행하지 않고 밖으로는 백성이 궁핍하여 재물이 바닥나고 따라서 병력은 허약합니다. 만약 무사히 날짜만을 보낸다면 혹 지탱할 수 있겠지만 만약 전쟁이 일어난다면 반드시 토붕와해土崩瓦解되어 다시 구제할 계책이 없을 것입니다. -이이

'목릉성세'의 실상

선조 연간 임진왜란이 일어나기 전 시기를 사람들은 '목릉성세穆陵盛世'라고 하였다. 목릉은 선조의 묘호이다. '뛰어난 인물이 구름처럼 일어나고 시와 예법이 자리를 잡아 가며 바야흐로 도학이 성세를 이룬' 태평성대였다는 말이다. 그랬다. 임금을 모신 경연에서, 국사를 토론하는 조정에서, 선비를 기르는 태학과 서원에서 심지어 노래 소리 드높은 기방에서도 도학이 도도히 흘러넘쳤다. 변방을 소란케 하는 오랑캐와 왜에 대한 논의도, 창궐하는 역병과 굶주림에 죽어 가는 백성들에 대한 대책을 의논하는 마당에도 만세의 스승이신 주자의 말씀을 적절하게 인용하면, 현실의 자잘하고 골치 아픈 이야기를 늘어놓는 한심한 인간들을 큰소리 한 방으로 단숨에 제압할 수 있었다.

조광조나 이준경·조식에게 도道는 치열한 삶 자체였고 온몸으로 행하는 실천이었다. 도는 지극히 은미했고 마음은 언제나 위태로웠다. 그러므로 도를 실천하는 그들의 삶은 늘 위태롭기만 한 마음과의 끝없는 싸움이었다. 그러나 목릉성세에 유행한 도는 지극히 추상적이고 사변적인 것으로 선비의 사랑방에서 가볍게 주고받는 교양이자 고상한 취미였다.

山舍雨氣水生烟	산에는 우기 서리고 물에는 안개 피어나는데
靑草湖邊白鷺眠	파란 풀 호숫가에 백조가 졸고 있네
路入海棠花下轉	길 따라 해당화 아래로 구부러져 돌아가니
滿地雪香落揮鞭	왼 가지의 흰 꽃향기 채찍 끝에 떨어지네.

유희경劉希慶(1545~1636)이 술병을 말에 싣고 월계동천月溪洞川를 찾아가면서 읊은 시다. 태평한 시대의 세련된 감성이 그대로 묻어난다. 노예의 신분으로 태어났으나 권력과 결탁하여 황무지를 개간하여 큰 재물을 모은 유희경은, 뛰어난 시재로 이름을 날리고 당대의 문인들과 교유하며 아름다운 시를 남겼다. 봄이 되면 선비들은 산과 들을 찾아 답청을 하고 시회를 열어 화전과 향기로운 낮술에 취했다. 현실에서 한 발짝 옆으로 비켜설 수 있는 이들에게 임란 전의 조선은 태평성대였다. 백성들에게 긁어모은 재산이 창고에 쌓이고, 개간과 간척으로 농장은 넓어졌다. 그들은 성현의 말씀을 논하고 시를 지어 세련된 감성을 자랑했다. 무엇을 더 바라겠는가. 사림들에게는 희망의 시대였다. 사림 세력은 그 어느 때보다도 단단하게 중앙과 지방을 통치하고 있었다. 향약이 전국적으로 시행되면서 조선의 방방곡곡 작은 마을까지도 향촌의 선비들의 영향력 아래 놓였다. 걱정할 것은 없어 보였다. 변방이 소란해지기 전까지, 임진왜란으로 나라가 패망의 지경에 이를 때까지 선비들에게 조선은 요순시대의 태평성대였다.

조선이 태평성대의 단꿈에 취해 있을 때 만주에서는 누르하치가 나타나 여진족의 힘을 모아 가고 있었다. 그가 만주를 통일해 나가면서 조선 북방 변경의 소란은 저절로 진정되었다. 여진족은 더 이상 북방의 야만족이 아니었다. 그들의 눈은 중원으로 향하고 있었다. 그러나 그 잠시의 평화가 훗날 동아시아 전체를 아우르는 대제국 청淸을 건설하기 위한 사전 정지 작업임을 조선을 전혀 눈치 채지 못했다. 바다 건너 일본에서는 대항해 시대를 맞이하여 서양 문물이 급속하게 전해지고, 서양의 무기를 받아들인 오다 노부나가織田信長와 도요토미 히데요시豊臣秀吉가 새로운 일본을 만들어 가고 있었다. 일본의 통일이 눈앞의 일로 다가오자 그들은 눈을 들어 아시아 전체를 바라보며 서서히 조선을 압박해 왔다.

조선은 남쪽과 북쪽에서 거의 동시에 역사상 일찍이 보지 못했던 강적을 맞이하고 있었으나, 조선의 왕과 지배 세력은 세상의 변화를 깨닫지 못했다. 주자학 이외의 학문이나 지식에 관심을 두는 것조차 금지했던 이들에게, 군사 문제나 만주와 일본에 대한 지식을 아는 것은 오히려 숨겨야 할 부끄러운 것이었다.

> 유자儒者의 학문은 마땅히 본성에 접근하여야 합니다. 더구나 제왕의 학문은 더욱 지나치게 하여 잡서雜書를 보아서는 안 됩니다. 총명이란 한계가 있고, 만기萬機는 무궁합니다.
> —《선조실록》 2년 4월 19일

기대승이 선조에게 학문하는 자세와 방법에 대해서 한 말이다. 도학만이 유일한 학문이고, 사장詞章 또는 문장은 출세를 위한 학문이자 선비의 말업末業이라고 폄하했다. 그러나 '사장'이란 본디 글을 아름답게 쓰는 기교만이 아니라 역사, 철학, 지리, 행정 등 다양한 인문학적 지식을 포함하는 것이다. 원래 조선에는 고금의 모든 문장을 섭렵하지 않고서는 제대로 된 글을 쓸 수 없다는 호방한 문장론의 전통이 있었다. 이런 문장은 하루아침에 이루어지는 것이 아니다. 어린 시절부터 오랜 세월 수많은 책을 섭렵하고, 역사와 세상에 대한 깊은 사색과 통찰의 과정을 거쳐야 했다. 그러나 오직 주자만을 정통으로 모시는 사람들의 머릿속 세계는 350년 전 중국 송나라에 머물러 있었다. 그런 이들이 눈앞에 펼쳐져 있는 시대의 대변화를 제대로 이해하기는 어려웠다.

대륙에서 부는 바람

　대륙에서 부는 바람이 순조롭지 못하면, 그 바람은 조선에 커다란 폭풍이 되어 밀려오고는 했다. 건국 초기 조선은 명에 대한 사대事大 외교정책으로 북방에서 밀려드는 바람을 제어하고자 했다. 그러나 조선이 명에 사대정책을 취한 것은 어디까지나 새로 건국한 처지에 대륙으로부터 밀려드는 압박을 피하고, 이로써 정치적 안정을 꾀하려는 의도였지 조선의 주체성이나 자주의식을 버린 것은 아니었다.

　조건이 개국할 당시 명은 양쯔강 하류 지방에서 일어나 남경을 도읍으로 하여 북쪽으로 진출하고 있었고, 원은 명에 쫓겨 북쪽 몽골로 밀려가고 있었다. 이에 따라 요동 지방은 잠시 힘의 공백 상태에 놓이게 되었다. 명이 수도를 남경에서 북경으로 옮긴 것은 조선이 건국하고 30년 뒤인 세종 3년(1421)의 일이다. 당시 신생국 조선과 명은 힘의 공백 상태에 있는 요동 지역, 즉 만주의 지배권을 놓고 갈등하고 있었다. 고구려의 옛 땅을 회복하려는 조선, 조선·여진과 연계하여 재기의 기회를 모색하는 북원北元, 그리고 원·여진·조선을 분할 통치하려는 명의 갈등은 불가피한 것이었다. 정도전이 고구려의 옛 땅을 회복하고자 만주 정벌을 꾀하여 명과 심각하게 대립하면서 갈등은 절정에 달했다. 조선은 국가의 독립을 유지하고 선진 문물을 수용하고자 사대 관계를 받아들였지만, 명의 압력으로 자주성이 침해되거나 국익이 심하게 손상 받게 되면 저항도 불사하겠다는 태도를 보였다.

　태조 이성계는 동북면 출신이었다. 이성계의 고조부 이안사李安社는 전주에서 170호를 거느리고 삼척을 거쳐 두만강을 거슬러 올라가 원의 개원도開元道에 소속된 연길 부근에 자리를 잡았다. 이곳에 뿌리를 내린 이안사는 원으로부터 이 지역을 지배하는 수천호首千戶 겸 다루가치의 직위를 받았다. 그가 관할하던 지역은 오늘날 혜란강 유역의 북간도 지역으로 고려 때부터 동여진 오도리족이 거주하던 곳이다. 그 뒤 이성계의 증조부 이행리李行里가 다시 함경도 영흥 부근으로 옮겨 와 자리를 잡았다. 이성계는 조상이 자리 잡은 터전인 만주의 여진 땅과 고려 땅을 드나들며 꿈을 키웠다. 이성계가 조선 개국의 대업을 이룰 때 그를 도운 군대도 여진인과 동북면 출신의 조선인이었다. 일찍이 이성계가 가장 신임했던 부하도 이 지역의 여진족 출신인 통두란, 중국인 장군 출신의 처명, 그리고 동북면의 토호였던 이원경이었다. 이성계의 이런 배경은 자연스럽게 명의 경계심을 불러일으켰다. 여진에 대한 이성계의 영향력은 아직 만주 지역을 확실하게 장악하지 못하고 있던 명나라에 상당한 걱정거리이자 위협이었다.

　명나라의 의심과 두려움은 이성계 이후로도 계속된다. 명은 조선의 건국을 기정사실로 받아들이면서도 아직 국가 형태를 이루지 못하고 있던 만주의 여진에 감시의 눈초리를 거두지 않았다. 왕조 초기에 조선과 명 사이에 발생한 문제의 중심에는 언제나 여진 문제가 자리 잡고 있었다. 명은 조선이 여전히 여진을 유인하고 있으며, 조선이 여진을 유인하는 한 요동은 불안하다고 보았다. 고려 말 이래 조선 초기까지 대명 관계에서 발생한 모든 중요한 문제의 바탕에는 만주의 지배권 확보를 놓고 양국이 벌인 치열한 각축이 깔려 있었다.

　개국 초기 조선에는 이처럼 명에 대한 사대를 표방하면서도 경우에 따라 명과 대결할 수도 있다는 주체적 의식이 확고했다. 세종대 변계량卞季良

(1369~1430)은 조선을 단군이 건국한 독자적인 국가로 인식하고, 따라서 조선도 황제의 국가와 동등하게 교제郊祭와 같은 제천례祭天禮를 행하고 독자적인 연호를 사용해야 한다고 주장했다. 그는 조선의 건국이 중국과 마찬가지로 천명天命에 의하여 이루어진 것이라고 자부하였다.

여진과 만주를 둘러싼 조선과 명의 경쟁은, 명의 영락제永樂帝의 강력한 초무招撫(어루만져 위로함)가 성공을 거두면서 명의 승리로 끝이 났다. 영락제는 여진인 환관 이시하亦失哈를 보내 길림으로부터 송화강을 거쳐 다시 흑룡강에 이르는 북만주의 여진족을 한편으로는 위협하고 한편으로는 설득한다. 영락제는 길림에 자리 잡고 있던 건주建州여진 추장의 딸을 자신의 셋째 부인으로 삼고, 각 부족의 추장에게 중국의 벼슬을 내리고 중국과의 무역권을 나누어 주어 경제적 이익도 챙기게 해 주었다. 여진으로서도 명의 초무를 거부하기는 쉽지 않았다. 사실 조선에 붙는 것보다는 강대국이자 선진국인 명에 붙는 것이 정치적으로도 유리하다고 판단했을 것이다. 이렇게 하여 명은 여진과 만주를 지배하게 되었다. 명나라판 동북공정이었던 셈이다.

소란해지는 북방

조선에 대한 명의 견제가 완전히 사라진 것은 이시애李施愛의 난 이후였다. 세조 이후 조선의 국력이 약해지면서 만주에 대한 조선의 위협이 줄어들고, 이시애의 난 이후 조선과 여진 사이의 오랜 인연도 거의 단절되어 버렸기 때문이다. 이시애는 이성계가 형제처럼 신임했던 이원경의 손자였다. 이원경은 이성계가 동녕부를 정벌할 때 휘하의 수백 호를 거느리고 귀부한 인물로, 태조 때에는 개국공신으로서 재상의 지위에 올랐다. 그러나 조선의 국가 체제가 자리를 잡아 가자 조선 조정은 동북면 출신으로 만만치 않은 사병을 거느린 이원경을 경계하기 시작했다. 그는 함경도로 내려가 길주의 대토호로 자리를 잡았다.

 조선의 국가 체제가 정비되어 갈수록 중앙 조정에서는 지방에 할거하는 토호들의 군사력과 지방 지배력에 큰 부담을 느꼈다. 차츰 중앙에서 파견된 양반 관료들이 지방 세력을 해체하면서 토호들이 거느리던 사병을 국가가 빼앗아 갔다. 백성들에게도 더 많은 세금과 부역이 부과되었다. 이시애는 이로 인해 분출하는 불만을 업고 반란을 일으켰다. 이시애의 군대에는 여진족이 일부 참가하고 있었다. 당시 여진족은 중국 북방 외몽골 지역의 세력과 연계를 강화하는 등 심상치 않은 움직임을 보이고 있었다. 이런 여진족의 움직임도 이시애를 고무시켰다. 세조와 명나라가 이러한 북방의 움직임을 예의 주시하고 있을 때 이시애의 반란이 일어났다. 세조는 신속하게 군사를 동원해 반란군을 진압했다.

 이시애의 반란이 실패로 끝나면서 동북면의 토호 세력은 완전히 몰락했고, 이들과 오랜 세월 연계되어 있던 조선과 여진 세력의 관계도 상당한 타격을 받았다. 조선과 여진의 관계를 단절시킨 또 하나의 사건이 있었다. 바로 건주여진의 올미부 토벌이었다. 이시애의 난을 막 평정했을 때, 조선 조정은 명에게서 은밀한 제안을 받았다. 명군이 건주여진을 공격하려고 하니 만주에서 협공작전을 펼치자는 것이었다. 명은 이즈음 조선이 여진을 경계하고 적대시한다는 확신이 있었다. 세조는 개선하는 이시애 토벌군의 진로를 돌려 곧바로 만주로 진공할 것을 명했다. 실로 망설임 없는 신속한 결단이었다. 여진이 요동을 장악하면 뒤이어 여진의 배후인 조선에 압박을 가할 것이 분명했다. 언제 또다시 이시애 같은 인물이 나타나 여진 세력과 손을 잡고 북방을 위협할지 알 수 없었다. 그러나 당시 건주여진은 명나라에 맞설 정도로 만만찮은 힘을 가지고 있어 그들의 땅인 만주 깊숙한 곳까지 원정군을 진군시키는 것은 지극히 위험한 일이었다. 이제 막 이시애의 난을 평정한 군사였다. 군사들의 사기가 올라 있었다고 하더라도 치열한 전투에서 희생도 적지 않았다. 더구나 처음부터 여진을 정벌하고자 꾸려진 군대도 아니었다. 충분한 정보를 수집하고 여진과의 싸움에 필요한 준비를 갖출 시간적 여유도 없었다. 그럼에도 불구하고 적지를 향해 진군을 명한 세조의 결단은 무모할 정도로 과감했다.

강순康純·어유소魚有沼·남이南怡가 이끄는 조선 정예군 1만 명이 압록강을 건넌 것은 세조 13년 9월 늦은 가을이었다. 만주 땅은 세종대왕 때에도 두 차례 정벌을 시도한 적이 있어 낯선 땅은 아니었다. 조선군은 은밀하고도 신속하게 만주 깊숙한 곳까지 진군해 나갔다. 위험하면서도 대담한 작전이었다. 조선군이 건주여진의 본채 올미부에 다가갈 때까지 그들은 조선군의 공격을 전혀 눈치 채지 못했다. 반란군과 싸우고 있는 조선의 군대가 그렇게 대담하고 신속하게 만주 깊숙이 쳐들어 오리라고는 상상도 할 수가 없었을 것이다.

전투는 이른 새벽 아무런 준비가 없던 이만주李滿住의 진영을 기습하면서 시작되었다. 조선군의 일방적인 승리였다. 이날 단 한 번의 전투로 건주여진족의 구심점이던 올미부 여진은 전멸했다. 지도자 이만주도 그의 아들들도 모두 이 한 번의 전투에서 최후를 맞았다. 이로써 여진을 둘러싼 조선과 명의 긴장은 완전히 해소됐지만, 여진과 조선의 관계는 악화되었다. 여진으로서는 그들의 배후에 있는 조선의 위력을 실감하는 계기가 되었다. 그로부터 100년 뒤, 또다시 건주여진에 통일의 기운이 나타나기 시작했다. 만주 여진족들의 힘을 모으며 팽창하는 힘이 조선의 국경 여기저기로 밀려들면서 만주 대륙에 또다시 심상치 않은 기운이 감돌았다.

그러나 북방의 진을 관리하는 변방의 부패하고 무능한 장수들은 원칙도 없이 여진인을 압박하거나, 불법 거래로 재물을 모으는 데에만 관심을 쏟았다. 더구나 선조 대의 조정은 여진을 '오랑캐'라고 멸시하며, 중국의 입장에서 그들을 잠재적 적군으로 적대시했다. 조선 초 만주와 여진을 함께 아우르려던 커다란 꿈은 이미 사라지고 없었다. 이러한 상황에서 선조 16년 함경도 지역 여진족 이탕개尼湯介의 침입은 선조에게 깊은 걱정과 좌절을 안겨 주었다. 선조는 북진을 보전保全할 자신이 없었다.

> (북진에서) 호인胡人은 편안하게 살고 있는데 우리나라 군민은 보존하지 못하며, 자식을 낳아 돌무더기 속에 버리는 자까지 있다 하니, 아무리 한신·백기 같은 자를 보내 지키게 한들 어찌 지탱하겠는가. 저들 중에 혹 지모 있는 자가 나온다면 마운령 이북은 장차 저들의 소유가 될 것이다.
>
> ―《선조실록》21년 11월 8일

선조는 병조판서 정언신鄭彥信과 북방의 일을 걱정했다.

(함경북도 북쪽에 설치한) 육진六鎭의 일을 어떻게 조치해야 하겠는가? 내 뜻을

어떻게 해야 할지 모르겠는데 지키지 못할까 저어스럽다. 요즈음 사람마다 모두 변방은 지엽枝葉이라고 하지만 이는 참으로 그렇지 않다. 조종께서 왕업을 일으킨 땅이니 마땅히 국가와 더불어 처음과 끝을 함께해야 하는 것이다.

-《선조실록》 18년 4월 28일

조정 대신들은 변방의 일을 '지엽'적인 것이라고 생각했다. 다급해진 선조가 국방 대책을 세워 보려 했지만 기본적으로 군대가 턱없이 부족했다. 무엇보다도 양병養兵이 최우선 과제였다. 그러나 양병은 재정 개혁이 뒷받침되어야 실현 가능한 일이었다. 나라에 돈이 없는데 무엇으로 병사를 먹이고 입히고 무장시킬 수 있겠는가. 국방을 위한 양병은 절실했지만 개혁은 두려웠다. 선조에게는 해결하기 어려운 난제였다. 여기에 선조의 고민이 있었다.

여진족의 침입을 방어하는 함경도 도순찰사로 임명되어 변방에 머물렀던 정언신이 소소한 여진족의 침입을 막아 내고 2년 만에 도성으로 돌아와 임금과 대화를 나누었다. 선조는 여진족의 소요가 잠시 조용해진 것에 상당히 고무되었다. 전쟁에서 승리한 것 같은 조금은 들뜬 기분으로 정언신을 맞이했다. 선조가 여진 정벌의 가능성을 조심스럽게 타진했다.

"옛부터 융적戎狄은 정벌이 아니면 응징시킬 수가 없었다."

하니, 정윤복丁胤福이 아뢰기를,

"문정門庭(안뜰)을 침구한 도적이야 진실로 토벌하지 않을 수 없지만 한무제漢武帝처럼 토지를 넓히기 위해 토벌한 것은 옳지 않습니다."

하고, 정언신도 아뢰기를,

"중국과 오랑캐의 성쇠는 제각기 때가 있는 것이어서 오랑캐가 융성할 때를 만나면 온 천하의 힘으로도 오히려 대항하지 못하는 것인데 더구나 우리나라의 굶주린 백성들이야 말할 여지가 있겠습니까."

하였다. 상이 이르기를,

"함경도 한 도의 병사만으로는 참으로 일을 해볼 수가 없기 때문에 타 도의 병사를 징발해서 한 번 수치를 씻어볼까 하는데 어떠한가?"

하니, 아뢰기를,

"장차 우리 백성들도 구제하지 못할까 걱정스러운데, 어느 여가에 오랑캐를 다스리겠습니까."

-《선조실록》 18년 4월 16일

정언신은 선조에게 현실을 냉철하게 직시하라고 충고했다. 우리 백성도 구제하지 못하는 상황에서 근본적인 개혁 없이 이민족과의 전쟁은 위험한 불장난일 뿐이었다. 정언신은 선조를 간접적으로 비판한 것이다.

비루한 안보 전략

신진 사림의 정치가 자리를 잡으면서 조선 지배층의 세계관은 조선을 중국의 제후국으로 여기는 쪽으로 변질되어 갔다. 대명 관계의 근본인 사대외교도 조선의 안전을 지키는 데 필요한 외교·국방의 수단이 아니라, 중국 황제를 섬기는 것이 천하대의에 부합하는 것이라고 생각하게 되었다.

천하의 중심은 중국이고 천명은 명나라 황제에게 있으므로, 명 황제에게 변방의 신하로서 충성을 다하는 것이 춘추대의春秋大義(대의명분을 세우는 큰 의리)에 합당하다는 논리였다.

신진 사림은 스스로 중국의 화이론華夷論을 받아들여서 조선의 문화적·사상적·자주성·주체성을 부정해 버렸다. 그들의 사상은 조선을 중국에 종속시키는 퇴영적 사대주의로 변화해 갔다. 이런 사상적인 분위기와 현실적인 어려움 속에서 조선 조정은 나라의 안보를 전적으로 중국에 의존했다. 국가 안보에 필요한 경제적·정치적 부담을 외면하고 중국에 의지하는 가장 안일하고 비루한 방법을 선택한 것이다.

조선이 여진족의 침입에 대비하여 내놓은 국방 외교의 핵심 전략은 중국과의 관계였다. 중국에게 북방의 흉노, 거란, 여진은 언제나 골칫거리였다. 이들을 배후에서 견제해 주는 든든한 동맹이 바로 조선이었다. 중국과 조선이 공동의 위협 세력을 양쪽에서 압박하는 형세였다. 따라서 명나라의 군사·외교력이 건재하는 한, 여진은 조선에게 귀찮은 존재는 될지언정 위협적인 존재는 아니었다.

선조는 여진과 일본의 압력으로 국가 안위가 위협받던 그때 '종계변무宗系辨誣'의 일을 꺼내 들었다. '종계변무'란 명나라의 법전을 집대성한《대명회전大明會典》에 태조 이성계가 고려의 역적 이인임李仁任의 아들로 잘못 기록되어 있는 것을 바로잡아 달라고 청원한 것을 말한다. 조선은 개국 초부터 선조 때까지 200년간 잘못된 기록을 수정해 달라고 요청했으나, 명나라는 시정 약속만 하고 실천하지 않았다. 명나라는 이 문제를 조선 정치에 개입하는 수단으로 사용해 왔다. 왕조국가에서 혈통의 문제는 권력의 정당성과 관련된 중대한 문제였기 때문이다.

종계변무는 명과 좀 더 특별한 관계를 맺을 계기를 찾던 선조에게 여러모로 유용한 소재였다. 누대의 선왕들이 많은 노력을 기울였으나 끝내 바로잡지 못한 조선 왕조의 왕통을 바로잡는 큰 공을 세운다면, 어느 누가 자신을 후궁의 손자라고 무시할 수 있겠는가. 더구나 종계변무를 추진하는 과정에서 명 황제와 돈독한 관계를 맺는다면 어느 누구도 왕권에 도전하지 못할 것이다. 선조는 종계변무를 성사시킴으로써 명나라에 대한 지극한 정성을 확실하게 보여 주어 명과 조선의 외교·국방 관계를 한 차원 격상시키고, 명나라를 통해서 자신의 정치적 입지를 보장받고자 했다. 중국과 조선의 관계를 대내외에 과시할 기회였다. 춘추대의의 아름다운 모습을 온 세상에 보여 주고, 외교안보적 효과도 거둘 수 있었다. 선조는 비상한 열정을 갖고 종계변무의 일에 몰두했다. 종계변무를 주청하는 조선 왕의 지극한 상주문을 받아 본 명나라 황제는 매우 흡족해 했다. 그렇다고 조선이 명나라에 군사를 달라는 것도 아니고, 돈을 달라는 것도 아니었다. 그저 낡은 책에 잘못 기록되어 있는 글자 몇 개를 고쳐 달라는 것인데 그것을 못 해 줄 까닭이 없었다. 황제는 종계변무를 허락했다. 선조 20년 8월, 마침내 명 조정은 종계변무 사항을 《대명회전》에 수록하여 잘못된 내용을 수정했음을 조선 조정에 알렸다. 선조는 명나라의 은혜에 감격하여 비망기備忘記(임금의 명령을 적어 승지에게 전하던 문서)를 내렸다.

> 오늘의 일은 실로 조정의 어진 사람들이 충성을 다하여 주선함으로써 이룬 것이니 더욱 여기에 감동됨이 있다. 《회전》은 반포해 내릴 것을 준허하였으니 이는 나라의 목숨이 재조再造된 것이기에 조종祖宗들께 사례해야 한다.
>
> -《선조실록》 20년 8월 10일

선조는 명나라가 이토록 조선에 황은(皇恩)을 베푸는 것을 '다른 나라가 들으면 반드시 영광스럽게 여길 것'이라고 했다. 이것이 조선의 외교와 국방에 유리하게 작용할 것이라고 판단한 것이다. '다른 나라'란 일본과 여진을 가리킨다. 특히 황제의 칙서가 도착하기 6개월 전인 선조 20년 2월, 상당한 규모의 전선을 동원하여 남해안을 침략해 조선의 민심을 불안하게 했던 일본을 염두에 둔 발언이었다. 선조가 명 황제가 하사한 '망룡의'라는 옷을 입고 종묘에 나아가 제사를 지내는 것으로 감사와 사대의 마음은 절정에 달했다.

> 《예기(禮記)》에 '임금이 거마를 하사하면 올라타고 사례한다' 하였으니 임금의 하사품이 비록 몸에 맞지 않더라도 반드시 입어 보는 것이 임금의 주심을 영광되게 여겨서이다. 지난 해에 황제가 하사하신 망룡의(蟒龍衣)를 와탑 위에 두고 아침저녁으로 북쪽을 향하여 삼가 송축할 뿐 입어 볼 면목이 없었다. 이번에 조종을 뵐 때 이를 곤의(袞衣)로 삼으려 한다. —《선조실록》21년 6월 11일

선조는 중국의 황제를 자신의 임금이라고 높이고 자신을 신하로 칭함으로써, 조선의 자주성을 스스로 포기했다. 그러나 이는 지극히 당연한 일로 여겨졌다. 주자학의 세계에서는 천명을 받은 황제에게 복종하는 것이 도리였기 때문이다. 이렇게 조선은 스스로 온전한 나라이기를 포기했다. 그런 나라가 백성에게 충성심을 바라기는 어려운 일이었다.

11장

피할 수 없는 전쟁

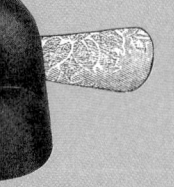

"부산 초량에 있는 왜관에는 항상 왜인들이 10여 명이 있었다. 그런데 이들이 하나둘씩 일본으로 들어가더니 임진년 봄에 이르러서는 왜관에 일본인들이 하나도 없었다."

-《징비록》

의도를 알 수 없는 도발

북방의 소란은 여진의 내부 사정으로 저절로 진정되었다. 그런데 이번에는 일본의 움직임이 심상치 않았다. 선조 19년 6월, 일본의 전선 한 척이 남해안을 침범했다. 조선 수군이 접전했지만 잡지 못했다는 전라우수사의 보고가 올라왔다. 그런데 그들의 모습과 행태가 지난날 왜구들과 많이 달랐다. 그냥 바다에 떠 있다가 조선 수군과 치열한 교전을 하고는, 약탈도 하지 않고 물러갔다. 선조는 일본의 계략을 헤아릴 수 없다며 "엿보다가 빈틈을 타고 와서 침략할 걱정이 없지 않으니 방비하는 모든 일을 날로 새롭게 하여 변고에 대비하라"고 명했다.

몇 달 후인 선조 20년 2월에는 일본 전선 18척이 전라도 고흥 지방을 침범하였다. 왜선 한 척당 50명의 병사가 타고 있었다고 하면 도합 1000명의 병력이 동원된 것이다. 우리 수군과 일본군 사이에 몇 차례 접전이 벌어져 여천군 손죽도에서 척후 활동을 하던 녹도 권관 이대원李大源이 전사했다는 보고가 올라왔다. 이튿날에는 전라우수사 심암沈巖이 일본 전선이 완도 가리포에 침입하여 우리 수군의 병선 네 척을 빼앗아 갔다고 보고했다. 침범한 왜적의 규모가 모두 얼마나 되는지, 왜 조선 해역에 와서 싸움을 걸었는지 짐작조차 할 수 없었다. 이 싸움에서 조선군은 많은 병사를 잃었지만 왜적의 머리 하나 베지 못하고 일방적으로 참패했다. 그런데 이렇게 일방적으로 전투에서 승리한 왜적이 조선에 더 이상 아무런 피해도 주지 않고 사라져 버렸다는 사실이 더 불안했다. 그들이 조선 해안을 침범한 목적이 무엇인지 도무지 알 수 없었다.

> 적은 이미 손죽도에서 승리하고 또 선산도에서 약탈하였으니, 그 날카로운 기세를 타고 바로 변경의 성을 침범하기는 그 형세가 매우 용이하다. 그런데도 바깥 바다에 계속 체류하고 여러 섬에 나누어 정박하면서 오래도록 쳐들어오지 않아 그 실정을 측량하기가 어렵다. ─《선조실록》 20년 3월 2일

그들은 왜, 무슨 목적으로 많은 전선을 동원하여 조선을 침범해 왔을까? 일본이 대규모 전선을 몰고 와 해안선이 복잡한 조선의 다도해 지역에서 우리 수군과 전투를 벌인다는 것은, 지형과 물길을 파악하는 치밀한 준비 없이는 불가능한 일이었다. 명종 연간에도 왜구가 조선 해안에 여러 번 출몰했지만, 그때의 왜구는 질서도 없었고 선박이나 장비도 보잘것없었다. 그들은 노략질이 목적이었으므로 우리나라 군사가 없는 곳을 골라서 노략질을 하고 사람을 잡아 도망갔다. 그러나 이때 나타난 일본의 배는 과거의 왜구와 그 모습부터 달랐으며 규모도 예사롭지 않았다. 바다 바깥에서 계속 체류하고 여러 섬에 나누어 정박하면서 노략질도 하지 않았다. 뿐만 아니라 일본의 전선은 우리 수군을 피하지 않고 오히려 싸움을 즐기듯이 공세적으로 공격하여 격파한 것은 물론, 우리 수군이 전투를 대비하며 몰래 복병해 놓은 가리포 기지를 기습하여 전투함을 네 척이나 빼앗아 달아났다. 치밀하게 정찰하고 계획한 군사작전이 아니고는 불가능한 일이었다. 노략질이 목적이 아니라면 무엇 때문에 이웃 나라에 와서 싸움을 하는가? 분명 예사로운 일이 아니었다. 그러나 일선 장수들의 보고는 핵심을 벗어나 있었고, 조정 대신들도 이 문제를 대수롭게 보지 않았다.

그들에게 어찌 심원하여 알기 어려운 계책이야 있겠습니까?

-《선조실록》 20년 3월 2일

국가가 외적의 침략을 받았는데도 걱정하지 않았다. 많은 조선 군사가 죽고 다치는 일방적인 패전을 당했음에도 불구하고, 일본이 왜 대규모 군사를 동원해 조선 해역을 침범했는지 그 이유도 알려고 하지 않았다. 오히려 선조의 질문이 훨씬 날카로웠다. 선조는 그들에게 단순한 도적질이 아닌 뭔가 다른 목적이 있지 않은지 의심했다.

"무릇 적병의 많고 적은 것은 따질 것이 없다. 오직 용병의 기율과 기에 및 용맹성을 가장 먼저 알아야 한다. 좌수사 심암은 이미 적과 전투를 벌였는데도 적이 용병하는 형편과 깃발, 금고 등의 일은 모두 갖추어 진술하지 않았으니 그 미욱함을 알겠다. 감사와 병사도 어찌 들은 것이 없겠는가. 역시 아뢰지 않았으니 아주 온당치 못하다. 승지는 들은 바가 없는가? 아뢰도록 하라." 하니 회계하기를,

"계본啓本(임금에게 제출한 문서)을 가지고 온 사람에게 신들이 유의해서 물어보았으나 모두들 모른다고 대답하였습니다. 이것 이외에 들은 것이 없습니다."

-《선조실록》 20년 3월 3일

조선의 국방을 책임지고 있던 장수들의 수준이 이러했다. 엄청난 비극을 초래한 임진왜란 壬辰倭亂(1592~1598)의 서막이었다. 일본은 조선을 침략하기 전 조선 수군의 훈련 수준과 전투 능력, 수군의 전선과 전투 장비, 그리고 경계 태세를 시험했다. 그들은 정찰 의도를 숨기거나 위장하지 않았

다. 오히려 대단히 도발적이고 공개적으로 군대를 배치했다. 그런데도 조선 조정은 일본의 시험을 아무런 문제의식도 없이 흘려 넘겼다. 모두 중국이 천하의 중심이고, 세상의 모든 백성은 황제에게 복종하는 것이 춘추대의와 천하 명분에 맞는 것이라는 주자학적 세계관에 젖어 있었다.

히데요시의 전략

"일본을 항상 경계하고 화친을 끊지 마소서"

성종 6년 탁월한 외교적 식견을 가지고 있던 신숙주가 죽음을 앞두었다는 말을 듣고, 성종이 신숙주를 찾아 마지막으로 할 말이 있으면 하라고 묻자 신숙주가 이렇게 답했다. 명나라와는 스스로 신하를 칭하면서 좋은 관계를 유지하였고, 명나라 또한 조선의 협력이 절대적으로 필요한 처지이니 걱정할 것이 없었다. 만주의 여진은 명나라가 있는 한 변경에서 작은 소란을 일으키더라도 나라의 존립에는 큰 영향을 주지 않을 것이었다. 그러나 일본은 바다 건너에 있어서 명나라의 통제 범위를 벗어나 있으니 항상 관심을 가지고 경계하는 마음을 늦추지 말라는 뜻이었다. 조선 외교의 기본은 사대교린事大交隣(큰 나라를 받들고 이웃 나라와 화평하게 지냄)이었다. 명나라에 대한 사대에는 정성을 기울였으나, 여진과 일본은 아예 무시하고 지냈다. 세종 대에 조선통신사가 세 차례 일본을 다녀온 이후로 선조 대까지

130년 동안 조선은 한 번도 통신사를 일본에 파견하지 않았다.

반면 일본은 그 사이에 끊임없이 사신을 조선에 보내 왔다. 태조 4년에 조선과 일본이 국교를 연 이후 선조 즉위 때까지 60회나 사신을 파견했다. 3년에 한 차례는 다녀간 셈이다. 그뿐만 아니라 일본의 지방 영주들도 이러저러한 명분을 붙여 사신을 보내고, 상인들도 끊임없이 바다를 건너왔다. 많을 때에는 한 해에 5000명에 이르는 일본 사람이 조선 땅을 가로질러 서울을 내왕하였다. 저들은 우리의 사정을 훤히 들여다보았지만, 우리는 저들의 사정을 전혀 모르고 있었다.

일본 전국시대에 중앙 권력이 쇠퇴하여 지방에 대한 통제력을 잃어버리자, 조선의 남해안에 자주 왜구가 침몰했다. 그런데 명종 연간 그토록 조선 해안을 괴롭히던 왜구가 선조 연간 들어 거짓말처럼 줄어들었다. 전국시대의 혼란이 차츰 정리되어 중앙정부의 지방 통제력이 강화되었기 때문이다. 일본에서는 도요토미 히데요시가 통일을 이루어 가고 있었다. 그러나 조선 조정은 지난 100년 동안 일본이 치열한 내전을 치렀다는 것도, 오다 노부나가의 활약이나 히데요시에 의한 일본의 통일도 잘 모르고 있었다. 국가를 책임진 이들이 띠처럼 좁은 바다를 사이에 두고 있는 이웃 나라가 어떠한 정치적·군사적 변화를 겪고 있는지에 대해 관심조차 없었던 것이다. 이는 초강대국 중국에 대한 철저한 믿음과 절대적인 의존에서만 그 이유를 찾을 수 있다.

미천한 신분으로 태어나 일본의 권력을 한 손에 장악한 히데요시는 싸우지 않고 이기는 것을 최선으로 생각했다. 온갖 방법을 동원하여 상대가 감히 도전할 수 없을 정도로 압도적인 힘의 우위를 확보하고 대담하게 대세를 잡아 나갔다. 싸워야 한다면 충분한 준비와 기발한 전략으로 상대를 철저하게 파괴하는 무서움을 보였다. 그의 이러한 방식은 난세에 탁월한 성과를 이루었다.

히데요시는 일본에서 권력 기반을 확고하게 장악했다는 판단이 서자, 곧바로 조선과 중국으로 눈을 돌렸다. 시대는 바야흐로 대항해 시대였다. 서양의 사상과 문물이 멀고 먼 바다를 건너 일본으로 밀려오고 있었다. 거기에 통일 이후 영토 확장을 희망하는 전국 영주들의 요구와 통일전쟁에서 큰 역할을 했던 일본 무역상들의 희망도 가세했다.

이해하기 어려운 일본 사신

히데요시는 조선으로 일본의 사신을 파견했다. 남해안에서 왜적이 스스로 물러난 지 몇 달 지나지 않은 그해 9월, 조선으로 파견된 일본 사신이 대마도에 도착했다. 그러나 일본 사신이 가져온 문서에는 몇 달 전 남해안을 침략한 데 대한 사과는커녕 언급조차 없었다. 선조는 일본이 사신을 보낸 의도를 알 수 없었다. 무력으로 조선의 변방을 침범하여 긴장을 조성하면서, 한편으로 사신을 보내 수호를 요청하는 이유가 무엇일까? 선조 21년 1월 3일, 경연에서 선조는 일본이 사신을 보내는 이유를 알 수 없다며 의문을 표하였다.

여러 이야기가 나왔으나 '사신이 올 경우에는 의례대로 접대할 수밖에 없다'는 결론을 내렸다. 그런데 일본이 보낸 사신을 마주한 조선 조정은 깜짝 놀랐다. 사신이라고 온 자는 지난날 조선을 자주 드나들던 도선주都船主 귤강광橘康廣이었다. 문자도 모르고 예절도 모르는 자가 와서 무식하고 방자하게 행동했다.

> 귤강광을 보내 통신을 요청하였는데 서신의 사연이 매우 거만하여 "천하가 짐朕의 손아귀에 돌아왔다는 말이 있었다. 그리고 귤강광도 사납고 거만하여 우리나라 사람을 대하여 말할 적에는 문득 조롱하고 비난하였다. 귤강광이 고의로 연회석상에서 호초胡椒(당시에는 귀한 향신료였던 후추)를 흩어 놓으니 기공伎工(기생과 악인)이 앞을 다투어 그것을 줍고 전혀 질서라고는 없었다. 귤강광이 객관에 돌아와 역관에게 말하기를 "이 나라의 기강이 이미 허물어졌으니 거의 망하게 되었다" 하였다.
> —《선조수정실록》 20년 9월 1일

일본은 조선에서 이미 그 신분과 사람됨을 잘 아는 자를 시치미를 떼고 사신이랍시고 조선에 파견한 것이다. 한 나라의 사신으로서 도저히 격이 맞지 않는 자였다. 조선을 모욕하고 격발하여 시험해 보려는 뜻이 있을까?

그들 나라에 문자를 해독한 중이 없지 않으니 중을 보내 수호를 청하는 것이 좋을 터인데 꼭 무부武人를 보낸 데는 혹 우리나라의 사신을 청했다가 우리가 허락하지 않으면 이를 핑계로 작적作賊(도둑질)하려는 계획을 세우자는 것인지도 모를 일이다. 이 말이 어떤가?

선조의 질문에 신하들은 이렇게 대답한다.

우리에게 실수가 없으면 그만입니다. 어찌 저 왜로倭虜(일본 오랑캐)의 사정까지 알 것이 있겠습니까. 지금 온 사신을 관찰하건대 원대한 계략은 없는 듯하니, 거저 찾아온 자는 거절하지 않는다는 의리로서 대우할 뿐입니다.

– 《선조실록》 21년 1월 3일

귤강광이 조선 조정에 공식적으로 요청한 사항은 일본에 통신사를 파견해 달라는 것이었다. 선조 21년 3월 4일, 조정의 2품 이상의 신하들이 모여서 논의한 결과 통신사를 파견하지 않기로 했다. 천하고 무식한 자가 사신이라고 방자하게 구는데도 조선은 어떻게 다루어야 할지를 몰라 쩔쩔 매며 우왕좌왕했다. 무엇 하나 결론을 내리지도 못하고 행동에 옮기는 것도 없었다. 일본은 왜 이런 자를 사신으로 보낸 것일까? 그들은 조선의 반응을 살피고 역량을 시험하려 한 것이다. 일본으로 돌아간 귤강광은 곧바로 살해되었다. 애초에 그를 조선에 보낼 때 일본은 그가 조선에서 죽임을 당할 것으로 생각하고 보낸 것이다.

귤강광이 한 차례 조선 조정을 흔들어 반응을 살피고 간 다음, 불과 몇 달이 지나지 않아서 또다시 일본 사신 평조신平調信과 중 현소玄素가 조선에 들어왔다. 1차 사신단보다 훨씬 유능한 이들이었다. 본격적인 조선 탐색에 나선 것이다. 선조 21년 12월, 임진왜란이 일어나기 3년 전이었다. 그들은 조선통신사를 보내 달라고 요구했다. 선조는 일본의 의도를 알 수 없어 못내 불안했지만 의문을 풀어 줄 사람은 없었다.

2차 일본 사신단 속에는 대마도 영주가 신분을 속이고 포함되어 있었다. 일본이 조선과 전쟁을 일으키면 가장 큰 영향을 받는 곳이 대마도였다. 대마도는 일본보다 조선에 훨씬 가까웠다. 지난날 원나라의 일본 정벌과 조선 세종 때 대마도 정벌로 인해 많은 피해를 입었기에 영주가 직접 현장을 뛰며 전쟁에 대비한 것이다. 반면 조선은 전쟁의 조짐을 곳곳에서 발견하고도 애써 외면했다. 이것이 조선과 일본의 차이였다.

조선은 일본에 대해 아는 바가 없었다. 정보가 없으니 일본의 의도를 알 수가 없고, 쓸 만한 대책이 나올 수도 없었다. 일본은 사신을 파견해 달라고 떼를 쓰다시피 했으나 조선은 일본이 왜 통신사 파견을 요청하는지 그 이유도 모르면서 결정을 계속 미루었다. 일본 사신은 그렇게 줄다리기를 하며 1년 동안 조선 도성에 머물면서 정보를 수집했다. 극심한 정보의 불균형이었다. 일본은 조선 땅을 가로질러 내왕하면서 조선의 정치·군사 정보를 훤히 들여다보고 있었고, 조정의 관리들과 접촉하면서 조선의 역량을 시험했다. 그러나 조선은 일본에 대해 아는 것이 하나도 없었다. 조선은 과거 일본의 손죽도 침략을 안내한 조선인 사을화동을 서울로 압송하여 처형한 것을 명분으로 조선통신사의 일본 파견을 결정했다.

조선통신사의 실착

일본의 요청이 있은 지 3년 만에 조선은 통신사 파견을 결정했다. 전운이 감도는 급박한 상황에서 적국에 사신을 파견할 것인지를 결정하는 데 3년의 시간이 걸린 것이다. 정사 황윤길黃允吉, 부사 김성일, 서장관 허성許筬이 통신사로 일본 땅을 밟았다. 그런데 일본의 태도가 이상했다. 통신사 파건을 그토록 요청하던 일본이 통신사가 일본 땅에 발을 들여놓자마자 태도를 바꾸어 통신사 일행을 모욕했다.

  조선통신사가 당시 일본의 수도에 도착하고 몇 개월이 지나도록 일본은 조선의 국서도 받지 않았으며, 관백關白(정무를 총괄하는 최고위 관직)이었던 히데요시는 통신사를 만나 주지도 않았다. 통신사 일행은 교토에 도착하여 숙소에 머무른 지 5개월 만에야 비로소 국서를 전달할 수 있었다. 히데요시는 딱 한 번 조선 사신을 만나 주었는데, 행동이 지극히 거만했으며 사신에게 연회를 베풀지도 않았다.

> 수길(풍신수길)의 용모는 왜소하고 못생겼으며 얼굴은 검고 주름져 원숭이 형상이었다. 눈은 쑥 들어갔으나 동자가 빛나 사람을 쏘아보았는데, 사모紗帽와 흑포黑袍 차림으로 방석을 포개어 앉고 신하 몇 명이 배열해 모시었다. 사신이 좌석으로 나아가니, 연회의 도구는 배설하지 않고 앞에 탁자 하나를 놓고 그 위에 떡 한 접시를 놓았으며 옹기 사발로 술을 치는데 술도 탁주였다. 세 순배를 돌리고 끝내었는데 수작酬酌(술잔을 주고받음)하고 읍배揖拜하는 예는 없었다. 얼마 후 수길이 안으로 들어갔는데 자리에 있는 자들은 움직이지 않았다. 잠시 후 편복便服 차림으로 어린 아기를 안고 나와서 당상堂上에서 서성거리더니 밖으로 나가 우리나라의 악공을 불러서 여러 음악을 성대하게 연주하도록 하여 듣는데, 어린아이가 옷에다 오줌을 누었다. 수길이 웃으면서 시자侍者를 부르니 왜녀 한 명이 대답하며 나와 그 아이를 받았고 수길은 다른 옷으로 갈아입는데, 모두 태연자약하여 방약무인한 행동이었으며, 사신 일행이 사례하고 나온 뒤에는 다시 만나지 못하였다.   -《선조수정실록》24년 3월 1일

일본의 최고 실력자가 조선 사신을 만나는 자리에는 떡 한 그릇과 옹기 잔을 올려놓은 탁자 하나만 놓여 있었다. 술도 탁주였으며 그것도 두어 순배만 돌렸다. 히데요시는 사신을 접대하는 중에 어린애를 안고 나오기도 했다. 그는 외교 관례를 철저히 무시하고 방약무인한 태도로 일관했다.

그렇다면 일본은 도대체 왜 조선통신사 파견을 그토록 오랫동안 요청했을까? 사신들은 일본에 가서도 아무런 답을 얻어 내지 못했다. 그들은 사신으로 일본에 가서 그들이 해야 할 일이 무엇인지조차 알지 못했다. 사신들이 조선으로 돌아오려 할 때까지 일본은 답서도 주지 않았다. 그러면서 국서도 없이 사신을 먼저 출발시켰다. 사신이 해변에서 배를 기다리고 있는데 뒤늦게 답서가 도착했다. 그런데 그 내용 역시 도통 이해하기 힘들었다.

일본국 관백은 조선 국왕 합하閤下(각하)에게 글을 올리나이다.
보내 준 글월은 향을 사르며 읽어 두 차례 접었다 폈다 하였습니다. 우리나라 60여 주가 근래에 서로 나뉘어서 국가 기강이 문란하고 선대의 예법이 없어져 조정 명령을 복종하지 아니하므로 내가 한탄과 격분을 이기지 못하여 3, 4년 사이에 반역을 치고 도적들을 토벌하여 이웃 지방과 먼 섬까지 내 손아귀에 들어왔습니다.
나의 지난간 일을 돌아보면 비루하고 미미한 사람이었으나, 나를 처음 배태胚胎할 때 어머니 품 안에 태양이 들어가는 꿈을 꾸었고, 관상 보는 이의 말에 햇빛 비치는 곳에는 내가 비치지 않음이 없을 것이고 장성하면 반드시 천하에 어질다는 소문이 들릴 것이며 사해四海에 위엄이 떨칠 것이라 하였습니다.
이러한 기적으로 적의 마음이 자연히 꺾이어 싸우면 반드시 이기고, 치면 반드시 점령하게 되어 이미 천하가 크게 다스려졌고, 백성들을 어루만지고 고

아와 과부들을 불쌍히 여김으로 백성들이 풍성하고 재물이 풍족하여 공납 받는 것이 옛날보다 만 배나 불어났습니다. 우리나라 개국 이래로 조정의 번성함과 낙양의 화려함이 오늘 같은 때가 없었습니다.

사람이 한 번 이 세상에 태어나서 백 세를 채우기 어렵거든 어찌 답답하게 여기 왜국에만 있겠습니까. 나라가 멀리 떨어져 있고, 산천이 가리어 있는 것도 거리낄 것 없이 대명국에 한번 뛰어 들어가 우리나라 풍속을 중국 4백여 주에 바꾸어 보고 천자의 도성에서 정치와 문화를 억만 년이나 베풀어 보려는 것이 내 마음 가운데 있으니 귀국이 앞장서서 명나라에 들어가 준다면 장래의 희망이 있고 목하目下의 걱정이 없을 것입니다.

조그마한 섬들이 멀리 바다 가운데 있는 후진後進의 지방은 용서하지 않을 것입니다. 내가 대명국에 들어가는 날에는 군사를 거느리고 병영을 바라볼 때 더욱 이웃 나라와 화친을 도모할 것입니다. 나의 소원은 다른 것은 없고 단지 아름다운 명예를 삼국에 나타내려는 것뿐입니다. －《선조수정실록》24년 3월 1일

일본 국서의 문리文理는 분명하지 않지만 그 뜻은 분명했다. '일본이 곧 명을 칠 것이니 조선이 선봉에 서라. 만일 거절한다면 용서하지 않겠다.' 예의도 없고 사리에도 맞지 않는 협박 문서를 군사동맹 제안이라고 볼 수도 없었다. 차라리 선전포고에 가까웠다. 사신들은 이런 문서를 가지고 조선으로 돌아갈 수 없었다. 김성일은 이 국서가 문리가 맞지 않을 뿐 아니라 또 패만悖慢(거칠고 거만)하다고 지적했다. 그는 '전하'라 해야 될 것을 '합하'라고 하고, '예폐禮幣(공경의 선물)'라고 해야 할 것을 '방물方物(지방 관리가 임금에게 바치는 특산물)'이라고 한 것을 지적하는 편지를 현소에게 보내어, '만일 이 국서를 고치지 않을 때에는 죽는 한이 있더라도 가지고 갈 수 없

다'고 하였다.

도요토미 히데요시가 조선의 사신을 모욕한 것은, 조선과 협상하지 않겠다는 뜻을 밝힌 것이었다. 일본은 이미 조선 침략을 결심했고, 그런 자신들의 의도를 굳이 숨기지 않았다. 선전포고를 한다 해도 조선이 전쟁 준비에 착수할 능력조차 없음을 알고 있었던 것이다. 이러한 상황에서 조선의 사신은 문서의 자구를 바로잡는 것으로 자신의 책무를 회피해 버렸다.

훗날 정구鄭逑가 김성일을 위한 비문을 지으며 "타국에 사신으로 가서 큰 절개가 더욱 빛났다"고 하자, 효종 때의 학자 윤선거尹宣擧는 《노서일기魯西日記》에서 "대명국에 한번 뛰어들어 가겠다는 국서를 받아 가지고 온 사람을 큰 절개라 일컫는가"라고 꼬집었다. 광해군 대의 김시양金時讓도 수필집 《부계기문涪溪記聞》에서 사신들의 행태를 비판하였다.

> 김성일이 일본에 사신으로 가서 꿋꿋하게 버티어 위신을 지켜 조금도 두려워하지 않고 국서를 받는 등 모든 일에 극력 다투어 고쳤으니, 동행들은 머리를 움츠리고 왜인들도 공경하고 탄복하였다. 그러니 이웃 나라 사신으로 가서 임금의 명을 욕되지 않았다고 한다면 나는 그가 부끄러움이 있을 것이라 생각한다. 대개 왕명을 받들어 사신 노릇을 한다는 것이 어찌 예법 절차에만 실수 없는 그런 것을 말하는 것이랴. 만일 한고조의 시대를 만났더라면 앞에 갔던 사신 열 사람의 처형을 면치 못했을 것이다. —《연려실기술》

사신이 자신을 던져 외침에 맞서야 했다는 뜻이다.

무기력한 임진년 4월 13일

　통신사 황윤길, 통신부사 김성일은 선조 24년 3월 임진왜란이 일어나기 1년 전 조선으로 돌아왔다. 어쨌든 그들은 죽지 않고 살아서 무사히 돌아왔다. 그들은 조선을 침략하겠다는 뜻을 담은 일본의 국서를 받아 왔다. 그럼에도 불구하고 조선 조정에서는 그것을 전쟁 선언으로 받아들이지 않았다. 전쟁 준비에 돌입하는 것은 정치적으로 너무나 부담스러운 일이었다. 일본이 보낸 국서의 내용이 분명 침략을 말하고 있는데도, 임금과 조정은 통신사로 다녀온 이들에게 다시 전쟁이 일어날 것인지 아닌지를 물었다. 그들의 대답에 따라 결정을 하고 그 책임을 그들에게 묻겠다는 뜻이었다. 국가의 존망을 책임져야 할 임금과 조정이 통신사로 갔다 온 두 사람에게 모든 정치적 책임을 떠넘긴 것이다.

　역사를 돌이켜 보면 전쟁이 일어나기 전에 전쟁을 준비하는 모든 과정 하나하나가 정권의 사활을 걸 수밖에 없는 수많은 결단을 요구한다. 그러므로 전쟁 전에 국론을 통일시켜 나가는 과정이 전쟁보다 더욱 어려운 정치적 과정이다. 그러나 당시 조선은 그럴 만한 정치력도 없었고, 또 정치력으로만 해결할 수 있는 상황이 아니었다.

　히데요시가 일본 영주들의 강력한 지지를 받을 수 있었던 것은 전쟁의 완벽한 승리 가능성을 그들에게 보여 주고 증명했기 때문이었다. 조선 조정도 전쟁의 발발 가능성과 방어 대책이 필요하다는 것을 관료와 백성들에게 증명하고 설득해야 했다. 전쟁을 피할 수 없다면 사대부와 일반 백성에게도 이를 이해시켜야 했다. 그것이 바로 정치적 능력이고, 나라를 이끄는 책임자들이 해야 할 일이었다.

그러나 조선 조정은 전쟁을 준비하는 것이 너무나 부담스러웠다. 전쟁을 준비해야 하는 상황인지조차 파악할 수 없었다. 명나라를 공격하겠다는 일본의 말이 사실이라면 조선은 적어도 10만의 병력이 필요할 것이었다. 그 많은 군사를 어디에서 동원하고 그들을 먹일 식량은 어떻게 조달할 것이며, 무엇보다 누가 앞장서 책임지고 전쟁을 치를 것인가? 어느 것 하나 어렵지 않은 것이 없었다. 엄청난 책임감에 모두 입을 다물었다.

그렇게 아무런 정보도 없어 답답해 하던 조선은 급기야 적국의 사신에게 매달렸다. 조선이 일본에 대한 정보를 얻을 수 있는 통로는 없었다. 조선 조정은 홍문관 전한 오억령吳億齡을 선위사로 삼아 도성에 와 있던 일본 사신에게 진짜로 전쟁을 일으킬 것인지 물었다.

> '일본이 명년에는 군사를 크게 일으켜서 (조선에) 길을 빌려 명나라를 바로 침범할 것'이라고 현소가 분명히 알려 주었다. 오억령은 자신의 말을 들으려고 하지 않는 조정의 분위기를 감안하여, 일본 사신과의 문답일기問答日記를 첨부하여 보고하면서 전쟁이 임박했음을 주장했다.   -《선조수정실록》 24년 3월 1일

오억령의 주장에 조정과 백성이 크게 동요했다. 그러자 오억령을 선위사의 직책에서 해임하고 명나라에 가는 사신 행렬을 따라가도록 발령해 버렸다. 내년에 조선으로 쳐들어 올 것이라는 일본 사신의 말을 믿을 수도, 믿지 않을 수도 없었다. 임금과 조정의 상하가 황황해서 어찌할 줄을 몰랐다. 전 현감 조헌이 옥천에서 올라와 궐문 밖에 와서 소를 올렸다.

생각컨대 오늘의 안위와 성패가 오직 숨 쉴 동안에 임박하여 있으니 빨리 왜사倭使를 베어 급히 중국에 알리고, 적의 사지를 찢어 유구琉球(오키나와 일대에 있던 류쿠국) 등 모든 나라에 나누어 보내서 천하로 하여금 분노함을 같이하여 적을 방비하소서. ─《선조수정실록》 24년 3월 1일

결연한 의지를 보여 혼란스러운 국론을 한 칼에 통일하라는 조헌의 상소는 승정원에서 접수조차 거부당했다. 일본 사신이 숙소인 동평관東平館 벽에 시를 써 조선을 조롱했다.

매미는 울기만 하고 당랑이(사마귀) 저 잡으려는 것을 모르고.
고기는 놀기만 하고 갈매기 잠자는 것 좋아한다.
이 땅이 어느 땅이냐 다른 때 거듭 연회 자리 펴리라. ─《대동야승》

조선은 일본인들의 말을 믿으려고 하지 않았다. 아니 믿고 싶지 않았을 것이다. 대마도주 소 요시토시宗義智 등은 일본으로 돌아갔다. 소 요시토시가 이렇듯 대놓고 일본이 조선을 침략할 것이라고 말한 것이 전쟁을 피하려는 나름의 노력이었는지, 아니면 조선을 혼란에 빠뜨리려는 히데요시의 책략이었는지는 알 수 없다. 확실한 것은 그의 눈에 조선이 일본의 침략 사실을 안다고 하더라도 대비할 능력이 없어 보였다는 것이다. 그들은 이렇게 마음껏 조선을 조롱했다.

부산 초량에 있는 왜관에는 항상 왜인들이 10여 명이 있었다. 그런데 이들이 하나둘씩 일본으로 돌아가더니 임진년 봄에 이르러서는 왜관에 일본인들이

하나도 없었다.　　　　　　　　　　　　　　　　　－《징비록懲毖錄》

　사람들이 이상히 여겼지만 조선 조정은 무심히 넘겼다. 그리고 임진년 4월 13일, 조선이 개국한 지 200년 되는 해에 일본은 16만이나 되는 군사를 동원하여 조선을 침략했다.
　전쟁을 눈앞에 둔 나라의 정보 체계가 이토록 무능했다. 《선조실록》의 기록만으로도 조선 조정이 일본의 침략 의도를 눈치 채고 있었음을 분명히 알 수 있다. 그럼에도 불구하고 조선 조정에서는 아무런 방책도 세우지 않았다. 임진년 초부터 일본은 대규모 병력과 물자를 서쪽으로 집결시키고, 3월 중순경에는 이미 대마도에 수만 명의 일본군이 모여 북새통을 이루고 있었다. 그러나 이처럼 많은 병력과 물자가 이동하는데도 대마도를 마주보고 있는 경상좌수영과 우수영의 수군절도사는 척후선 한 척 띄우지 않았다. 이를 그들의 태만 때문이라고만 할 수 있을까? 전쟁의 위험을 경고한 오억령이 조정에서 쫓겨나는 상황에서, 어쩌면 그들은 진짜 정보를 알게 될까 두려웠던 것이 아닐까?
　그러므로 전쟁에 대비하지 못한 원인을 오로지 당쟁 때문이라고 하는 것은 옳지 못하다. 어느 시대, 어느 나라에나 권력을 둘러싼 다툼은 있게 마련이다. 사실 그보다 더 큰 문제는 지식인이라고 일컬어진 자들의 '지독한 어리석음'이었다.
　결국 조선은 일본의 침략을 불러들였다. 임진년 4월 13일, 조선이 개국한 지 200년이 되는 해에 일본은 16만 명의 군사를 동원하여 조선을 침략했다. 조선을 이끌던 왕과 선비들은 자신들이 불러들인 처절한 참사에 대하여 끝내 아무런 반성도 하지 않았다. 그들은 나라를 무너뜨린 선조의 치세를 목릉성세라 하여 미화했다. 인조 21년 대제학 이식은 《선조실록》의 수정을 청하는 상소에 이렇게 썼다.

> 역사는 일대의 장전이요 만세의 귀감으로서 천서人敍와 천질大秩의 의거하는 바요 민심과 사론에 관계되는 것이니, 나라가 있어도 역사가 없으면 나라가 아니요 역사가 있어도 공정치 못하면 역사가 아닙니다.…… 우리 역사상 문물이 구비되고 인재가 많았던 때는 선묘(선조)의 시대보다 더 성한 적이 없었음과, 비록 의를 지키다가 난을 만나 이미 높아진 것이 무너지긴 하였으나 천심의 은혜를 입어 방역邦域(나라의 경계)이 다시 안정된 것은 모두 성인聖人의 우려가 계발한 바로서 사기事機(일의 기틀)를 변화시키고 체구體構(구상)하여 효력을 발휘하는 등 이들은 모두 후세에 전하여야 할 것들이다.

임진왜란은 조선의 백성들에게 죽음보다도 더한 고통을 안겨주었다. 가혹한 시련 앞에서 가식과 허위는 저절로 벗겨지고, 세상의 모든 것이 있는 그대로의 참 모습을 드러냈다. 그러나 조선의 지식인들은 진실에서 눈을 돌려 버렸다. 이식은 '우리 역사상 문물이 구비되고 인재가 많았던 때는 선조의 시대보다 더 성한 적이 없었고, 의를 지키다가 왜란을 만나 이미 높아졌던 것이 잠시 무너지기는 했으나 다시 안정되었다'고 했다. 그가 말한 '의'란 무엇을 말하며, 그 시대에 이미 높아졌던 것은 또 무엇을 말하는 것인가? 진실로 세상을 파멸로 이끄는 것은 탐욕이 아니라 어리석음이다.

> 명나라 말기에 조정에는 임금이 신뢰할 만한 신하가 하나도 없고, 천하에는 진정으로 나라와 백성을 위하여 일하는 관리가 하나도 없었으며, 대사마大司

馬는 관청에 앉아 《좌전左傳》을 평가할 뿐이었다. 적들이 성 밑까지 쳐들어왔는데도 시를 짓거나 임금에게 시를 해설해 주었다.
그런 풍습이 장군과 대신에게도 파급되어 공을 세우고 정치를 하는 것을 사소한 일로 여겼으며, 밤낮으로 책을 쓰면서 이렇게 하는 것이 후세에 전해지는 대업이라고 여겼다. 그리하여 천하는 엉망이 되고 백성들은 살길이 없게 되었다.

- 이공李恭, 《서곡후집恕谷後集》

당시 조선의 모습은 명나라 말기와 조금도 다름이 없었다. 그러나 자신들의 부끄러운 모습을 통렬하게 반성했던 명나라 선비들과 달리, 조선의 지식인들은 자신들의 잘못을 그대로 덮어 두었다.

종장 終場

　임진왜란은 분명 조선이 불러들인 전쟁이었다. 조선은 제대로 된 싸움 한 번 하지 못하고 20일 만에 서울을 내주었고, 선조는 백성을 버려 두고 홀로 도망쳤다. 전쟁의 참화는 모두 백성이 감당해야 했다. 왜적의 칼에 죽고, 전쟁에 참여한 명나라 군대를 지원하는 부역에 지쳐서 죽고, 수많은 백성들이 굶어 죽고 얼어 죽었다.

　500만 명이 넘던 인구의 3분의 1이 전쟁 중에 죽었고, 남은 백성들 역시 살아도 사는 게 아니었다. 전쟁 전 9만 명에 이르렀던 서울의 인구는 4만 명으로 줄었다. 조정이 파악하고 있던 전국의 인구는 전쟁 전의 6분의 1에 불과했다. 전쟁 전에 170만 결이었던 농토는 전쟁이 끝났을 때 54만 결로 줄어들었다. 소도 말도 모두 잡아먹고 없었다. 병마와 영양실조로 허약해진 백성들이 오랜 전란으로 황폐해진 농토를 다시 갈아 일으키기는 어려웠다.

　그런데 일찍이 경험하지 못했던 처절한 전쟁을 조선에 불러들인 당사자라 할 선조와 사림은 어떠한 책임도 지지 않았다. 외적에게 당한 치욕의 역사를 반성하지 않았고, 백성들에게 죽음보다 더한 고통을 안겨 준 자신들의 무능함을 부끄러워하지도 않았다.

　"술이나 먹고 놀러 다니며 기생을 끼고 시나 읊어, 난리를 평정하는 것에 대해서 아랑곳하지 않고 국가의 존망은 따져 볼 것도 없다는 태도였다고 하는데, 말이 이쯤 되고 보면 왕국에는 사람이 없다고 할 만도 합니다."

-《선조실록》 26년 3월 22일

당시 정철은 좌의정 자리에 있으면서도 "가는 곳마다 술에 취해 노닐고 맡은 임무는 두서를 이루지 못하였다. 이 까닭에 많은 사람들의 비난을 받았다." 사림의 말은 높고 장했으나 그들의 행실은 이기적이고 초라했다. 선조의 치세를 '목릉성세'라 미화하고, 임진왜란을 의義를 지키다가 만난 '정의로운 전쟁'이라고 했다. 명나라로 가는 길을 열어 달라는 일본의 요구에 조선이 부모의 나라인 명나라 황제에게 충성을 다하느라 길을 열어 주지 않았기 때문에 침략을 당했다는 것이다. 천명을 받은 황제에게 충성하는 것은 조선의 임금과 백성으로서는 천하대의를 실천하는 것이므로, 비록 전란으로 백성들이 엄청난 고통을 당했지만 그것은 천하의 의를 위해 불가피한 일이었다는 입장이다.

그들은 이렇게 자신들의 과오를 숨기고 진실을 왜곡했다. 진실하지 않은 역사에서는 배울 것이 없다. 그래서 35년 후 또다시 북방으로부터 전란을 불러들인다. 정묘호란丁卯胡亂(1627)과 병자호란丙子胡亂(1636)이다. 임진왜란 때의 상황과 병자호란을 불러들인 상황은 근본적으로 다르지 않았다. 19세기 이탈리아의 민족주의자 주세페 마니치는 "조국은 땅이 아니다. 조국은 그 토대 위에 세워진 이념이다"라고 말했다. 그러나 이때의 조선에는 국가정신이나 애국심이 없었다.

   사림은 천하대의를 부르짖고 높고 큰 논설로 충과 효를 화려하게 장식했으나, 정작 국가가 위기에 처했을 때 모든 것을 던져 충성한 사람은 없었다. 왜란이 일어났을 때 선비들 중에 나라를 위해 목숨을 바친 사람이 겨우 30인에 불과했다는 사실은 무얼 말하는가. 임금과 사림은 의병 활동으로 분출된 백성의 숨겨진 힘을 발견하고는 놀랐고, 자발적으로 발휘된 백성의 애국심을 오히려 두려워했다. 임금을 향해 눈을 부릅뜨고 돌을 던지는 그들을 보고 민심이 어디에 있는지 깨달았다.

> 백성의 원망이 이미 극에 이르렀으니 어찌 모두가 선량한 백성이겠는가. 나라 밖의 적이 무서운 것이 아니라 안에서 일어날 화가 염려스럽다. 경성은 40리의 빈성이고 군대는 도성을 보위하는 것인데 지금 경기의 군사는 몇 천 명이나 있는가. …… 중국 군사가 머무른다면 인심이 의지할 데가 있겠지만 이제 만약 철수하여 돌아가면 양남兩南(호남과 영남)의 인심은 모두 불안해 하고

두려워할 것이다.　　　　　　　　　　　　　　-《선조실록》32년 2월 2일

　제 나라 조선의 군대보다도 중국 황제의 군대가 더 믿음직스러워서 왜란이 끝나고도 최대한 오래 중국군이 조선에 머물게 해 달라고 중국 황제에게 간청했다. 왜란 중에도 조선군을 양성해서 왜적을 물리치자는 유성룡의 상소문이 채택되지 못한 것은 백성이 무서워서였다. 선조는 자기 백성을 믿지 못했다. 백성에 대한 두려움이 커질수록 임금과 조정 관료들은 공동운명체로 더 단단하게 뭉쳤다.
　백성의 고통이 가중되면 반발이 심해지는 것은 필연이다. 이럴 때 주자 사상과 예학禮學은 지배층 편이 되어 주었다. 모든 백성은 하늘로부터 타고난 분수를 지켜야 한다. 아무리 어려운 상황이라도 예의는 반드시 지켜야 한다.
　'아래위가 있고 난 후에, 예가 비로소 바로 선다.'
　'사림의, 사림을, 위한 사림의 나라'가 만들어진 것이다. 힘 있는 자들의 수탈은 여전했다. 예학으로 이름 높은 학자 김장생金長生(1548~1631)은 방납과 고리대로 백성들을 수탈하여 말썽을 일으켰고, 교동도에 있는 고언백高彦伯(?~1609)은 자신의 집에 부역을 부과했다고 현감을 구타했다. 왕

자와 부마들은 전쟁이 끝나도 서울로 돌아오지 않고 지방에 머물면서 백성을 수탈하는 데 앞장을 섰다. 수령으로 나간 자들도 재산 모으기에 빠지지 않았다.

> 사람들에게 삶을 즐거워하는 마음이 있은 연후에야 윗사람을 친애하며 목숨이라도 버리는 법입니다. 이미 항심恒心이 없고 보면 아무리 그들을 엄중한 법으로 묶어 놓는다 해도 태연히 마음을 움직이지 않고 모두 떠나 버릴 계획만 갖고 정착해 있을 마음을 갖지 않을 것이니, 한 번 고향을 떠나고 나면 바로 도적이 되어 버리는 것입니다. 백성의 생활이 곤핍하다는 말은 곧 선비들이 입버릇처럼 말하는 것이고 성상께서도 필시 이 일을 보통 일로 생각하고 계실 것입니다. 지금 신이 직접 자세히 보고 왔는데 왜가 물러간다 하더라도 국가의 근본이 이 지경이 되었으니 크게 걱정스럽습니다. - 《선조실록》 29년 10월 21일

권세가들의 가렴주구에 시달린 백성들은 전쟁이 끝난 뒤에도 정착하지 않았다. 정착하면 공물과 부역에 시달리고, 남자들은 징집될까 두려웠기 때문이다. 농사철이 지났는데 들판에는 농구農具를 잡은 사람이 없었다. 국가의 재정은 탕갈蕩竭되었다.

경창京倉의 쌀이 1백 석에도 차지 못하고, 저축한 은이 100냥에도 차지 못하며, 각사各司의 잡물도 전혀 남아 있는 것이 없으니 지극히 한심합니다.

– 《선조실록》 35년 2월 5일

전쟁이 끝난 지 8년이 지난 선조 39년도의 국가 조세 수입이 1년에 겨우 4만 석에 불과했다. 당시 조정의 1년 경상지출이 7만 석이었다. 이는 권세가 한 사람의 1년 수입과 지출에도 미치지 못하는 초라한 수준이었다. 철저하게 파괴된 신뢰를 다시 세우려면 혁명에 버금가는 비상한 조치가 필요했지만, 어느 누구도 그런 비상한 조치를 받아들이려 하지 않았다. 임금과 양반 사림은 서로 믿지 않았고, 백성은 임금과 지배층을 믿지 않았다.

자공子貢이 공자에게 정치란 무엇인지 물었다. 공자가 정치란 식량을 풍족하게 하고足食, 군대를 충분하게 하며足兵, 백성의 믿음을 얻는 일民信이라고 답했다. 자공이 다시 "어쩔 수 없이 순서를 정해 포기해야 한다면 무엇을 먼저 버려야 합니까?"라고 묻자, 공자는 먼저 군대를 포기해야 한다고 답했다. 자공이 다시 나머지 두 가지 가운데 또 하나를 포기해야 한다면 무엇을 포기해야 하는지 묻자, 공자는 식량을 포기해야 한다고 했다. 그리고 이렇게 말했다.

"예로부터 사람은 다 죽음을 피할 수 없지만, 백성의 믿음이 없이는 (나라가) 서지 못한다自古皆有死 民無信不立."
―《논어論語》〈안연편顔淵篇〉

인심이 이에 이르렀는데도 위에서는 반성하여 고치기를 도모할 줄 모르고, 화가 담장 안에 있는데도 아래에서는 한마디 말을 하여 임금을 깨우쳤다는 것을 듣지 못했으니 나라가 망하지 않기를 원하지만 망하지 않을 수 있겠는가.

―《선조실록》 36년 2월 4일

개혁이란 단어는 사람들의 마음을 설레게 한다. 많은 사람들이 개혁을 외치고 열정을 불태우며 몸을 던졌다. 이런 꿈과 열정을 가진 사람들이 지나간 시대를 허물고 새로운 시대를 열었다. 그러나 시간이 흐르다 보면 그렇게 열린 시대도 결국은 또 다른 시대에 자리를 물려 줄 수밖에 없다. 그렇게 역사는 반복되었다. 개혁을 외치고, 투쟁하고, 좌절하는 이들의 모습도 과거와 현재가 크게 다르지 않다.

신진 사림은 세상을 적과 동지, 정의와 불의, 정파政派와 사파邪派로 양분하고, 명쾌하고 분명한 논리로 상대를 공격했다. 언제나 높고 큰 이념을 앞세우고 실용보다는 명분, 각론보다는 총론, 현실보다는 이미지에 의존해서 정치적 승패를 가름하는 그들의 모습은 오늘날 우리의 정치 상황과 크게 다르지 않다.

　그러나 권력을 장악한 신진 사림은 불행히도 나라를 어디로 이끌고 갈 것인지를 준비해 놓지 못했다. 그들이 생각해낸 이상적인 나라의 모습은 바로 주자학의 나라였다. 그때부터 조선은 이념 과잉의 시대로 접어들었다. 정치가 현실의 문제에서 분리되어 선과 악, 진실과 거짓을 가리는 시비로 바뀌자, 타협과 조정은 실종되고 생사를 건 투쟁만이 정치를 지배하게 되었다. 그 투쟁에서 승리한 신진 사림은 진리와 학문, 교육의 세계도 독점하려고 했다. 자신은 군자이고 다른 사람은 소인이리고 했다. 이것이 바로 당쟁의 시작이었다. 주자학의 울타리 안에 갇혀 세상의 변화를 이해하는 데 실패했고, 임진왜란이라는 일찍이 경험하지 못한 민족사의 대 참화와 병자호란을 불러들였다. 그리고 300년 후 주자학의 나라 조선의 선비는 일본의 침략에 저항 한번 못하고 나라를 내어주었다.

　조선은 이렇게 병兵이 무너지고, 식食이 무너지고, 마지막에 신信마저 무너져 내렸다. 그들은 이때 이미 나라를 무너뜨린 것이다. 전 시대의 일들은 새 시대의 유산이 되고, 새 시대가 무엇을 어떻게 해야 할지를 규정하는 기준이 된다. 어느 누구도 이전 시대의 정치적 유산에서 자유로울 수 없다.

이황과 이이 이후 조선의 정치도 그러했다. 역사의 커다란 변곡점에 섰던 그들의 책임은 그래서 더욱 무겁다.

역사를 되짚어 보면, 한 시대를 경영한 정치인의 책임보다는 시대정신을 이끌어 간 지식인의 책임이 더욱 무겁다는 것을 알게 된다. 세상을 파탄으로 이끄는 것은 이기심이 아니라 어리석음이기 때문이다. 지식인의 영향력은 10년, 20년에 그치지 않고 수백 년에 미친다. 지식인의 말과 글이 어찌 두렵지 않겠는가!

삼가고 삼가라. 하늘은 진실로 밝고 그 명命은 쉬운 것이 아니다.
하늘이 높고 저 위에 있다고 말하지 말라.
일마다 때마다 오르락내리락 나날이 살펴보고 계신다.　　－《시경詩經》〈주송周頌〉

참고문헌

단행본

- 강만길,《분단시대의 역사인식》, 창작과비평, 1978
- 강효석,《조선왕조 오백년의 선비정신》, 화산문화, 1997
- 강재언,《선비의 나라 한국유학 2천 년》, 한길사, 2003
- 강주진,《기고봉의 생애와 사상》, 박영문고, 1976
- 권인호,《조선 중기 사림파의 정치 사회사상》, 한길사, 1996
- 금장태,《한국 유교의 재조명》, 전망사, 1982
  《유교사상의 문제들》, 여강출판사, 1991
- 기세춘,《성리학 개론》, 바이북스, 2007
  《논어강의》, 바이북스, 2010
- 김길락,《한국의 상산학과 양명학》, 청계출판사, 2004
- 김　돈,《조선 중기 정치사 연구》, 국학자료원, 2000
- 김　선,《정치는 기어코 3대를 본받아야 한다》, 북센터, 2006
- 김성우,《조선 중기 국가와 사족》, 역사비평사, 2001
- 김시덕,《임진왜란 관련 일본문헌 해제》, 도서출판 문, 2010
- 김용헌,《조선 성리학, 지식권력의 탄생》, 프로네시스, 2010
- 김인호,《조선시대를 바라본다》, 경인문화사, 2009
- 김태훈,《이순신의 두 얼굴》, 창해, 2005
- 김홍경,《조선 초기 관학파의 유학사상》, 한길사, 1996
- 성　명,《의인혈전》, 삶과 꿈, 2000
- 설석규,《조선 중기 사림의 도학과 정치철학》, 경북대, 2009

- 송광룡, 《역사에 지고 삶에 이긴 사람들》, 풀빛, 2000
- 송수한, 《조선 전기 왕실재정 연구》, 집문당, 2000
- 송호근, 《한국, 어떤 미래를 선택할 것인가》, 21세기북스, 2005
- 신동준, 《조선의 왕과 신하 부국강병을 논하다》, 살림, 2007
- 신병주, 《조선 중·후기 지성사 연구》, 새문사, 2007
- 박성순, 《선비의 배반》, 고즈윈, 2004
- 박종성, 《조선은 법가의 나라였는가》, 인간사랑, 2007
- 박충석, 《한국정치사상사》, 삼영사, 2010
- 배동수, 《정여립 연구》, 책과 공간, 2000
- 백승종, 《조선의 통치철학》, 푸른역사, 2010
- 백지원, 《조일전쟁》, 진명출판사, 2009
  《백성의 편에 쓴 조선왕조실록》, 진명출판사, 2009
- 부남철, 《조선시대 7인의 정치사상》, 사계절, 1996
- 신동준, 《조선의 왕과 신하, 부국강병을 논하다》, 살림, 2007
- 신정일, 《지워진 이름 정여립》, 가람기획, 2000
- 유명종, 《한국유학 연구》, 이문출판사, 1988
- 이덕일, 《송시열 그들의 나라》, 김영사, 2000
- 이동희, 《조선조 주자학의 철학적 사유와 쟁점》, 성균관대 대동문화연구원, 2006
- 이민홍, 《조선조 성균관의 교원과 태학생의 생활상》, 성균관대출판부, 1999
- 이범직, 《한국인의 역사의식》, 청년사, 1999
- 이병도, 《율곡의 생애와 사상》, 서문문고, 1976
- 이상수, 《원전으로 읽는 한비자》, 웅진지식하우스, 2007
- 이상진, 《서경》, 자유문고, 1992
- 이성무, 《조선시대 당쟁사》, 동방미디어, 2000
  《조선시대 사상사 연구》, 지식산업사, 2009
- 이성임, 《조선 중기 양반의 경제생활과 재부관》, 일조각, 2001

- 이이화, 《한국사 이야기》, 한길사, 2001
- 이재범, 《한반도 외국군 주둔사》, 중심, 2001
- 이종범, 《사림열전》, 아침이슬, 2008
- 이태진, 《한국사회사연구》, 지식산업사, 2008
- 이한우, 《선조, 조선의 난세를 넘다》, 해냄, 2007
- 임용한, 《조선국왕이야기》, 혜안, 2003
- 정구선, 《조선시대 처사열전》, 서경, 2005
- 정옥자, 《우리가 정말 알아야 할 우리 선비》, 현암사, 2006
- 정우락, 《남명학파의 문학적 상상력》, 도서출판 역락, 2009
- 정창권, 《홀로 벼슬하며 그대를 생각하노라》, 사계절, 2006
- 조남욱, 《조선조 유교정치 문화》, 성균관대출판부, 2008
- 지재희, 《주례》, 자유문고, 2002
- 최영성, 《한국유학통사》, 심산, 2006
- 최영진, 《한국철학사》, 새문사, 2009
- 최용범, 《다시 쓰는 간신열전》, 페이퍼로드, 2007
- 최진홍, 《법과 소통의 정치》, 이학사, 2009
- 한명기, 《임진왜란과 한중관계》, 역사비평사, 2001
  《광해군》, 역사비평사, 2006
- 한영우, 《한국선비 지성사》, 지식산업사, 2010
  《조선 전기 사회경제 연구》, 을유문화사, 1983
- 한형조, 《조선유학의 거장들》, 문학동네, 2008
  《남명 조식》, 청계, 2002
  《왜 조선유학인가》, 문학동네, 2008
- 허권수, 《절망의 시대 선비는 무엇을 하는가》, 한길사, 2001
- 현상윤, 《조선사상사》, 심산, 2010
  《조선유학사》, 심산, 2010
- 황준연, 《이율곡, 그 삶의 모습》, 서울대출판부, 2000

- 에드워드 와그너, 《조선왕조사회의 성취와 귀속》, 일조각, 2007
- 고지마 쓰요시, 《주자학과 양명학 새로 읽기》, 동아시아, 2004
- 고봉학술원, 《고봉의 생애와 사상》, 이화, 2011
- 국방연구소, 《조선시대 군사전략》, 군사편찬연구소, 2006
- 국사편찬위원회, 《한국사》, 탐구당, 1978
- 남명학연구원, 《내암 정인홍》, 예문서원, 2010
- 동북아역사재단, 《임진왜란과 동아시아세계의 변동》, 경인문화사, 2010
- 주자사상연구회, 《조선의 주자학과 실학》, 혜안, 2009
- 한국사상사연구회, 《조선유학의 학파들》, 예문서원, 1996
- 한국사상사학회, 《한국사상사 입문》, 서문문화사, 2006
- 국학자료원, 《조선전사》, 북한과학백과사전출판사, 1983
- 북경대 철학과연구실, 《중국철학사》, 간디서원, 2005
- 장허성, 《중국을 말한다》, 신원문화사, 2008
- 조길혜, 《중국유학사》, 신원문화사, 1997
- 판원란, 《중국통사》, 인간사랑, 2009
- 존 킹 페어뱅크, 《신중국사》, 까치, 1999
- 오카다 히데히로, 《중국의 역사와 역사가들》, 이론과 실천, 2010

논문

- 강정인, 〈율곡 이이의 정치사상에 나타난 대동, 소강小康, 소강少康〉, 《한국정치학회보》(제44집), 2010
- 강주진, 〈동고 선생과 조선시대의 당쟁〉, 《동고학논총》, 1997

- 고대혁, 〈동고 이준경의 교육관 연구〉, 《동고학논총》, 1998
- 고영진, 〈한국 중세의 정치사상과 주례〉, 《역사와현실》, 2006
  〈17세기 전반 조선사상계의 동향과 성격〉, 《역사와현실》, 1992
- 금장태, 〈성리학적 가치관의 전통〉, 《한국사상사대계》 4권, 한국정신문화연구원, 1993
- 김 돈, 〈16세기 전반 정치권력의 변동과 유생층의 공론형성〉, 서울대 박사논문, 1993
- 김 범, 〈훈구세력에 대한 공정한 인식과 평가〉, 《내일을 여는 역사》(제26호), 2006
- 김용곤, 〈조선 전기 도학정치사상 연구〉, 서울대 박사논문, 1994
- 김용덕, 〈붕당정치론 비판〉, 《정신문화연구》, 1986
- 김태영, 〈조선 초기 정치사상의 이론적 기초〉,
  《한국사상대계》 3권, 성균관대 대동문화연구원, 2007
- 김항수, 〈선조 초년의 신구갈등과 정국동향〉, 《국사관논총》, 국사편찬위원회, 1992
- 남달우, 〈조선시대 정국운영에 관한 연구〉, 인하대 박사논문, 1998
- 도현철, 〈정도전의 경학관과 성리학적 질서의 지향〉, 《태동고전연구》, 2008
- 문철영, 〈조선 전기 유학사상의 역사적 특성〉,
  《한국사상사대계》 4권, 한국정신문화연구원, 1993
- 박원호, 〈조선 초기 요동공벌논쟁〉, 《한국사연구》(제14호), 1976
- 손영식, 〈이황과 조식 사상의 쟁점 몇 가지〉, 《퇴계학과 유교문화》, 2007
- 송하경, 〈이율곡의 도통론에 관한 고찰〉,
  《율곡학연구총서》, 성균관대 대동문화연구원, 2007
- 신명호, 〈선조 말 광해군 초의 정국과 외척〉, 《청계사학》, 1993
- 유명종, 〈한국성리학의 형성기〉, 《한국사상대계》 4권, 성균관대 대동문화연구원, 1993
- 윤지선, 〈조선 전기 유학연구〉, 성신여대 석사논문, 2000
- 이동희, 〈주희의 생애와 사상〉, 《동서문화》(제34집), 2001
- 이상익, 〈주자와 진량의 왕패논쟁에 대한 재검토〉, 《동방학지》, 2007
- 이석린, 〈동고 이준경의 국방정책 연구〉, 《동고학논총》, 1997
- 이언화, 〈조선 전기 내수사와 내수사노비에 대한 연구〉, 경남대 석사논문, 2006

- 이옥근, 〈경원당화의 사상정국에서 주희의 정치적 좌절을 통해서 본 주희의 도학정치 고찰〉, 《동양고전연구》, 2009
- 이운구, 〈16,7세기 조선왕조에 있어서의 척이론〉, 《한국사상대계》 4권, 성균관대 대동문화연구원, 1993
- 이종건, 〈남명 조식과 동고 이준경 비교고찰〉, 《남명학연구》, 2002
- 이지경, 〈이황의 정치사상연구〉, 《역사와 사회》(제33호), 2004
  〈한국정치사상사의 제 단면 : 조선조 사림파의 정치사상〉, 한국학술정보, 2008
- 이충훈, 〈유교정치론, 유교자본주의론 비판〉, 《정치비평》, 1998
- 전세영, 〈조선 초기 노주관계에 대한 연구〉, 성신여대 석사논문, 2006
- 정인선, 〈택당 이식의 학문성향과 남명학 비판〉, 경상대 석사논문, 2005
- 정인숙, 〈동고 이준경의 현실인식 연구〉, 계명대 석사논문, 1995
- 정홍준, 〈조선조 북인정권의 성립과 대민정책의 성격〉, 고려대 석사논문, 1986
- 조남욱, 〈유교정치론과 그 성격〉, 《현대사조와 한반도》, 1988
- 조혜인, 〈베버의 종파 및 당파이론 확충〉, 《사회와 역사》, 1990
- 한영우, 〈조선전기 성리학파의 사회경제사상〉,
  《한국사상대계》 3권, 성균관대 대동문화연구원, 1993

자료

- 《경국대전經國大典》, 한국정신문화연구원, 1989
- 《국조문과방목國朝文科榜目》, 한국학중앙연구원 디지털한국학, 2010
- 《남명집南冥集》, 경남대 남명학연구소, 2001
- 《당의통략黨議通略》, 자유문고, 1998
- 《대동야승大東野乘》, 민족문화추진위원회, 1979

- 《동고유고東皐遺稿》, 수원대 동고연구소, 1993
- 《사마방목司馬榜目》, 한국학중앙연구원 디지털한국학, 2010
- 《삼봉집三峯集》, 한국학술정보, 2009
- 《서애집西厓集》, 민족문화추진위원회, 1984
- 《선원보감璿源寶鑑》, 선원보감편찬위원회, 1989
- 《연려실기술燃藜室記述》, 민족문화추진위원회, 1976
- 《우계집牛溪集》, 민족문화추진위원회, 2000
- 《율곡전서栗谷全書》, 한국학중앙연구원, 1997
- 《정암조선생문집靜庵先生文集》, 국학고전번역원, 1978
- 《조선왕조실록朝鮮王朝實錄》, 국사편찬위원회, 1993
- 《퇴계집退溪集》, 민족문화추진위원회, 1968

조선 지식인의 위선

2011년 9월 1일 초판 1쇄 발행
2013년 11월 5일　　2쇄 발행

지은이 | 김연수
펴낸이 | 노경인

펴낸곳 | 도서출판 앨피
출판등록 | 2004년 11월 23일 제2011-000087호
주소 | 우)120-842 서울시 영등포구 양평동 2가 37-1 동아프라임밸리 1202-1호
전화 | 02-336-2776　팩스 | 0505-115-0525
전자우편 | lpbook12@naver.com

ⓒ 김연수

ISBN 978-89-92151-37-5